AF559136

CLV

Robert L. Peterson

Robert Cleaver Chapman

Der Mann, der Christus lebte

Wenn nicht anders vermerkt, sind die Bibelzitate der überarbeiteten Elberfelder Übersetzung 2003, Edition CSV Hückeswagen, entnommen.

1. Auflage 2022 der überarbeiteten Fassung
2. Auflage 2025

Originaltitel: *Robert Chapman, A Biography*
erschienen bei Loizeaux Brothers, Inc., Neptune, New Jersey, USA

Christliche Literatur-Verbreitung e.V.
Ravensberger Bleiche 6 · 33649 Bielefeld
www.clv.de

Bei Fragen zur Produktsicherheit erreichen Sie uns
über gpsr@clv.de oder auf dem Postweg.

Übersetzung: Martin Plohmann, Bielefeld
Satz: EDV- und Typoservice Dörwald, Steinhagen
Umschlag: Lucian Binder, Marienheide
Druck und Bindung: CPI Books, Leck

Artikel-Nr. 256672
ISBN 978-3-86699-672-4

Inhalt

Vorwort

Der bemerkenswerte Robert C. Chapman diente Gott in einem entlegenen Winkel im England des 19. Jahrhunderts. Öffentliche Bekanntheit mied er bewusst, weil er nicht zum Blickpunkt der Aufmerksamkeit werden wollte, die allein seinem Herrn gebühren sollte. Doch gegen Ende seines Lebens war er in der ganzen Welt bekannt – für seine überschwängliche Liebe, Weisheit und Hingabe.

Zeitgenössische Führungspersönlichkeiten führten regelmäßig Tagebuch und schielten bereits auf eine spätere Veröffentlichung. Chapman hingegen schrieb kein Tagebuch und vernichtete praktisch seine gesamte erhaltene Korrespondenz. Er ließ nur eine einzige Fotoaufnahme von sich anfertigen – und das, als er bereits über 90 Jahre alt war. Es existieren nur einige wenige Schnappschüsse, auf denen er zu sehen ist. Selbst der Verfasser seines Nachrufs in einer Lokalzeitung musste feststellen, wie schwierig es ist, eine umfassende Schilderung seines Lebens zusammenzustellen. Dem kann man nur zustimmen. Kurz nach seinem Tod im Jahr 1902 wurden ein paar Gedenkschriften veröffentlicht, aber nur eine einzige kurze Biografie geschrieben.

Aufgrund dieser Umstände ist es für einen Biografen schwierig, die menschliche Seite dieses Mannes aufzudecken, der ein Führer und gleichzeitig ein Diener derer war, die er führte. Der Biograf muss der Versuchung widerstehen, sein Thema zu glorifizieren und die Fehler Chapmans außer Acht zu lassen. Doch gibt es nur so wenige und unbedeutende Schwachpunkte in Chapmans Leben, dass selbst die ehrlichste Biografie sich fast zu gut anhört. Den Aussagen einer Menge von Zeugen zufolge war Chapman ein beeindruckend heiliger, liebevoller und demütiger Mensch. Er ist ein vorzügliches Beispiel und Vorbild für alle, die Christus nachfolgen möchten. Ein besseres Beispiel für einen ausgeglichenen und hingegebenen Arbeiter in der Gemeinde Gottes wird nur schwerlich zu finden sein.

Wenn wir dem Leben dieses Mannes durch seine Versuchungen und Siege folgen, werden wir vielen Menschen aus seinem Umfeld begegnen: seinem geistlichen Ziehvater, seinen Gefährten, seinen Widersachern, der Brüderbewegung und der Kultur, in der er lebte.

Dank

Ich habe mich entschieden, keine Fußnoten in den Text einzufügen, was die Quellen angeht.[1] Eine Zusammenstellung am Ende des Buches nennt jedoch die von mir herangezogenen schriftlichen Quellen und führt einige Anmerkungen an. Etwa die Hälfte des Materials, das in dieser Biografie enthalten ist, entstammt der wichtigsten Gedenkschrift und der früheren Biografie (Quellenangaben 1 und 7 auf S. 219).[2] Darüber hinaus habe ich neues Material von Personen erhalten, deren Eltern, Großeltern oder Verwandte Chapman kannten. Darunter sind Ruth Morrish, Joy Shapland, Monica Shapland, Charles Fraser-Smith und Douglas Tourner (alle aus Barnstaple). Das Ehepaar Moase aus Barnstaple lieferte viele Einzelheiten aus der Anfangszeit der Ebenezer-Kapelle.

In der Bibliothek der John Rylands University in Manchester (England) befindet sich eine Menge an Material über die erste Zeit der sogenannten Brüderbewegung, mit der Chapman verbunden war. Aus den Archiven dieser Universität habe ich dank der freundlichen Hilfe von Dr. David Brady viele Informationen bezogen. Die Autoren einer Frühgeschichte der Brüderbewegung, Dr. Harold Rowdon und F. Roy Coad, waren mir ebenfalls eine große Hilfe, und auch aus ihren Büchern habe ich Stoff verarbeitet. Frank Holmes verschaffte mir freundlicherweise Material, das er nicht in eine zweite Auflage seiner Chapman-Biografie einbringen konnte. Von John Gaskin und Harold Brown von der Whitby Literary & Philosophical Society der Bibliothek des Whitby-

1 A. d. H.: Dies betrifft jedoch nicht vom Verlag eingefügte Fußnoten.

2 A. d. H.: Einige direkte Zitate aus der Chapman-Biografie von Frank Holmes wurden in den Originaltext eingefügt und mit entsprechenden Quellenangaben versehen.

Museums in Whitby (England) erhielt ich freundlicherweise den Stammbaum Chapmans sowie viele weitere Details über seine Familie. Rev. B. A. Hopkinson, Pfarrer der Pfarrei von Whitby, bot mir wertvolle Hilfe beim Knüpfen von Kontakten in der Gegend von Whitby an. E. Dell und Stella Sewell von der Religious Society of Friends haben mir mit viel Mühe Informationen über den Quäker-Hintergrund einiger Angehöriger der Chapman-Familie besorgt. M. J. Wickes aus Bideford (England) machte mich auf die Zählung der Kirchenmitglieder aufmerksam, die 1851 in Devon durchgeführt wurde. Dr. David MacLeod vom Emmaus Bible College in Dubuque (Iowa) lieferte freundlicherweise einige interessante Fakten.

Den hier genannten Personen und allen anderen, die mir bei der Zusammenstellung des Materials für dieses Buch begegneten, bin ich zu tiefem Dank verpflichtet.

Meine Ehefrau Jane hat mir bei der Suche nach Material für dieses Buch als Mitarbeiterin zur Seite gestanden. Während der Zeit des Schreibens hat sie mich immer wieder ermutigt. Meine besondere Dankbarkeit und meine Liebe gelten ihr.

Robert L. Peterson

Zeittafel

Zweite Hälfte der 1730er-Jahre	George Whitefield und John Wesley fangen an, im Freien zu predigen
1780	Die Sonntagsschulbewegung beginnt
1783	Elizabeth Paget wird geboren
1785	James Harington Evans wird geboren
1789	Die Französische Revolution beginnt
1793	England und Frankreich erklären einander den Krieg
	William Carey, der Vater der modernen Mission, segelt nach Indien
1795	Anthony Norris Groves wird geboren
1795	William Hake wird geboren
1800	John Nelson Darby wird geboren
1803	Robert Cleaver Chapman wird geboren
1804	Die British and Foreign Bible Society wird gegründet
1805	Henry Craik wird geboren
	Georg Müller wird geboren
1818	Die Kapelle in der John Street wird gebaut
1823	Robert Chapman bekehrt sich
1825 – 1830	Die Brüderbewegung beginnt im Südwesten Englands und in Irland
1832	Robert Chapman zieht nach Barnstaple und beginnt die Arbeit in der Ebenezer-Kapelle
	Georg Müller und Henry Craik beginnen ihre Arbeit in Bristol
	J. Hudson Taylor wird geboren

1834	Robert Chapman unternimmt eine Reise nach Spanien, bei der er die Situation vor Ort erkundet
	Charles Haddon Spurgeon wird geboren
1838	Robert Chapman unternimmt seine erste Missionsreise nach Spanien
1838	Die Ebenezer-Kapelle wird an die »Particular Baptists« abgetreten
1842	Die Kapelle in der Bear Street wird erbaut
1845	In der Versammlung von Plymouth kommt es zu Konflikten, woraufhin John Nelson Darby eine neue Versammlung bildet
1848	Robert Chapman reist durch Irland
1849	Die Brüderbewegung spaltet sich in zwei Teile
	James Harington Evans stirbt
1853	Anthony Norris Groves stirbt
1854	J. Hudson Taylor kommt zum ersten Mal nach China
1856	Die Bear-Street-Kapelle beginnt mit einer Tagesschule
1863	Elizabeth Paget stirbt
	Hakes ziehen nach Barnstaple um
1863 – 1864	Robert Chapman unternimmt seine zweite Missionsreise nach Spanien
1865	J. Hudson Taylor gründet die China-Inland-Mission
1866	Henry Craik stirbt
1871	Robert Chapman unternimmt seine dritte und zugleich letzte Missionsreise nach Spanien
1882	John Nelson Darby stirbt
1890	William Hake stirbt
1892	Charles Spurgeon stirbt
1898	Georg Müller stirbt
1902	Robert Chapman stirbt

Ein Blick auf ein langes Leben

Beim täglichen Gang der zwei Männer durch die Straßen von Barnstaple hielt sich der alte Mann am Arm seines Weggefährten fest. Seine kurzen Schritte ließen nur wenig von der zügigen Gangart und den einst ausladenden Schritten erahnen, die ihm in seinen frühen Jahren zu eigen waren, als er noch den Südwesten Englands durchquerte. »Guten Morgen, Mr Chapman«, lautete eine weitverbreitete Begrüßung der Leute, die ihm begegneten. Robert Cleaver Chapman reagierte mit einer warmherzigen Erwiderung und oftmals auch mit einem Wort aus der Bibel.

70 Jahre lang kümmerte er sich um die Menschen in den Dörfern und Siedlungen in der Umgebung von Barnstaple. Voller Geduld und Güte diente er denen, die ihm anvertraut waren. »Mein Geschäft ist es, andere zu lieben – und nicht, die Liebe anderer zu suchen«, war eine Aussage von ihm, an die sich einer der vielen Missionare erinnerte, die von Chapman geprägt wurden.

Das Wort *Liebe*, das in jeder Darstellung von Chapmans Leben zu finden ist, spricht von einer fürsorglichen, sich selbst gebenden Haltung, die sein langes Leben charakterisierte. Er verstand den Begriff der christlichen Liebe, wie ihn nur wenige andere erfasst haben. Sein Leben veranschaulichte Jesu neues Gebot, »dass ihr einander liebet, damit, wie ich euch geliebt habe, auch ihr einander liebt« (Joh 13,34). Das ist der Pulsschlag wahren Christseins.

Robert Chapman wurde zu einem der angesehensten Christen im Großbritannien des 19. Jahrhunderts. Er war ein lebenslanger Freund und Mentor von Georg Müller, dem Gründer der Waisenhäuser von Bristol. Er war ein Berater J. Hudson Taylors, der dessen Urteilsvermögen im Blick auf die China-Inland-Mission heranzog. Sein Bekannter, C. H. Spurgeon, nannte ihn »den heiligsten Mann, den ich jemals kannte«. Ein anglikanischer Geistlicher schrieb nach einem Besuch in Chapmans Gästehaus: »Zum ersten Mal hörte ich Robert Chapman die Bibel auslegen. Tiefe um Tiefe tat sich auf, je mehr er sich für sein Thema erwärmte. [Dieser Eindruck] ist beinahe alles, an was ich mich erinnern kann, da ich mir keine Notizen machte. Aber als er seine Bibel schloss, fühlte ich mich wie ein Kleinkind in der Erkenntnis Gottes, verglichen mit einem Giganten wie ihm.«

Als ein brillanter Mann aus einer wohlhabenden Familie hätte Chapman jeden erdenklichen Lebensweg einschlagen können, um zu Ansehen zu gelangen. Trotzdem wählte er ein Leben in Armut. Er wollte unter armen und ungebildeten Menschen arbeiten und leben. Weil diese Menschen die Liebe Christi in jemandem verkörpert sahen, der sie liebte, war es für sie einfacher, der Botschaft des Evangeliums zu glauben.

Wenn wir Chapmans Leben nachzeichnen, finden wir zunächst ein frühreifes Kind, anschließend einen Jugendlichen, der auf der Suche nach Gott war und doch sein eigenes Urteil über ihn hatte. In seinen Jugendjahren wurde er nach London geschickt, weil er Rechtsanwalt werden sollte. Dort fand er seinen Herrn. Nach seiner Bekehrung vermittelte ihm ein Prediger, der mit der englischen Staatskirche gebrochen hatte, wichtige Grundsätze der Jüngerschaft. Chapman entwickelte ein starkes Interesse für das Wohl der Bewohner der Armenviertel Londons – für die gleichen Slums, von denen Charles Dickens einige Jahre später schrieb. Als man ihn bat, einer kleinstädtischen Gemeinde zu dienen, die in Schwierigkeiten steckte, gab er sein bescheidenes Vermögen, seinen Beruf und alle Aufstiegsmöglichkeiten auf, um den Rest seines Lebens in einem unbedeutenden Winkel Englands zu verbringen.

Dort rang er darum, eine kleine Gruppe unreifer Christen durch Liebe und Vorbild zur Reife zu führen. Er befand sich im Zentrum einer wachsenden christlichen Bewegung, die sich aus vielen Männern und Frauen mit ähnlichen Überzeugungen zusammensetzte, wie auch er sie hatte. Später beobachtete er mit großer Trauer, wie ein Teil dieser Bewegung sich in ihr Schneckenhaus zurückzog und sich von ihrer anfänglichen Liebe und Offenheit entfernte. Auch wenn er nicht stark genug war, die Trennung zu verhindern, wurde er doch von beiden Seiten respektiert und herbeigerufen, um dazu beizutragen, verletzte Seelen zu heilen und Versammlungen in Not wiederaufzurichten.

Er wurde ein Missionar für Missionare. Sein Haus wurde zu einem Zufluchtsort für müde und entmutigte Arbeiter des Herrn. Er bemühte sich um ihre Seelen und ermutigte sie stets auf der Grundlage der von ihm geliebten Bibel.

Robert Chapman war kein bemerkenswerter Redner, aber er wurde ein guter Prediger; er war nicht als Schriftausleger bekannt, doch er studierte die Bibel gründlich; er war kein berühmter Liederdichter, aber viele seiner Lieder werden auch heute noch gesungen. Was also machte Chapman zu seiner Zeit so beliebt und wirkungsvoll? Schlicht und ergreifend seine vollkommene Hingabe an Christus und seine Entschlossenheit, Christus zu *leben*. Dies waren die treibenden Kräfte in seinem Leben. Daraus entsprangen seine anderen Merkmale – seine ausgeglichene Einstellung und vor allem seine Liebe, für die er bestens bekannt war. Dafür liebten ihn die Menschen, und Gott ehrte ihn mit einer guten Gesundheit, einem langen Leben und innerem Frieden.

Robert wächst auf

Wer Robert Chapman nur als Erwachsenen kannte, war überrascht zu erfahren, dass er einer wohlhabenden Familie entstammte. Die Chapmans waren über viele Generationen eine der dominierenden Familien im Gebiet um Whitby (North Yorkshire). Ihren Lebensunterhalt verdankten sie dem Seehandel, und ihre Aktivitäten in diesem Bereich brachten ihnen Wohlstand und Macht. Auch wenn einige ihre Heimat verließen, um anderen Beschäftigungen nachzugehen, schlug kein anderer von ihnen den Weg ein, den Robert Cleaver Chapman nehmen sollte.

Robert wurde am 4. Januar 1803 als sechstes von zehn Kindern geboren. Zur Zeit seiner Geburt lebten seine Eltern, Thomas und Ann, in Elsinore (im Deutschen unter der Bezeichnung »Helsingör« bekannt) in Dänemark. Sein Vater führte dort ein florierendes Handelsgeschäft (wahrscheinlich importierte und exportierte er Waren). Die Familie lebte in einem großen und vorzüglich möblierten Haus; Dienstpersonal sorgte für ihre Bedürfnisse, und ein Reitstall sowie eine Kutsche mit dem Familienwappen erinnerten an das Leben in Yorkshire – dem Zentrum der familiären Interessen der Chapmans (hinsichtlich weiterer Einzelheiten zur Familiengeschichte der Chapmans siehe S. 202-206).

Ann, die Mutter dieser vielen Kinder, war anscheinend eine willensstarke und intellektuell ausgerichtete Person. Sie unterrichtete alle ihre Kinder bis zum Alter von neun oder zehn Jahren. Da die Möglichkeit bestand, die Kinder zweifelsohne in vielen verschiedenen Bereichen durch Hauslehrer unterrichten zu lassen, ist es wahrscheinlich, dass Ann ihre Liebe zur Literatur und zur Gelehrsamkeit einem Zweig der Familie weitergeben wollte, für die Vermögen und Besitz von großer Bedeutung waren.

Wäre es nach den Erwartungen der Familie gegangen, wäre Robert Chapman als Gentleman in das Erwachsenenalter eingetreten, ohne sich seinen Lebensunterhalt verdienen zu müssen. Er hätte sich ganz dem intellektuellen Zeitvertreib, der Beschäftigung mit den schönen Künsten oder anderen Aufgaben widmen können, wie sie im Allgemeinen von den Angehörigen der besseren Gesellschaft wahrgenommen und auch von vielen seiner Vorfahren geschätzt wurden. Gott hatte jedoch andere Pläne mit ihm.

Der frühreife Robert erwähnte häufig, dass er Dichter werden wollte. Dieser Wunsch zeigte sich später in seinen Liedern und seinem Prosastil. Er las unaufhörlich und wurde von mehreren Mitgliedern seiner Familie als viel zu lesewütig angesehen. Als er im Alter von zehn Jahren war, verpflichteten seine Eltern einen römisch-katholischen Priester aus Frankreich, um ihm wahrscheinlich Sprach- und Literatur-Unterricht zu geben. Wie wir aus den Ergebnissen schließen können, war sein Privatlehrer anscheinend ein guter Ausbilder. Die Tatsache, dass Roberts Eltern bereit waren, ihn für ein bis zwei Jahre von einem römisch-katholischen Priester unterrichten zu lassen, ist ein deutlicher Hinweis darauf, dass sie keine sonderlich starke Überzeugung hinsichtlich irgendeines christlichen Bekenntnisses hegten. Man kann wohl vermuten, dass der Priester mit seinem Schüler über Religion sprach, denn als Robert mit 15 Jahren sein Elternhaus verließ, verspürte er den starken Wunsch herauszufinden, was die Bibel lehrt. Obgleich die Religion im engsten Familienkreis anscheinend keinen großen Raum einnahm, haben sowohl anglikanische und römisch-katholische Auffassungen als auch das Quäkertum Roberts junges Leben beeinflusst.

Robert war seiner Mutter ergeben und äußerte später einmal, dass er sich als Kind wenig um andere kümmerte, solange sie in seiner Nähe war. Es mag auch der Fall gewesen sein, dass ihn seine Mutter bevorzugte. »Robert zeigt immer Begeisterung für das, was er tut; ob es die Literatur oder das Flötenspiel ist. Was er auch anfängt, er verfolgt es mit Eifer«, vertraute sie einem Freund an. Andere Familienmitglieder sprachen abwertend über den lernbegierigen Jungen: »Robert ist ein solcher Philosoph; er wird nicht viel erreichen.« Es wäre undenkbar gewesen, dass ihn solche unangemessenen Äußerungen nicht berührt hätten. Zweifellos zogen sie ihn noch näher zu seiner Mutter und seinen Büchern hin und entfernten ihn von den materialistischen Interessen, die für die übrigen Familienangehörigen prägend waren.

Sein Fleiß, seine Ernsthaftigkeit und seine Begeisterung, mit denen er sich den ihm interessant erscheinenden Themen gründlich näherte, nahmen während seines Heranwachsens nicht ab. Der heranreifende junge Mann zeigte bemerkenswerte Fähigkeiten im Erlernen von Sprachen, die er so lange studierte, bis er sie beherrschte. Englisch, Dänisch und Französisch lernte er mühelos, da sie im Haushalt von Thomas Chapmans Familie gesprochen wurden. Wahrscheinlich mit der Unterstützung seines Privatlehrers lernte Robert, auch Deutsch und Italienisch zu beherrschen. Nach seiner Bekehrung zu Christus studierte er Hebräisch und Griechisch, um die Bibel in diesen Sprachen lesen zu können. Als ihn die missionarische Arbeit in Spanien interessierte, studierte er die Sprachen Spanisch und Portugiesisch, bis er sie fließend sprechen konnte.

Die Hoffnung von Ann Chapman, ihre Liebe für Literatur auf ihren Sohn zu übertragen, erfüllte sich. Die Bekannten des erwachsenen Robert Chapman bemerkten oftmals sein großes literarisches Wissen, obwohl er nach seinem 15. Geburtstag keine offizielle Ausbildung mehr darin erhielt. Er bevorzugte die italienische Literatur. Als Erwachsener gab er diese wunderschöne, freie Übersetzung eines Sonetts von Michelangelo wieder, dem großen italienischen Maler und Bildhauer:

Eine Reise über ein tobendes Meer mein Leben ist.
In einer brüchigen Barke fahr ich zu aller Menschen Frist.
So muss auch ich hinab bald schreiten,
Wie andre auch zum Grabe mich bereiten.
Welch Nutzen mir dann blieb,

Den ich mit Pinsel und Meißel schrieb?
Wo ist der Gewinn, ein Monarch zu sein,
In höchster Kunst, so schön und rein?
Kann ich neigen Gottes sünd'rächende Gerechtigkeit,
Damit mein' hilflos Seel' von Schuld befreit?
Heil'ge nicht, noch Engel können meine Schuld begleichen,
Vor meinen Augen zwei Tode nicht weichen –
Der erste steht bevor, der zweite mein gerechtes Teil,
Doch dort am Kreuz, dem Sünder zum Heil,
Streckte Gottes Sohn seine Hände aus zum Triumph.
Er hört mich, auf Ihn schau ich, entkomm des Grabes Sumpf.

Die Umstände ändern sich

Während der Napoleonischen Kriege, als Robert in die frühen Jugendjahre kam, ging es dem väterlichen Geschäft schlechter, da Dänemark auf der Seite Frankreichs stand.[3] Im Verlauf des Konflikts mit England erließ Napoleon den Befehl, dass alle Häfen, die unter seiner Kontrolle standen, den Handel mit England einstellen sollten. Ob es unmittelbar dieser Erlass war, der den Niedergang des Geschäfts von Chapman verursachte, ist nicht bekannt. Was auch immer die Ursache gewesen sein mag – Thomas Chapman verlor eine Menge Geld und sah sich gezwungen, sein Geschäft aufzugeben. Da die Zukunft der Familie in Dänemark trübe aussah, gingen Thomas und Ann nach Yorkshire zurück. Zwar war Thomas nicht verarmt, doch konnte die Familie ihren früheren Lebensstandard nicht länger aufrechterhalten. Dieser Umstand spielte eine entscheidende Rolle in Roberts Leben.

Nachdem Robert in eine Privatschule in Yorkshire aufgenommen wurde, stellt er seine Sprachbegabung und seine Liebe zur

3 A. d. H.: Nach anfänglicher Neutralität unterstützte Dänemark Napoleon, weil zwei britische Kriegsschiffe dänische Ziele angegriffen hatten.

Literatur unter Beweis. Er wollte noch immer Dichter werden und träumte davon, sein Leben den Büchern, dem Schreiben und anderen geistigen Interessen zu widmen. Der Wert des Familienvermögens betrug allerdings nur noch ein Bruchteil dessen, was er einst ausgemacht hatte, sodass Robert sein Leben als Gentleman aufgeben und seinen Lebensunterhalt selbst verdienen musste. Er zeigte wenig Gefallen an einer Tätigkeit im Bereich des Seehandels und ließ keinerlei Interesse für eine entsprechende Laufbahn erkennen. So wäre es für ihn nur natürlich gewesen, sich in Oxford oder Cambridge einzuschreiben, wo man ihn anscheinend aufgenommen hätte. Die Familie Thomas Chapman hatte gute Beziehungen zu höheren Kreisen und schien ihre Verbindung zur englischen Staatskirche wiederhergestellt zu haben, was damals eine Grundvoraussetzung für die Aufnahme an den Universitäten war. Man kann wohl annehmen, dass die früheren Verbindungen zum Quäkertum ein Hindernis darstellten. Wesentlich wahrscheinlicher ist es jedoch, dass der größere Teil der Familie Chapman den Anwaltsstand den akademischen Interessen vorzog.

Jedenfalls verließ Robert sein Zuhause im Alter von 15 Jahren und reiste im Jahr 1818 nach London, um dort eine fünfjährige Ausbildung bei einem Rechtsanwalt zu beginnen. Es war zu dieser Zeit keine Seltenheit, das Zuhause in jungen Jahren zu verlassen, um ein Handwerk oder einen Beruf zu erlernen. Robert war intellektuell reifer, als es sein Alter vermuten ließ, und wahrscheinlich vollkommen imstande, sein Elternhaus zu verlassen. Und da andere Angehörige der Großfamilie Chapman bereits in und um London ansässig waren, musste er dort nicht völlig isoliert von seiner Familie leben.

Es ist unwahrscheinlich, dass er von der Wahl seines Berufes enttäuscht war. Er begann seine Ausbildung mit dem für ihn so charakteristischen Enthusiasmus und dem Ziel, ein selbstständiger Rechtsanwalt zu werden. Ein Teil seiner Ausbildung bestand im Kopieren von juristischen Dokumenten – eine Aufgabe, die besonders langweilig für ihn gewesen sein musste. Das Studieren von juristischen Präzedenzfällen, Gerichtsverfahren und jedem weiteren Detail, das von einem guten Rechtsanwalt erwartet werden konnte, nahm nicht nur seine Zeit im Büro in Anspruch, sondern auch die Abende zu Hause. Als junger Mann »schlief ich mit Homer unter meinem Kopfkissen«, sagte er einmal; jetzt aber musste er die langen und unterhaltsamen Stunden mit seinen geliebten italienischen Klassikern missen.

Vielleicht überrascht es nicht allzu sehr, dass auch geistliche Interessen begannen, Raum in Roberts Denken einzunehmen. Er musste wissen, was Gott über ihn dachte; und so fing er an, die Bibel zu lesen und zu studieren. In wenigen Jahren las er sie drei- bis viermal durch, obwohl er ihre Glaubwürdigkeit anzweifelte. Viel später schrieb er, dass er in diesen Jahren als untadeliger, religiöser und frommer junger Mann angesehen wurde. »Lange bevor mir durch den Geist Gottes neues Leben geschenkt wurde, hielt man mich für einen gottesfürchtigen jungen Mann. Ich las die Bibel, um herauszufinden, ob sie wahr ist.« Von Freunden oder Bibliotheken lieh er sich Bücher von Skeptikern und Kritikern des Glaubens, die ihn jedoch im Großen und Ganzen nicht zufriedenstellen konnten.

Trotz der erforderlichen juristischen Studien und seiner wachsenden religiösen Interessen pflegte Robert ein aktives Gesellschaftsleben. Mit etwa 18 Jahren war er hochgewachsen und besaß eine tiefe und volle Stimme. Durch die Beziehungen seiner Familie waren ihm viele Türen geöffnet. An den Wochenenden und in den Ferien war er auf den Gesellschaften im vornehmen Londoner West End anzutreffen. Seine geistreiche und wohlüberlegte Ausdrucksweise machte ihn beliebt. Aber hinter seinem selbstbewussten Auftreten und dem gewinnenden Lächeln verbargen sich Unsicherheit und ein unruhiger Geist. Seine vergnüglichen gesellschaftlichen Aktivitäten waren anscheinend leer. Jahre später schrieb er: »Die Welt machte mich krank. Ich hasste sie, da sie meinen Geist quälte. Trotzdem war ich unfähig und nicht bereit, sie aufzugeben.«

Gottes Heiliger Geist und sein Wort wollten ihn nicht loslassen. Er las die Bibel ein ums andere Mal, fällte sein Urteil über sie, versuchte, ihr Urteil über ihn zurückzuweisen, und wollte sie beiseitelegen. Obwohl die Bibel zu seinem Herzen sprach, fand er viele ihrer Wahrheiten verwirrend und schwer verständlich: Gottes Liebe und seinen Zorn, seinen Hass gegen die Sünde und seine Aufforderung an den Menschen, Gemeinschaft mit ihm zu suchen. Chapman wollte sein angenehmes Leben nicht für eine ungewisse Berufung aufgeben. »Ich umklammerte meine Ketten. Ich wollte nicht – konnte nicht – die Stimme Jesu hören [...] Mein Kelch war bitter gefüllt mit meiner Schuld und der Frucht meiner Taten.« Wenn er versuchte, seine Gerechtigkeit vor Gott unter Beweis zu stellen, war er sich seiner großen Probleme schmerzlich bewusst. Obgleich er nach außen ruhig und glücklich wirkte, war der empfindsame junge Mann doch in innerem Aufruhr.

Nach seiner fünfjährigen juristischen Ausbildung wurde Chapman Anwalt am obersten britischen Zivilgerichtshof und am obersten Gerichtshof des gemeinen Rechts[4]. Drei Jahre später, im Alter von 23 Jahren, erbte er ein kleines Vermögen und eröffnete seine eigene Anwaltspraxis in der Throgmorton Street im Bankenviertel von London. Von Anfang an war er erfolgreich. Ältere Rechtsanwälte lobten und ermutigten ihn. Eine strahlende Zukunft als Jurist lag vor ihm.

4 A. d. H.: Obwohl es sich bei beiden Namen um inoffizielle Bezeichnungen handelt, wird deutlich, dass es – landesweit gesehen – um juristische Instanzen auf höchster Ebene ging. Beide Einrichtungen wurden noch im 19. Jahrhundert zum Obersten Gerichtshof zusammengelegt.

Der Eingang in ein neues Leben

In *Choice Sayings*[5], einer Sammlung von Robert Chapmans Aufzeichnungen, lesen wir: »Die Bezeichnungen, die der Gemeinde in der Schrift gegeben werden, deuten auf himmlische Einheit hin – der Leib, die Reben, der Tempel Gottes, eine heilige Nation, ein auserwähltes Geschlecht, ein königliches Priestertum. Diese Worte beschreiben die Gemeinde Gottes als diejenige, die für ihn in der Welt zeugt; aber die Bezeichnungen, die Menschen erfunden haben, sind Namen von Sekten und tun unsere Schande kund.« Wer mit der Brüderbewegung vertraut ist, zu der Chapman seit etwa 1832 gehörte, würde wohl vermuten, dass seine Worte von seinen Mitbrüdern stammten, da diese Ansichten unter ihnen weit verbreitet waren. Doch sehr wahrscheinlich entwickelte Chapman diese Auffassung etliche Jahre, bevor diese Bewegung aufkam, denn er wurde mit 20 Jahren von einem ungewöhnlichen Mann zum Herrn geführt, der diese Überzeugung vertrat. Dieser Mann war James Harington Evans.

Evans wurde im Jahr 1809 von der anglikanischen Kirche (der englischen Staatskirche, auch »Kirche von England« genannt) ordiniert und folgte damit dem Wunsch seines Vaters, der ebenfalls anglikanischer Geistlicher war. Erst nach der Ordination erfuhr der jüngere Evans von der Lehre der Rechtfertigung allein aus Glauben, die eine lebensverändernde Offenbarung für ihn war und die er eifrig aufgriff. Evans' Predigten konzentrierten sich nach seiner Bekehrung stark auf das Thema der Rechtfertigung aus Glauben, was ihn in große Schwierigkeiten brachte.

Obwohl sich viele Menschen seiner Gemeinde aufgrund dieser neuen Botschaft bekehrten, nahmen andere starken Anstoß an

5 A. d. H.: Hier und im Folgenden svw. *Ausgewählte Worte*.

ihr – insbesondere die Angehörigen der Oberschicht. Evans' Vater drückte seine Besorgnis darüber aus, dass sein Sohn ein Calvinist geworden sei. Evans antwortete seinem Vater Ende 1816 in einem einfühlsamen Brief mit den folgenden Worten: »Was Johannes Calvin betrifft, so bin ich kein Nachfolger von ihm. Vielmehr wünsche ich, doch dem nachzufolgen, dem Johannes Calvin nachgefolgt ist; das ist alles. Oh, wann wird der Tag kommen, an dem man aufhören wird, durch Namen, Benennungen und Bezeichnungen Unterschiede zu machen und sich voneinander abzugrenzen?«

Ohne Zweifel bereitete dieser Pfarrer, der so unkonventionell predigte, dem unmittelbaren Vorgesetzten von Evans und anderen höhergestellten Geistlichen in seinem Umfeld großes Unbehagen. Die anglikanische Kirche sah *Enthusiasmus* nicht gern, was damals oft als abwertendes Wort zur Bezeichnung von Evangelikalen benutzt wurde. Evans' Predigten waren von den Predigten vieler Freikirchler[6] oder Nonkonformisten[7] nicht mehr zu unterscheiden – den Methodisten, Baptisten, Kongregationalisten und anderen Gruppen, die nicht mit den Auffassungen und der Praxis der anglikanischen Kirche übereinstimmten. Man legte ihm nahe, sich entweder anzupassen oder von seinem Amt zurückzutreten.

Evans, noch keine 30 Jahre alt und noch nicht sonderlich demütig, dachte nicht im Traum daran, sich zu fügen. Er weigerte sich, entgegen seinen heranreifenden Überzeugungen zu handeln, und sprach und schrieb weiterhin mutig gegen das Abweichen der Kirche von den biblischen Lehren. Insbesondere prangerte er die Verbindung der Kirche mit dem Staat und den Tatbestand an, dass die Gemeindezucht innerhalb der Kirche weithin fehlte. Er beklagte die Tatsache, dass viele erwachsene Mitglieder der englischen

---

6 A.d.H.: »Dissenters« im Original. Hier und im Folgenden Sammelbezeichnung für die nicht zur anglikanischen Staatskirche gehörenden freikirchlichen Gruppen, Gemeinden und Einzelpersonen.

7 A.d.H.: Angehörige englischer protestantischer Kirchen und Glaubensgemeinschaften, die die Staatskirche ablehnen. Es bestehen Überschneidungen mit den Dissentern.

Staatskirche – einige unter ihnen in Führungspositionen – die Errettung aufgrund ihrer Säuglingstaufe für sich beanspruchten, obwohl sie offensichtlich nicht bekehrt waren.

Ende 1815 legte Evans sein Amt als Pfarrer nieder. Es folgten ein paar schmerzvolle Monate, in denen Evans und seine Frau ihre Entscheidung, die anglikanische Kirche zu verlassen, wiederholt überdachten. Evans war sich mittlerweile seiner Schwäche – seines Stolzes – völlig bewusst. ›Habe ich aus Stolz gehandelt?‹, fragte er sich. Nachdem er viel Zeit im Gebet und im Gespräch mit anderen verbracht hatte, die die anglikanische Kirche ebenfalls verlassen hatten, wussten Evans und seine Frau, dass sie richtig gehandelt hatten. Er begann, nun wieder zu predigen, diesmal in den Dörfern im Westen Englands. Seine Freunde erkannten seine beachtliche Predigtgabe und gaben ihm den Rat, seinen Dienst in London auszuüben. Damit fing er Ende 1816 an. Bald war die Halle, die er benutzte, bis auf den letzten Platz mit erwartungsvollen Zuhörern gefüllt.

Nach einigen Monaten erregte er die Aufmerksamkeit des wohlhabenden Henry Drummond, eines Parlamentsmitglieds. Drummond, ein Nonkonformist, gehörte keiner Gruppierung verbindlich an und unterstützte das nonkonformistische Anliegen finanziell. Er hörte häufig den Predigten von Evans zu und bot ihm schon bald an, eine neue Kapelle zu bauen, in der Evans nach seinen eigenen Überzeugungen frei predigen und lehren könnte. Folglich wurde im Jahr 1818 die John-Street-Kapelle nahe der Innenstadt Londons gebaut – ungefähr zur gleichen Zeit, als Robert Chapman seine Ausbildung zum Juristen aufnahm.

Die neue Versammlung in der John Street war keiner bestehenden christlichen Denomination oder Organisation angeschlossen. Infolge der vollmächtigen Predigten von Evans, die die geistlichen Bedürfnisse der Menschen ansprachen, wuchs die Gemeinde rasch. Unter denen, die in der John Street zusammenkamen, herrschte eine offene Haltung; Fragende waren ebenso willkommen wie alle Gläubigen.

Robert Chapman begegnet Christus

John Whitmore, ein Diakon in der John-Street-Kapelle, war Anwalt und ein Bekannter des 20-jährigen Chapman. Letzterer machte auf Whitmore einen recht frommen Eindruck, weil er gern über religiöse Dinge redete und offenbar seine Bibel kannte, wobei sich jedoch bei ihm eine gewisse Voreingenommenheit dem Wort Gottes gegenüber zeigte. Whitmore bemerkte bald, dass Chapman auf der Suche nach geistlichen Antworten war und sie bisher nicht gefunden hatte. So lud Whitmore ihn in die John-Street-Kapelle ein, damit er Harington Evans hören konnte. Aufgrund seiner Erziehung in der Oberschicht hätte man annehmen können, dass Chapman zunächst nicht dazu bereit gewesen wäre, weil er insbesondere viel über den »Enthusiasmus« bei den Freikirchlern gehört hatte. Aber er suchte nach Antworten auf die unerfüllte Sehnsucht seiner Seele und willigte ein.

Chapman wusste wirklich nicht, was ihn erwarten würde, als er an diesem Sonntagabend des Jahres 1823 mit John Whitmore die John-Street-Kapelle betrat. Die Menschen in der Kapelle kamen aus vielen Gesellschaftsschichten und Berufen, und der Prediger war ein offensichtlich kultivierter Mann, der seine Botschaft mit würdigem Ernst und völliger Vertrauenswürdigkeit vermittelte. Hier hörte Chapman das erste Mal eine Predigt, die die Augen seines Herzens öffnete. Niemals zuvor wurde ihm die Rechtfertigung aus Glauben und das Sühneopfer Christi so deutlich dargelegt. Während Evans predigte, lösten sich Chapmans intellektuelle Vorbehalte unter der überführenden Kraft des Heiligen Geistes auf. Er nahm Christus als den Sohn Gottes und als den an, der seine Sünden an seiner statt getragen hatte.

Nun tat sich ein neues Leben vor Robert Chapman auf. Er begann, die Bibel mit einem neuen Verständnis zu studieren. Nachdem er die neutestamentlichen Aussagen über die Taufe erneut geprüft hatte, wünschte er, unverzüglich getauft zu werden. Evans gab ihm den Rat zu warten, bis er die Bedeutung der Taufe besser verstehen würde, doch mit der für ihn charakteristischen Entschlossenheit bestand Chapman darauf, der Aufforderung des Herrn so bald wie möglich Folge zu leisten. Klugerweise gab Harington Evans nach, und Chapman legte wenige Tage nach seiner Bekehrung Zeugnis vom Wirken des Herrn ab, indem er sich öffentlich taufen ließ.

Anschließend erzählte Chapman seiner Familie und seinen Freunden von seiner Bekehrung, die deren Wichtigkeit aber nicht verstehen konnten. »Was?! Robert hat sich bekehrt? Er hatte es doch gar nicht nötig, sich zu bekehren!«, sagte ein Familienangehöriger. Sie hofften, dass Robert seinen Anwaltsberuf nicht aufgeben würde, und ihre Befürchtungen trafen zunächst nicht ein. Auch weiterhin übte er seinen Beruf mit ansehnlichem Erfolg aus. Allerdings machte er keinerlei Anstalten, seine neu gefundene Liebe zu Christus fahren zu lassen. Chapman musste seine Angehörigen nicht von der Realität seines Glaubens überzeugen, denn sie war offensichtlich. Bald erkannten sie, dass er sich nicht von seiner eifrigen Hingabe an die Bibel abwenden würde. Auch bemerkten sie sein Festhalten an der Überzeugung, dass sie das Wort Gottes ist. Daher schlossen ihn viele seiner Verwandten aus ihrem Kreis aus. Als er später auf diese Jahre zurückschaute, schrieb er: »Ich wurde zu einem Anstoß für jene, die ich verließ, sogar für mein eigenes Fleisch und Blut.«

Jedoch umfasste diese Entfremdung nicht die gesamte Familie. Ein Mitglied der Familie berichtete, dass Robert in dieser Zeit seinen Urlaub mit ihnen an der See verbrachte und dabei junge Verwandte dazu anhielt, ihre Bibeln zu studieren. Wie wir später sehen werden, kam er einige Jahre nach seiner Bekehrung mit seinen Bemühungen um seine Cousine und ihren Ehemann zum Ziel. Auch stand er weiterhin seiner Mutter nahe und pflegte Jahre später einen guten Kontakt zu seinen Geschwistern, von denen sich einige ebenfalls bekehrten.

Als Konsequenz seiner Entscheidung für die Christusnachfolge erfuhr Chapman auch die Ablehnung durch flüchtige Bekannte, die sich durch seinen Eifer für den Heiland angegriffen und verurteilt sahen. Die folgende von Chapman erzählte Geschichte zeigt nicht nur sein Gebetsleben, sondern auch das Vertrauen, das er in die Fürsorge seines Vaters hatte:

> Kurz nach meiner Bekehrung tauchte plötzlich eine große und unvorhergesehene Prüfung auf. Eine bestimmte Person hatte die Absicht gefasst, sich mir in jeder möglichen Weise entgegenzustellen und mich zu belästigen. Es verwirrte mich, da ich nichts als Liebe für diesen Menschen empfand. Doch was tat ich? Ich übergab mich selbst und die Versuchung geradewegs meinem Gott und überließ es ihm. Ich hatte auch die Freude, wiederholt für den beten zu können, der sich mir so heftig entgegenstellte. Was war das Resultat? Zu seiner Zeit errettete der Herr ihn und seine Familie.

Der junge Chapman nahm das Christsein ernst. Viele Jahre später schrieb er:

> Ich kann mich an die Zeit erinnern, als ich Angst vor dem Sterben hatte […] Aber als ich zu Christus kam und von ihm errettet wurde, wandte sich meine Sorge ins Gegenteil. Ich bekam Angst vor dem Leben, da ich fürchtete, etwas tun zu können, was den Herrn verunehrte. Ich wollte lieber hundertmal sterben, als dergleichen zu tun. Doch Dank sei Gott – ich bin nicht lange in diesem Zustand geblieben, da ich klar erkannte, dass man in dieser Welt leben kann, ohne Gott zu verunehren.

Diese Aussage gibt das Gebet Jesu für seine Jünger wieder, wie es im Johannesevangelium aufgezeichnet ist: »Ich bitte nicht, dass du sie aus der Welt wegnimmst, sondern dass du sie bewahrst vor dem Bösen« (Joh 17,15; RELB). Chapman lernte, dass der Christ in der Welt leben, arbeiten und Zeugnis geben sollte. Da der Vater das

Gebet des Sohnes erhört hat, sollte der Christ verstehen, dass er sich zwar in Satans Reichweite befindet, aber nicht dessen Zugriff ausgesetzt ist.

Wachsender Hunger nach dem Wort Gottes

Im Jahr 1823 beendete Chapman seine Ausbildung und wurde Rechtsanwalt. Sein erster Arbeitgeber war Freshfields, eine der führenden Anwaltskanzleien in England. Chapman arbeitete hart in seinem neuen Beruf. Seine Intelligenz und seine Hingabe zogen die Aufmerksamkeit der erfahreneren Männer am Gericht auf sich und veranlassten sie, ihn in beträchtlichem Maße zu unterstützen. Nach drei Jahren erbte er ein kleines Vermögen und beschloss, das Geld zum Aufbau seiner eigenen Anwaltspraxis zu verwenden. Seine neue Kanzlei war erfolgreich; sein freundliches Verhalten im Umgang mit Menschen und seine kultivierte Erziehung kamen ihm dabei sehr zugute.

Sonntagabends besuchte Chapman den wöchentlichen Abendmahlsgottesdienst in der John-Street-Kapelle. Darin gehörte er zu einer Minderheit der Gemeindeglieder, denn die meisten zogen den Besuch des formelleren monatlichen Abendmahlsgottesdienstes an einem Sonntagmorgen vor. Es ist wenig darüber bekannt, wie Harington Evans diese Abendstunden leitete; wir wissen nicht, wer für Brot und Wein dankte und die Zeichen des Todes Christi austeilte und ob die Zusammenkunft jedem Gläubigen offenstand, der sich am Gebet beteiligen wollte oder ein kurzes Wort hatte. Wenn jedoch Chapmans spätere Praxis des Gedächtnismahls Evans' Handhabung widerspiegelte – was wahrscheinlich ist –, muss die Zusammenkunft von einer solch offenen Teilnahme geprägt gewesen sein. Chapman liebte diese Stunden, in denen die Gläubigen Gott von Herzen anbeteten. Es war eine Zeit des Gebets, der Anbetung und des Erinnerns an Jesu Werk auf Golgatha – eine Zusammenkunft, die sich von Predigten und lehrmäßigen Vorträgen unterschied. Als Chapman einige Jahre später seine eigene Gemeindearbeit begann, betonte er immer die Wichtigkeit dieser Art der Zusammenkunft für alle Gläubigen.

Chapman wurde mit der Unterstützung von Evans an der Verkündigung in der John-Street-Kapelle beteiligt. Evans erkannte in Chapman das wahre Herz eines Dieners und verbrachte viel Zeit mit ihm. Chapman fing an, bei verschiedenen Zusammenkünften in der John-Street-Kapelle zu sprechen, ohne eine Ausbildung im Predigen erhalten zu haben, abgesehen von dem, was Evans ihm weitergab. Seine ersten Versuche bestanden aus einer sorgfältig entwickelten und manchmal gewundenen Argumentation – ganz typisch für einen Rechtsanwalt, der seinen Fall vor Gericht präsentiert. Nach einer Weile wurde ihm klar, dass diese Art von Predigten für die meisten Zuhörer nicht hilfreich war. Sie benötigten Ermutigung ebenso wie biblische Belehrung. Außerdem wollten sie spüren, dass der Verkündiger an dem, was sie bewegte, Anteil nahm. All das musste auf einfache Weise geschehen. Es war das, was Evans ihnen gab.

Nachdem einige Freunde die ersten Predigten Chapmans gehört hatten, meinten sie, er würde niemals ein guter Prediger werden. Das bereitete ihm ohne Zweifel eine Menge Kummer, doch was er ihnen letztendlich darauf antwortete, war aufschlussreich: »Es gibt viele, die Christus predigen, aber nicht sehr viele, die Christus leben. Mein großes Ziel wird sein, Christus zu *leben.*« Und das wurde sein großes Ziel: Christus zu lieben, die Armen zu lieben und für sie zu sorgen und Gottes Heilsbotschaft zu verkündigen. Mithilfe von Evans entwickelte Chapman allmählich seinen eigenen Predigtstil. Später wurde er als ein guter Prediger angesehen. Er hatte eine ganz beachtliche natürliche Gabe: seine Stimme. Sie war tief und klangvoll, und sein ganzes Leben hindurch fiel sie vielen Menschen besonders auf. Mit den Jahren lernte er, sie beim Lesen und Predigen in der Öffentlichkeit wirkungsvoll einzusetzen.

Eine Begebenheit aus dieser Zeit veranschaulicht, wie Chapmans Schriftverständnis wuchs. Zwei seiner Klienten lagen im

Streit miteinander; der eine verklagte den anderen, wobei dieser wiederum das Verfahren vor Gericht anfechten wollte. Nachdem Chapman mit den Betreffenden gesprochen hatte, bemerkte er, dass sie beide bekennende Christen waren. Daraufhin lud er sie unverzüglich in sein Büro ein und schlug in seiner Bibel 1. Korinther 6 auf. Er erklärte ihnen, was sie offensichtlich nicht wussten: Glieder des Leibes Christi sollten Streitigkeiten innerhalb der Grenzen dieses Leibes miteinander klären. Chapman überzeugte seine Klienten davon, dass sie der Schrift gehorsam sein müssten, und beide zogen ihre Klagen zurück. Das war der Anfang von Chapmans Laufbahn als Berater von Christen. Während eines Gesprächs erteilte er ohne Zögern seinen Rat, doch stets im Geist der Sanftmut und gegründet auf das, was er in der Bibel fand. Der Gehorsam gegenüber der Schrift hatte für ihn höchste Priorität.

Die Literatur, die ihn einst so begeisterte, verlor viel von ihrer Anziehungskraft. Sein Hauptinteresse galt nun dem Lesen der Bibel. Sie war Gottes Botschaft für ihn – das Buch, das seinem Leben Bedeutung verlieh. In diesen Jahren studierte er Hebräisch und Griechisch, um die Bibel in ihren Originalsprachen lesen zu können. An den Abenden musste er nicht länger Jura studieren, sodass von nun an das Bibelstudium seine Aufmerksamkeit in diesen Stunden in Anspruch nahm. Damit einhergehend begann sein Interesse am Rechtswesen abzunehmen – irdische Ziele wurden von himmlischen abgelöst. Er entwickelte den zunehmenden Wunsch, den Menschen die Liebe Christi zu verkündigen.

Seine alten Freunde verließen ihn nach und nach. Sein »extremes« Leben wurde für viele von ihnen gleichsam zu einer Anklage, und es dauerte nicht lange, bis sie sich von Robert trennten. Das beunruhigte ihn allerdings nicht allzu sehr, da er in der John-Street-Kapelle neue Freunde gefunden hatte. Diese Freunde, von denen viele einem ärmeren sozialen Umfeld entstammten als er selbst, waren voller Liebe und teilten seine Gesinnung. Mit ihnen betrat er den Weg in ein vollkommen neues Leben, das sich um das geistliche Wohlergehen der Menschen – insbesondere der

Armen – sorgte. Robert Chapman wurde zu einem Evangelisten mit einem starken sozialen Anliegen.

In der Nähe der John-Street-Kapelle befand sich ein Stadtteil mit Mietskasernen, wo die Armut sehr groß war und die Bewohner keine Hoffnung auf ein besseres Leben hatten. Es war die Gegend, die Charles Dickens einige Jahre später so anschaulich beschrieb. In Chapmans Herz kam ein Anliegen für das Wohl dieser Menschen auf. Er wollte erfahren, wie sie lebten und dachten, musste aber bald schon erkennen, dass sein recht luxuriöses und bequemes Leben im scharfen Kontrast zu ihrem Dasein stand. Sein Lebensstil klagte ihn an und wurde zu einer Last. Allmählich veränderte sich sein Anliegen für diese Leute; aus intellektuellem Interesse an ihnen wurde Identifikation mit ihnen. Er fing an, ihnen die Lebensmittel und Kleidung selbst zu bringen, statt ihnen diese Güter überbringen zu lassen. Er verbrachte seine Zeit mit ihnen und erzählte ihnen von der Liebe Christi. Da er ihnen selbst Liebe erwies, konnten sie diese Botschaft verstehen. Beispielsweise zeigte er ein besonderes Interesse an einer armen, alten und blinden Frau. Er nahm sie jeden Sonntag zur Kapelle mit und brachte sie anschließend wieder zu ihrer Wohnung zurück. Es muss wohl eine große Anzahl von Menschen gewesen sein, die durch seinen Dienst in jenen Jahren zum Herrn geführt wurden.

Evans hatte einen tief gehenden Einfluss auf Chapmans Leben und auf seine Einstellung bezüglich der Anbetung. Chapman hatte mit Evans viele wesentliche Dinge gemein: sein Vertrauen in die völlige Hinlänglichkeit der Bibel, seine treue Teilnahme am Mahl des Herrn, seine Betonung der Gläubigentaufe (obwohl er sie hinsichtlich der Gemeinschaft und Gemeindezugehörigkeit nicht als notwendig ansah) und seine Auffassung von der Einheit aller Christen – dies waren Merkmale seines späteren Dienstes.

Chapman arbeitete eine Zeit lang sowohl in seinem Anwaltsberuf als auch in der John-Street-Kapelle. Aber mit der Zeit bemerkte er, dass sein Herz nicht an der Anwaltskanzlei hing. Sein größtes Interesse war, den Menschen vom Herrn zu erzählen. So verbrachte er viele Abende in den Armenvierteln im Umkreis der Kapelle. Die Frage, ob er seinen Beruf und seine erfolgreiche Kanzlei aufgeben sollte, beschäftigte ihn sehr. Schon bald zeigte ihm Gott seine nächste Lebensaufgabe, wie es bei Menschen mit bereitwilligem Herzen üblich ist.

Ein wachsendes Werk in Devon

Als sich Robert Chapmans Mitarbeit in der John-Street-Kapelle verstärkte, konnte man bemerken, dass Gott an den Herzen von vielen Menschen wirkte und eine überörtliche Erneuerung seiner Gemeinde herbeiführte. So wollen wir einen kurzen Blick werfen auf einige dieser Menschen und auf das wachsende Werk im Südwesten Englands, in dessen Zentrum Chapman sich bald wiederfand.

Nicht alle Angehörigen der Großfamilie Chapman hatten sich von Robert distanziert; seine Cousine Susan war eine von denen, die ihm weiterhin nahestanden. 1823 heiratete sie den wohlhabenden Rechtsanwalt Thomas Pugsley aus dem Westen Englands. Thomas Pugsley entstammte einer bekannten Familie, die seit Langem mit Devonshire verbunden war, einer Grafschaft südlich des Bristolkanals im Südwesten Englands. Thomas und seine Braut bezogen ein Haus in der wunderschönen Landschaft nahe des Marktstädtchens Barnstaple, das ein Handelszentrum im Norden von Devon war.

Nachdem Susan aus Familienkreisen von Roberts Bekehrung gehört hatte, wollte sie mehr erfahren. Sie und Thomas beabsichtigten daher, ihn in London zu besuchen. (Für eine Kutschfahrt dorthin brauchte man von Barnstaple aus damals ungefähr zwei Tage.) Beide waren an den Einzelheiten und der Bedeutung seiner Bekehrung interessiert. Chapman war von ihrem Interesse begeistert. Die drei fingen an, gemeinsam die Bibel zu studieren und zu beten. Während einer ihrer Besuche übergaben die Pugsleys ihr Leben dem Herrn. Obwohl Chapman später von Thomas als »meinem Kind im Glauben« sprach, beeinflusste Letzterer Robert ebenso stark.

Als die Pugsleys Chapmans wachsende Arbeit in den Armenvierteln Londons sahen, entschlossen sie sich zu einer ähnlichen

Arbeit und dienten den Armen im Gebiet von Barnstaple. Zu jener Zeit waren Armenhäuser Einrichtungen, in denen Menschen, die auf sich allein gestellt waren und keine Arbeit hatten, dort Essen, Bekleidung und Obdach bekamen. Als Gegenleistung wurde von ihnen erwartet, dass sie einfache Arbeiten verrichteten. Thomas beschloss, mit sonntäglichen Evangeliumsverkündigungen im Armenhaus von Pilton anzufangen, einem kleinen Dorf, das nördlich an Barnstaple grenzt. Weil sich die Nachricht von den Veranstaltungen im Armenhaus herumsprach, kamen auch zunehmend Menschen aus benachbarten Orten.

Als ihre Arbeit wuchs, gewannen die Pugsleys allmählich die Überzeugung, dass der Herr sie berufen hatte, den Menschen aus der Unterschicht das Evangelium zu bringen. Etwa um 1829 traf Thomas eine mutige Entscheidung: Er gab seinen Beruf auf, um seine ganze Zeit dem Werk des Herrn zu widmen. Er und Susan zogen nach Tawstock, einem kleinen Dorf fünf Kilometer südwestlich von Barnstaple. Dort engagierte sich Thomas Pugsley aktiv in der Führung einiger kleiner Kreise von Gläubigen, von denen manche in den Häusern der Geschwister zusammenkamen.

Kurz vorher bekam Thomas Kontakt zu einem dort ansässigen Evangelisten namens Robert Gribble, der später mit Chapman zusammenarbeitete. Im Gegensatz zu Pugsley stammte Gribble aus einer armen Familie und war nur wenig gebildet. Er baute sich sein eigenes Geschäft für Stoffe und Kurzwaren auf, das genügend Geld einbrachte, um seine wachsende Familie zu ernähren. Irgendwann in dieser Zeit bekehrte er sich und begann, nachmittags in der Sonntagsschule der kongregationalistischen Gemeinde in Barnstaple zu lehren. Die Frucht seiner Arbeit war so ergiebig, dass Gribble im Jahr 1815 mit dem Aufbau weiterer Sonntagsschulen in einigen nahe gelegenen Dörfern anfing.

Bald darauf baten die Eltern der Kinder Gribble, sonntagabends zu Erwachsenen zu predigen. Nach anfänglichem Zögern willigte Gribble ein und entdeckte seine wirkliche Gabe. Innerhalb von nur zwei Jahren ermöglichten ihm seine Schriftkenntnis und seine wachsende Fähigkeit, in der Öffentlichkeit zu reden, regelmäßiges Predigen in verschiedenen Schulen und Gemeinden. Seine einfältige Sprache war alles andere als ein Hindernis, sondern gerade besonders nützlich. Die Dorfbewohner reagierten sehr aufnahmebereit auf seine Botschaft, und viele von ihnen wandten sich zum Herrn.

Die Folge von Gribbles Arbeit war, dass in der Region um Barnstaple mehrere Hausgemeinden und Stubenversammlungen entstanden. Die Denomination der Kongregationalisten, auch Independenten genannt, baute 1817 für einige der Gläubigen die Tawstock-Kapelle. Sie baten Gribble, ihr Pastor zu werden. Einige Jahre später wurde nur wenige Kilometer entfernt die Lovacott-Kapelle gebaut, und Gribble sorgte auch für das geistliches Wohl derer, die dort zusammenkamen. Zusätzlich zu seinen Pflichten als Pastor evangelisierte er beständig auf dem Land.

In dieser Zeit führte Gribble sein Geschäft weiter, um die nötigen Mittel zum Lebensunterhalt zu gewährleisten – vielleicht nahm er sich dabei den Apostel Paulus zum Vorbild. Gribble widmete seinem Geschäft jedoch immer weniger Aufmerksamkeit, bis er es schließlich aufgeben musste. Er sah dies als ein Anzeichen seiner persönlichen Schwäche und trat trotz anderslautender Wünsche der Gemeinde in der Tawstock-Kapelle von seinem Pastorendienst zurück. Er entschied sich, einen Dienst im Bereich der Heimatmission der Independenten in England zu übernehmen, weil er vermutlich der Meinung war, dass er die Verbundenheit mit dieser Denomination festigen sollte. Thomas Pugsley, der bis dahin unter den Bewohnern von Tawstock arbeitete und unter ihnen anerkannt war, nahm Gribbles Stelle ein.

Im Jahr 1829 zog Gribble mit seiner Familie aus Barnstaple fort, um für die erwähnte Mission im Süden von Devon nahe der Stadt Exeter zu arbeiten. Der Herr fügte die Umstände in Verbindung mit diesem Umzug so, da Gribble am ersten Tag seiner neuen Arbeit William Hake traf, der nicht nur in seinem Leben eine wichtige Rolle spielen würde, sondern auch im Leben von Chapman und mehreren anderen Personen, die in diesem Buch vorkommen. Gribble hatte sich bis jetzt damit begnügt, ein einfaches Evangelium zu predigen. Das hatte sich als ein fruchtbringender Dienst für ihn erwiesen; viele Menschen hatten sich bekehrt, und einige waren Missionare geworden. Abgesehen vom Evangelium schenkte er jedoch der biblischen Lehre relativ wenig Aufmerksamkeit und akzeptierte kongregationalistische Traditionen, ohne weiter über sie nachzudenken. Hake forderte ihn jedoch auf, sich mit Themen auseinanderzusetzen, die sich von der Theologie (wie beispielsweise der Bedeutung der Taufe, da die Independenten die Säuglingstaufe praktizierten) bis hin zur gemeindlichen Praxis (wenn beispielsweise für die Benutzung von Sitzplätzen bei den Zusammenkünften Gebühren erhoben wurden, die gewöhnlich dazu dienten, die Gehälter der Pastoren zu zahlen) erstreckten. Später schrieb Gribble: »Das war etwas Neues für mich, da ich es doch gewöhnt war, das anzunehmen, was ich gelernt hatte. Ich fürchte, dass es vielen so geht. Man nimmt nicht die Mühe auf sich, die Dinge daraufhin zu untersuchen, ob sie mit der Schrift übereinstimmen, dem einzig unfehlbaren Maßstab für Wahrheit.«

Kurz danach änderte Gribble seine Ansichten über diese Themen. Nicht nur aus lehrmäßigen Gründen wuchsen seine Vorbehalte in Bezug auf die Arbeit, die innerhalb der Heimatmission getan wurde. »Einige Mitglieder des Verbandes waren Weltmenschen, die nicht einmal bekannten, Christen zu sein. Trotzdem hatten sie in allen Angelegenheiten Mitspracherecht.« Er behielt seine Unzufriedenheit nicht für sich und wurde im dritten Jahr gebeten, seine Dienststelle zu verlassen. Alte Freunde baten ihn, in den Norden zurückzukehren, um seine evangelistische Arbeit wiederaufzunehmen. Im März 1832 kam er schließlich mit seiner Familie nach Nord-Devon zurück. Ohne jeden Pfennig, aber mit dem Vertrauen auf den Herrn, dass er für seine Familie und ihn sorgen würde, nahm er einen fruchtbaren Dienst auf, den er nahezu bis zum Ende seines Lebens in den 60er-Jahren des 19. Jahrhunderts fortsetzte.

Ungefähr zu dieser Zeit schloss Thomas Pugsley aufgrund seiner Arbeit in der Tawstock-Kapelle und sehr wahrscheinlich auch infolge seines Kontakts zu Robert Gribble Bekanntschaft mit William Hake. Es ist anzunehmen, dass Hake im Jahr 1830 Pugsley einen eifrigen jungen Deutschen vorstellte – Georg Müller, der erst kürzlich in England eingetroffen war und dem viel daran gelegen war, biblisch zu predigen. Da der Verkündigungsdienst wuchs, errichtete Pugsley 1830 aus eigenen Mitteln noch eine weitere Kapelle im nahe gelegenen Hiscott. Pugsley bat Georg Müller, die erste Predigt in der Hiscott-Kapelle zu halten, da er von ihm offensichtlich beeindruckt war.

Diese Männer – Pugsley, Gribble, Hake und Müller – waren zusammen mit Henry Craik und Elizabeth Paget die Werkzeuge einer erneuten Ausbreitung des Evangeliums im Südwesten Englands und sollten schon bald mit Robert Chapman zusammenarbeiten (siehe das Kapitel »Evans, Müller, Groves, Craik, Paget« auf S. 207-218).

Die Einladung nach Barnstaple

Im Sommer 1831 luden die Pugsleys Robert Chapman ein, seinen Urlaub mit ihnen zu verbringen und sie in ihrer evangelistischen Arbeit zu unterstützen. Chapman, der die Gemeinschaft mit seiner Cousine genoss und die wunderschöne Landschaft von Nord-Devon liebte, nahm die Einladung freudig an. Kurz nach der Ankunft Chapmans schlug Pugsley vor, dass Robert einmal in der Woche im Armenhaus von Pilton predigen sollte. Chapman stimmte bereitwillig zu.

Ein breitschultriger, 28-jähriger Rechtsanwalt aus London, der groß gewachsen und gebildet war und zudem noch predigen konnte, erregte sofort Aufmerksamkeit. Eines Sonntagabends kam eine Gruppe von Mädchen in das Armenhaus, um ihn predigen zu hören. (Wahrscheinlich waren sie zunächst nicht allzu sehr an dem interessiert, was er zu sagen hatte.) Doch was sie sahen, war nicht so wichtig wie das, was sie hörten, und was an diesem Abend geschah, hatten sie nicht erwartet. Sie hörten eine Predigt über Sünde und deren Konsequenzen. Eines der Mädchen, Eliza Gilbert, sagte anschließend über Chapmans Predigt: »Er hat bei mir ins Schwarze getroffen. Ich muss ihn noch einmal hören.« So kam sie ein weiteres Mal und nahm kurz danach Christus an. Später spielte sie eine wichtige Rolle in Chapmans Dienst.

Es ist ziemlich sicher, dass die Pugsleys mehr mit Chapman im Sinn hatten als Erholung und eine wöchentliche Predigt im Armenhaus, da sie William Hake aus Exeter einluden, während Robert bei ihnen weilte. Chapman erinnerte sie an Hake, obschon dieser einige Jahre älter und verheiratet war. Beide Männer hatten ein ähnliches Wesen, studierten leidenschaftlich die Bibel und waren Christus vollkommen hingegeben. Susan und Thomas wussten zudem, dass Hake eine interessante Geschichte zu erzählen hatte.

Damals leitete Hake ein Jungeninternat in einem großen Haus, dem ehemaligen Wohnsitz von Anthony Norris Groves. Groves' gottesfürchtiges Leben hatte eine enorme Wirkung auf das Leben vieler Menschen. Groves, Jahrgang 1795, war ein alter Freund von Hake. Er führte eine gut gehende Zahnarztpraxis in Exeter, bis sein Reichtum ihn schließlich beunruhigte. Nach einer Zeit des intensiven Gebets und des Nachdenkens beschlossen er und seine Frau, dass sie für den Rest ihres Lebens das Evangelium als Missionare verbreiten und in völliger Abhängigkeit von Gottes Fürsorge leben wollten. Im Jahr 1825 veröffentlichte Groves seine Überzeugungen in der weithin bekannt gewordenen Broschüre *Christian Devotedness*[8]. Er war zu dieser Zeit ein treues Mitglied der englischen Staatskirche, aber eine Reihe von Ereignissen brachte ihn dazu, sich von ihr zu trennen.

Obwohl ihn die anglikanische Kirche nicht länger unterstützte, wurde Groves' Wunsch nach missionarischer Arbeit intensiver. Er und seine Frau Mary wagten schließlich einen ungewöhnlichen Schritt. Ohne die Rückendeckung einer Organisation hinter sich zu wissen, verkauften sie ihren ganzen Besitz und verschenkten einen Großteil des Geldes, sodass ihnen gerade noch die Mittel für ihre Reise auf das Missionsfeld blieben. Sie entschieden sich, nach Bagdad zu gehen, und verließen sich für die Dauer dieser Arbeit vollständig auf Gottes Fürsorge, da sie glaubten, dass es Gottes Berufung für sie war. Sie übergaben ihr Haus William Hake, damit dieser dort ein christliches Internat gründen konnte, übereigneten die Zahnarztpraxis einem Neffen, verteilten ihr Vermögen und verließen mit ihren Kindern und einigen anderen das Land, um ihr Leben dem Missionsdienst zu widmen.

Diese Geschichte muss, wie bei vielen anderen, auch auf Robert Chapman eine tief gehende Wirkung gehabt haben. Als Chapman nach London in sein Anwaltsbüro zurückkehrte, war er sehr verunsichert, ob er seinen Beruf weiterhin ausüben wollte. Aufgrund

8 A.d.H.: Im Deutschen u. a. erschienen unter folgendem Titel: *Das Glück eines abhängigen Lebens*, Bielefeld: CLV, 3. überarbeitete Auflage 2019.

seiner Erfahrungen in der Gegend von Barnstaple war er freudig gestimmt – in einem Maße, wie er es noch nie zuvor erlebt hatte. Er begann, sich zu fragen, ob es Gottes Wille war, dass er seine Kanzlei aufgab, seinem weltlichen Besitz entsagte und sich dem vollzeitlichen christlichen Dienst widmete. Die Vorstellung, ein Pastor wie Evans und Pugsley zu sein, war anziehend, doch befasste er sich ebenso mit dem Gedanken, als Missionar nach Spanien oder Italien zu gehen.

Es ist anzunehmen, dass Chapman durch den Einfluss Pugsleys aufgefordert wurde, Pastor der Ebenezer-Kapelle in Barnstaple zu werden, einer von Spannungen geprägten und führungslosen Gemeinde der »Particular Baptists«[9]. Die Ebenezer-Kapelle war anscheinend in zwei Gruppierungen geteilt. Die Mehrheit befürwortete Chapmans Kommen und war zu möglichen Veränderungen durch Chapman bereit; eine Minderheit stand Veränderungen negativ gegenüber. Es ist im Allgemeinen keine freudige Aussicht, von einer kraftvollen Gemeinde wie derjenigen in der John-Street-Kapelle in eine Gemeinde zu wechseln, in der sich das geistliche Leben im Niedergang befindet. Doch Chapman glaubte, dass es Gottes Hand war, die ihm diese Einladung hatte zukommen lassen. Er wusste allerdings, dass er nicht Pastor einer herkömmlichen Gemeinde der »Particular Baptists« werden konnte.

Es war eine Besonderheit der »Particular Baptists«, dass sie nur diejenigen am Mahl des Herrn teilnehmen ließen und als Glieder der Gemeinde aufnahmen, die die Glaubenstaufe erhalten hatten. Chapman lehnte nicht nur die denominationellen Begrenzungen ab, sondern teilte auch die Sichtweise der »Particular Baptists« bezüglich der Taufe nicht. Seine einzige Möglichkeit bestand darin, den Gläubigen vor Ort seine Überzeugungen freiheraus mitzuteilen, was er schließlich auch tat. Ebenso teilte er der Gemeinde mit, dass er nur unter der Bedingung kommen würde, alles lehren zu dürfen, was er in der Schrift finden würde.

9 A. d. H.: Die »Particular Baptists« waren jener Teil der englischen Baptisten, die im Unterschied zu den »General Baptists« die calvinistische Auffassung lehrten, dass die Erlösung nur den von Gott Auserwählten gelte.

In der Ebenezer-Kapelle wurden seine Bedingungen sofort akzeptiert. Das verdeutlichte die Unordnung in der Gemeinde. Ja, in den vorangegangenen 18 Monaten dienten drei Pastoren in der Ebenezer-Kapelle, während vier Pastoren in den neun Jahren ihres Bestehens dort angestellt waren. Einige Leute in der Gemeinde machten ihren Pastoren offensichtlich das Leben schwer, wollten aber die Verantwortung der Leiterschaft nicht selbst übernehmen.

Chapman wusste sicherlich, dass die Gemeinde keine Einheit bildete und ein neuer Leiter Schwierigkeiten haben würde, zwei Gruppen mit unterschiedlichen Haltungen zu führen. Da ihm diese Probleme bekannt waren und er ein zielstrebiges Besuchsprogramm plante, begann er, über die Vorteile einer gemeinsamen Leiterschaft nachzudenken. Er nahm Kontakt zu seinem neuen Bekannten William Hake auf und bat ihn, in Ebenezer mitzuarbeiten. Hake konnte sich Chapman zu diesem Zeitpunkt nicht anschließen, tat es aber viele Jahre später.

Obwohl Chapman die Situation kannte, kam er nach Barnstaple und ließ alle Aussichten auf eine weltliche Karriere hinter sich. Er muss vom Ruf Gottes in diese Arbeit zutiefst überzeugt gewesen sein, da er sein Privatvermögen verschenkte und den Erlös aus seiner Erbschaft weggab. Er behielt gerade genug, um seinen anfänglichen Lebensunterhalt zu bestreiten und sich ein Haus in Barnstaple kaufen zu können. Im April 1832 verließ er seine Anwaltspraxis, seine geliebte John-Street-Kapelle, seinen Freund und Lehrmeister Harington Evans sowie alle Attraktionen Londons und zog nach Barnstaple.

Eine Stadt in geistlicher Finsternis

Die Stadt, in die Robert Chapman kam, hatte eine lange Geschichte. Gegründet im Jahr 930 n. Chr., lag sie an einem strategisch günstigen Ort; dort mündete das Flüsschen Yeo in den Taw, und sie war vom Meer aus per Schiff gut erreichbar. Als die Normannen die kleine Siedlung von den Sachsen erobert hatten, umgaben sie diese mit einer hohen Steinmauer, schütteten innen einen gut 15 Meter hohen Erdhügel auf und errichteten auf ihm eine hölzerne Burg. Der Hügel ist noch vorhanden, doch von der Burg und der Steinmauer ist nichts übrig geblieben.

Als Chapman 1832 in Barnstaple ankam, um mit seinem Lebenswerk anzufangen, war es eine belebte Stadt mit ungefähr 7000 Einwohnern. Sie hatte einen Viehmarkt und einen Hafen, war von vielen kleinen Dörfern umgeben und lag in einer Niederung fast auf Höhe des Meeresspiegels. Große Schiffe befuhren die Mündung des Taw. Die Stadt war ein Zentrum für Ex- und Import; Kaufleute handelten mit Wolle, Schafen, Rindern und landwirtschaftlichen Erzeugnissen. Ebenso konnte sie verschiedene gesellschaftliche Einrichtungen aufweisen – ein Krankenhaus, ein Gefängnis, zwei oder drei Hotels, eine Anzahl von kleineren Gasthäusern und eine Vielzahl von Kneipen. Darüber hinaus erschien dort eine Tageszeitung.

Der Taw fließt vom Bergland in nördlicher Richtung hinab nach Barnstaple, wendet sich in der Stadt unvermittelt nach Westen und bewegt sich in einer breiten Mündung gemächlich zum Meer. Der kleine Fluss Yeo, dessen Wasser aus dem östlichen Hügelgebiet stammen, mündet in die Biegung des Taw. Die auf der westlichen Seite des Taw und im Landstrich südlich seines Mündungstrichters gelegenen Dörfer konnten von Barnstaple aus nur durch eine einzige Brücke oder mit dem Boot erreicht werden. Im Norden steigt das Land steiler an und endet in einer Entfernung von etwa 15 Kilometern abrupt am Bristolkanal. Schafe und Rinder weideten auf den grünen und welligen Hängen von Barnstaple.

Die Stadt hatte die Form einer Träne, deren Spitze nach Süden zeigte. Die beiden Flüsse bildeten die westliche und nördliche Grenze von Barnstaple. Die Boutport[10] Street, die um den Hafen verlief, wandte sich vom Yeo südwärts, folgte auf der Ostseite dem

10 Abgeleitet von der englischen Wendung »about the port«, »um den Hafen herum«.

ehemaligen Verlauf der mittelalterlichen Mauer und machte eine Biegung, um an der Spitze der »Träne« auf den Taw zu stoßen. Während des frühen 19. Jahrhunderts bestimmte die Straße mehr oder weniger den östlichen Stadtrand von Barnstaple, auch wenn einige Fabriken und Häuser für deren Arbeiter auf der Ostseite errichtet wurden. Die Stadt war in ihrer westöstlichen Ausdehnung nur etwas mehr als 400 Meter breit.

Die Bear Street war die Hauptstraße, auf der man Barnstaple nach Osten verließ. Ein Damm über den Yeo ermöglichte einen Spaziergang zum Dorf Pilton, das im Norden an Barnstaple grenzte. Am Südrand von Barnstaple lag das Dorf Newport, das von der Stadt durch ein Sumpfgebiet getrennt war. Weiter südlich an den Hängen befand sich Bishop's Tawton, während westlich des Taw die Ortschaft Tawstock und mehrere andere kleine Ansiedlungen lagen.

Barnstaple selbst war zu jener Zeit wenig attraktiv, obgleich es von wunderschöner Natur umgeben war – nahe dem Moorgebiet von Nord-Devon und dem Meer. Die Stadt wurde auf sumpfigem Grund gebaut, was zur Folge hatte, dass die Entwässerung lange Zeit ein Problem darstellte. In der Mitte der Stadt errichtete man Pferche für die Tiere, die auf dem Markt angeboten wurden. Östlich der Boutport Street lag der Stadtteil Derby, in dem Tierhäute gegerbt wurden und dessen »Flair« anscheinend vom Gestank geprägt war. Ein geräuschvoller, staubiger Kalkofen war am südlichen Stadtrand von Barnstaple in Flussnähe in Betrieb. Die Straßen waren eng und schmutzig, und obwohl es in der Stadt und der umliegenden Nachbarschaft auch beträchtlichen Wohlstand gab, lebten viele Städter in großer Armut. Alkoholismus war ein großes Übel in der Stadt. Die Einwohner von Barnstaple unterhielten 80 Wirtshäuser, in denen Alkohol auch nachts ausgeschenkt werden durfte. Bierhäuser waren sogar noch verbreiteter. Das Trinken schien für viele Arme das einzige Ventil zu sein und hielt sie gleichzeitig in ihren Verhältnissen gefangen.

Die Ebenezer-Kapelle befand sich an der Vicarage Lane, einer kleinen Straße, die von der Boutport Street abzweigte und parallel zur Bear Street nach Osten hin verlief. Die Kapelle bestand aus einem bescheidenen Backsteingebäude, das gegenüber dem Pfarramt der anglikanischen Kirche lag und etwa hundert Schritte von der Boutport Street entfernt war. Östlich der Kapelle grenzte das Stadtviertel Derby an, wo viele der ärmeren Leute lebten. Ein Großteil von ihnen arbeitete in der Gerberei oder in der Spitzenmanufaktur, die weitere 400 Meter entfernt lag. Derby war bekannt für seine kleinen Wohnungen und dunklen Durchgänge, seine Armut und die barfüßigen Kinder, die Lumpen trugen und auf der Straße spielten. Betrunkene und Schlägereien gehörten zum Alltag. Die Polizei zog es vor, in diesem Viertel nur zu zweit auf Streife zu gehen.

Dennoch war der geistliche Zustand von Barnstaple wahrscheinlich nicht viel schlechter oder besser als derjenige in anderen englischen Städten dieser Größe. Verschiedene freikirchliche Gemeinden und die anglikanische Kirche waren zwar in Barnstaple vertreten, doch gelang es keiner von ihnen, die unter der Armut leidenden Menschen nennenswert zu erreichen. Die Erweckungen des letzten Jahrhunderts unter Wesley und Whitefield lagen nun schon zwei Generationen zurück. Thomas Pugsley, Robert Gribble und andere hatten vor der Ankunft Chapmans mehrere Jahre lang in diesem Gebiet evangelisiert, doch ihre Arbeit zeigte bisher keine besondere Wirkung.

Ein Mann mit einem geistlichen Weitblick

Bereits vor seiner Ankunft hatte Chapman sich seine Ziele gesteckt, die weit über den Pastorendienst in der Ebenezer-Kapelle hinausreichten. Er hatte beschlossen, die ganze Stadt zu seinem Wirkungsbereich zu machen. Die Armutsviertel erinnerten ihn an die Slums von London, und sein Herz schlug für ihre Bewohner. Er hatte aber noch ein anderes Ziel. In London hatte er so manchen Missionar bzw. Prediger erlebt oder von einem solchen gehört, der aufgrund von Überarbeitung müde und mutlos geworden war, aber keinen Ruheort hatte, an dem er sich zeitweilig von seinen Verpflichtungen erholen konnte. Chapman wollte aus seinem Haus eine Ruhestätte für derartige Missionare und andere Diener des Herrn machen. Wie Barnabas im Neuen Testament hatte Chapman die Gabe, andere zu ermutigen. Er hoffte, mit ihnen beten und sprechen zu können. Er wollte ihnen zuhören und ihnen eine Zuflucht bieten, damit sie mit neuem Elan auf ihr Arbeitsfeld zurückkehren konnten.

Zunächst mietete Chapman Räumlichkeiten in einem kleinen Haus in der Gammon Lane nahe dem Stadtkern an, sah sich aber parallel nach einem geeigneten Haus zum Kauf um. Dieses sollte über seine Bedürfnisse hinausgehen und sich in einem der ärmeren Gebiete der Stadt befinden. Er fand sein ideales Zuhause im Derby-Viertel. Es war ein Teil eines Reihenhauses, das sich über die ganze Länge der New Buildings Street erstreckte – einer kleinen, etwa 50 Meter langen Sackgasse, die von der Vicarage Lane südwärts abzweigte und an deren Ende man auf die Gerberei stieß. Chapmans neues Zuhause befand sich außerdem ganz in der Nähe der Ebenezer-Kapelle und bot Räumlichkeiten für Gäste. Die finanziellen Mittel zum Hauskauf entnahm er wahrscheinlich dem Geld, das er eigens dafür zurückgelegt hatte, bevor er sein Privatvermögen verschenkte. New Buildings Street Nr. 6 war für eine Familie mit Kindern konzipiert und hatte über dem zweiten Stock noch einen Raum unter dem Giebel. Chapman lebte dort für die nächsten 70 Jahre. Ein Freund bot ihm einmal ein großes komfortables Haus in einem besseren Viertel von Barnstaple an, doch Chapman lehnte ab. Er wollte dort leben, wo selbst der ärmste Mensch ohne Zögern zu ihm kommen konnte.

Nachdem Chapman das Haus vorgerichtet und die Zimmer möbliert hatte, benachrichtigte er seine Bekannten in London, in verschiedenen Regionen von Devon und anderenorts davon, dass jeder Missionar und Diener des Herrn ohne finanziellen Aufwand und beliebig lange bei ihm willkommen sei. Er glaubte, dass der

Herr die Mittel zu diesem Vorhaben zur Verfügung stellen würde. Es sollte ein Dienst im Glauben sein und seinen Gästen diesbezüglich eine wertvolle Anschauung bieten.

Fast unmittelbar nach seiner Ankunft in Barnstaple begann Chapman mit seinem unermüdlichen Besuchs- und Evangelisationsdienst. Er sprach mit den Leuten auf der Straße und in ihren Häusern. Oft verkündigte er das Evangelium in den Armenhäusern und führte persönliche Gespräche mit den heimat- und mittellosen Menschen, denen er dort begegnete. Nicht selten legte er große Entfernungen zurück, um die kleinen Dörfer in der Nähe von Barnstaple zu besuchen und dort zu predigen – manchmal auch in Begleitung von Gribble und Pugsley.

Schon bald war Chapman in der Stadt bekannt. In seiner Anfangszeit begann er mit dem Predigen im Freien und bekam mit der Zeit Übung darin. In Barnstaple predigte er gewöhnlich auf dem Stadtplatz vor dem Uhrenturm. Manchmal wandte er sich auch zur anderen Seite der Straße hin und predigte am breiten Ufer des Taw. Während des Predigens kam ihm zugute, dass er hochgewachsen war. Außerdem setzte er seine tiefe Stimme wirkungsvoll ein, und viele Menschen lernten den Herrn kennen. Chapman wartete nicht erst auf organisatorische Unterstützung, bevor er mit den Besuchsdiensten und dem Predigen im Freien anfing; das war für seinen Dienst in Ebenezer nicht erforderlich. Chapman wusste, dass Gott ihn zu dieser Arbeit berufen hatte, und er übte sie für den Rest seines Lebens aus.

Heute fühlen sich viele Menschen angegriffen, wenn das Evangelium auf öffentlichen Plätzen gepredigt wird. Sie möchten solche Predigten am liebsten auf Kirchengebäude beschränken. Ein Großteil des Dienstes Jesu fand jedoch im Freien statt – dort, wo Menschen waren. Zweifellos war das auch der Grund, weshalb Chapman einen solchen Wert darauf legte. Bis auf gelegentliche Ausnahmen hatte Chapman beim Predigen im Freien wenig Schwierigkeiten mit Volksmengen. Er predigte mit würdigem Ernst und Einfühlungsvermögen, sodass ihn die meisten Menschen achteten. Viele Jahre später erzählte eine Frau folgende Geschichte, die zeigt, welch großen Widerhall er fand:

> Während meiner Zeit auf dem Land predigte Mr Chapman in unserem Dorf. Er stand ganz allein da, und die Menschen gruppierten sich um ihn herum. Mein Dienstherr und ich standen eine Weile an der Tür, um ihm zuzuhören, als ich plötzlich den Gedanken hatte, ihm einen Stuhl zu holen, auf den er sich stellen könnte. Als mein Dienstherr merkte, dass ich etwas im Schilde führte, fragte er mich: »Was hast du vor, Mary?«
>
> Ich erwiderte: »Ich hole einen Stuhl für diesen gesegneten, lieben jungen Mann, damit er sich daraufstellen kann«, denn die gesegnetsten Wahrheiten entströmten seinem Mund.
>
> »Hole den besten, den du finden kannst, Mary«, sagte er.

Für viele von uns dürfte es schwer sein, sich mit Chapman zu identifizieren. Ein kultivierter und hochintelligenter Mann, der einer wohlhabenden und einflussreichen Familie entstammte, eroberte nun die Herzen und Seelen von armen und ungebildeten Menschen. Obwohl er anfangs eine erfolgreiche Berufskarriere eingeschlagen und anspruchsvolle Freundschaften gepflegt hatte und den Luxus des Lebens gewohnt war, nahm er nun die gleichen Mahlzeiten zu sich wie die Armen und teilte ihre Unannehmlichkeiten. Selbst einige Brüder, mit denen er zusammenarbeitete, hatten den Eindruck, dass er sich unnötigen und sogar unvernünftigen Extremen aussetzte. Aber es war das Vorbild Jesu, das Chapman für sein Leben wählte.

Die Anfangszeit in der Ebenezer-Kapelle

Chapmans Ziele in Ebenezer wurden schnell offensichtlich. Aus Chapmans Sicht behandelte die Bibel alle Dinge des Lebens vollkommen hinlänglich, wobei sie für ihn gleichzeitig das einzig zuverlässige Buch war. Er lehrte einfach und ausschließlich aus der Bibel, weil er davon überzeugt war, dass die meisten Kirchgänger in Wirklichkeit nur wenig von dem kannten, was darin geschrieben stand. Er glaubte, dass denominationelle Traditionen zu sehr betont und dafür das gründliche Bibelstudium vernachlässigt wurde, und ihm lag es am Herzen, dass die Gläubigen die Bedeutung des Kreuzestodes Jesu für ihr persönliches Leben besser begriffen.

Veränderungen im sonntäglichen Gottesdienst

Das Mahl des Herrn

Chapman änderte in Ebenezer sowohl die Art als auch die Häufigkeit, in der die Gläubigen zum Mahl des Herrn zusammenkamen. Ihm schien es wünschenswert, das Mahl jeden Sonntag in der Weise abzuhalten, wie er es in der John-Street-Kapelle gelernt hatte. Er wollte kein feierliches Ritual haben, sondern eine Stunde der Anbetung, in der sich alle Gemeindeglieder beteiligen konnten, wie der Heilige Geist sie führte: Jemand schlug ein Lied vor, dann folgte einer der Männer mit einigen Ausführungen zu einem Wort aus der Schrift, anschließend sang die Gemeinde vielleicht ein weiteres Lied, danach betete ein Bruder usw. – wie der Heilige Geist die Geschwister führte. Daraufhin wurden Brot und Kelch genommen und untereinander weitergegeben. Dann legte Chapman oder ein anderer anerkannter Lehrer des Wortes einen Abschnitt der Bibel aus. Das Ganze sollte ein zusammenhängender Gottesdienst sein, der etwa zwei Stunden dauerte. Chapman behauptete niemals, dass es in der Schrift ein festes Schema für das Mahl des Herrn gäbe. Er bestand allerdings darauf, dass das Kreuz im Mittelpunkt stehen sollte und die Zusammenkunft nicht als ein Ritual angesehen werden dürfe, durch das die Teilnehmer die rettende Gnade empfangen würden.

Taufe

Obwohl Chapman von der Wichtigkeit der Taufe nach der Bekehrung fest überzeugt war, teilte er die Auffassung von Harington Evans, dass die Taufe kein Kriterium für die Gemeindezugehörigkeit oder die Teilnahme am Mahl des Herrn darstellt. Er lehrte, dass alle Gläubigen aufgrund ihres Bekenntnisses und eines dementsprechenden Lebens nicht nur frei sind, am Mahl des Herrn teilzunehmen, sondern auch von Jesus Christus selbst dazu aufgefordert werden. Das trifft auf alle seine Nachfolger zu, ob sie nun als Gläubige getauft wurden oder nicht.

Chapman ging weise vor und bestand in keiner Angelegenheit auf schnellen Veränderungen. Zwar predigte er etwas anderes, ließ aber die Traditionen in Ebenezer eine Zeit lang fortbestehen, was bedeutete, dass Menschen ohne Glaubenstaufe nicht am Mahl des Herrn teilnehmen durften. Das war ein sensibles Thema – nicht nur unter den »Particular Baptists«. Gläubige kamen aus der englischen Staatskirche oder aus kongregationalistischen Gemeinden, wo es eine lange Tradition der Säuglingstaufe gab. Für sie war es schwer, die Glaubenstaufe als eine Bedingung zur Aufnahme in die Gemeinde zu akzeptieren. Natürlich war es Chapmans Wunsch, dass bei jedem Gläubigen die Taufe als Gehorsamsschritt und öffentliches Zeugnis nach der Bekehrung erfolgen sollte, doch da er das Problem verstand, beharrte er in Bezug auf andere Gläubige nicht darauf. Ansichten ändern sich – aber in der Regel erst nach einer gewissen Zeit. Nach etwa einem Jahr stimmten fast alle, die in der Ebenezer-Kapelle zusammenkamen, diesem Standpunkt zu, sodass die ganze Gemeinde ihn übernahm.

Später sagte Chapman, dass andere führende Brüder in Süd-Devon, die von seiner Arbeit in Ebenezer erfuhren und sich mit ihm verbunden fühlten, ihm den Rat gaben, die Tradition der »Particular Baptists« unverzüglich aufzugeben. Somit musste er dem Druck dieser Seite ebenfalls standhalten. Einige Menschen sind für Veränderungen nicht zu gewinnen, andere wollen sie sofort durchsetzen. Jeder christliche Leiter wird diesen Konflikt irgendwann einmal erleben. Die Art und Weise, wie Chapman damit umging, ließ seine Geduld, seine behutsame Belehrung und die Tatsache erkennen, dass er auf den Herrn wartete. Er wusste, dass es zu Entfremdung und Uneinigkeit führen würde, solange nicht die große Mehrheit der Gemeinde eine Entscheidung befürwortete, die eine lange bestehende Tradition betraf. Später sagte er: »Wir warteten geduldig, bis wir einer Meinung waren [...] Hätten wir einen anderen Weg eingeschlagen, könnten wir jetzt nicht solche gegenseitige Liebe und die Einheit des Geistes genießen.«

Musik

Chapman änderte auch das Liedgut in Ebenezer. Der Inhalt eines idealen Liedes sollte seiner Meinung nach beim Kreuz anfangen und dann zu Gott selbst hinüberleiten. Er glaubte, dass es nicht genug solcher Lieder gab. Es ist anzunehmen, dass er diese Überzeugung in der John-Street-Kapelle entwickelte, wo er wahrscheinlich einige Lieder verfasst hatte. Jedenfalls begann er kurz nach seiner Ankunft, eine Sammlung von neuen Liedern zu schreiben. Um 1837 veröffentlichte er ein neues Liederbuch, das jahrelang von den Christen benutzt wurde, unter denen Chapman Führungsaufgaben wahrnahm.

Die Erfahrungen und Sehnsüchte eines Liederdichters finden in seinen Werken ihren Ausdruck. Die Themen, die sich durch die meisten Lieder Chapmans zogen, waren die Leiden Christi und die anschließende Herrlichkeit. Ein Vers aus einem seiner Lieder drückt seinen bekannten Hunger nach einer größeren Erkenntnis der Liebe Christi aus:

Ach, Herr, lass mich ein wenig sehn,
Was niemand jemals völlig sah;
Möcht's Wunder Deiner Lieb' verstehn,
Dein tiefes Leid von Golgatha.

Eines von Chapmans bekanntesten Liedern beginnt so:

O gekreuzigter Heiland mein!
Bei Deinem Kreuz möcht' ich sein;
Um anzuschaun zu aller Zeit,
Wie Du gerungen in Todesleid.

In diesen Versen finden wir die Hervorhebung des Kreuzes von Golgatha, die für Chapman so typisch ist, und seine Frage nach unserer Antwort auf die Liebe Christi und nach unserer Hingabe an ihn, der unsere Sünden auf sich nahm.

Chapmans Schwester Arabella sagte einst, dass nur diejenigen seine Lieder wirklich verstehen können, die ihn kannten, da nur sie wussten, wie sehr sein Leben seinen Liedern entsprach. Seine Betonung der Leiden Christi mag vielleicht seinem Kummer entspringen, da er mit den Jahren ansehen musste, wie Christen miteinander in Streit gerieten, sich trennten und im Großen und Ganzen nicht in christusgemäßer Weise handelten. Hier sollten wir uns jedoch an Folgendes erinnern: Chapman war davon überzeugt, dass ein Christ im Geist nach Golgatha zurückkehren und über die Liebe Christi zu Sündern nachdenken muss, um die richtige Einstellung zur Welt und zu Christus entwickeln und bewahren zu können. Lieder gehören zu den ausdrucksstärksten Möglichkeiten bei der Vermittlung dieser Wahrheiten.

Geistliche Veränderungen im Leben vieler Menschen

Beim Predigen und Lehren betonte Chapman außerdem den Gehorsam gegenüber dem Wort Gottes, was Verhalten und Einstellung des Gläubigen betrifft, sowie den Gehorsam hinsichtlich des Auftrags, anderen von der Liebe Christi weiterzusagen. Da Chapman diese biblischen Wahrheiten betonte und sie gleichzeitig lebte, kamen andere Menschen hinzu und schlossen sich der Gemeinschaft an. Die Zahl der Gläubigen in Ebenezer wuchs in den ersten Jahren rasch an, und auch ihr geistlicher Zustand verbesserte sich. Viele Menschen kamen in dieser Zeit zum Glauben an den Herrn. Deshalb wollen wir anhand einiger Menschen aus seinem Umfeld beispielhaft zeigen, wie Gott Chapman gebrauchte, um die Freude und Hoffnung Christi in das Leben von einigen Personen zu bringen, die daraufhin wiederum anderen das Evangelium brachten.

Eliza Gilbert

Eliza, die sich 1831 nach den Predigten Chapmans im Armenhaus von Pilton bekehrt hatte, wurde eine treue Besucherin der Ebenezer-Kapelle. Sie erzählte Chapman, dass sie sich gern taufen lassen würde. Allerdings sagte sie auch, dass ihre unbekehrte Mutter sehr dagegen war und ihr drohte, sie zu Hause hinauszuwerfen. Dennoch wollte Eliza alle Widrigkeiten auf sich nehmen und ließ sich taufen. Viele Menschen aus der Ebenezer-Kapelle waren sehr um sie besorgt und begleiteten sie im Anschluss an die Taufe nach Hause. Die Mutter blieb bei ihrem Wort und ließ ihre Tochter nicht herein. Während dieser Prüfungszeit wurde sie von Freunden aufgenommen. Ein paar Monate später wurde Eliza ernsthaft krank, und die Ärzte waren der Meinung, sie würde sterben. Als ihre Mutter davon erfuhr, gab sie nach und erlaubte ihrer Tochter zurückzukommen. Sie sagte jedoch, dass sie kein Wort mit ihr reden würde.

Robert Chapman durfte Eliza einmal wöchentlich besuchen. Die Mutter verließ während dieser Zeit das Haus. Eliza durfte auch Briefe von ihm empfangen, von denen drei erhalten geblieben sind. Sie sind die ältesten noch existierenden Briefe Chapmans und datieren aus dem Jahr 1835. Er fand Worte der Ermutigung und des Mitgefühls für Eliza und erinnerte sie an die Hand Gottes, die über allen Dingen steht. Er hielt sie dazu an, auf den Herrn zu schauen, um von ihm Hilfe und Kraft zu empfangen. Auch wenn Eliza in Pilton anfänglich Interesse an Chapman als Person zeigte, sie treu die Ebenezer-Kapelle besuchte, sich wegen ihrer Taufe an ihn wandte und er ihr während der Krankheit beständig Aufmerksamkeit schenkte, gibt es keinerlei Hinweis darauf, dass sie sich zueinander hingezogen fühlten oder dass eine Liebesbeziehung zwischen ihnen bestand. Chapman blieb tatsächlich zeitlebens unverheiratet.

Schließlich erholte sich Eliza von ihrer Krankheit und wurde zu einer treuen Schwester in der Gemeinde. Weitere Angehörige ihrer Familie bekehrten sich letztlich durch ihren Einfluss und unter dem Dienst von Chapman. In hohem Alter übergab auch ihre Mutter ihr Leben dem Herrn.

William Bowden und George Beer

William Bowden, der sich bereits früh im Zusammenhang mit dem Wirken Chapmans bekehrte, war ein tatkräftiger 20-Jähriger, der schon bald ein leidenschaftlicher Evangelist wurde und mit Chapman unter den Armen von Barnstaple arbeitete. Eine weitere Person, die durch den Dienst und das Vorbild Chapmans angezogen wurde, war der ebenfalls 20-jährige George Beer. Er hatte sich unter den Predigten von Gribble bekehrt und wurde als Jugendlicher zum Landwirt ausgebildet. Beer und Bowden wurden gute Freunde und arbeiteten häufig zusammen. Sie predigten und evangelisierten in den Dörfern der Umgebung von Barnstaple. Aus ihrer Arbeit entstanden mehrere kleine Hausgemeinden, von denen einige größer wurden, ein neues Gebäude benötigten und regelmäßige Zusammenkünfte einrichteten.

Die Gläubigen aus diesen Gemeinden wurden von Bowden, Beer, Chapman und anderen bereitwilligen Brüdern betreut, die unter ihnen seelsorgerlich tätig waren. Da die Ebenezer-Kapelle nominell noch immer zu den Baptisten gehörte, betrachteten sich diese kleinen Gemeinden im Normalfall als Baptisten, handelten aber nach ähnlichen Grundsätzen, wie sie in Ebenezer vertreten wurden. Von diesen Gemeinden und den früher entstandenen in der Nähe von Tawstock, Lovacott und Hiscott hat man Aufzeichnungen gefunden, die in Bezug auf die denominationelle Ausrichtung häufig doppeldeutig sind. Das ist auf Chapmans Einfluss zurückzuführen, der gegen denominationelle Unterschiede war. Für ihn waren alle Christen in diesen Gemeinden »Brüder«, und mehrere von ihnen nannten sich nach einiger Zeit auch selbst so.

Mit der Unterstützung Chapmans begannen Bowden und Beer, im Freien zu predigen, und setzten sich besonders im Derby-Viertel starken Beschimpfungen und der ständigen Androhung von Gewalt aus. Doch aufgrund ihrer Mühen nahmen viele Menschen Christus an, was die beiden Prediger in ihrer Überzeugung bestärkte, dass Gott sie zu einem lebenslangen Dienst am Evangelium berufen hatte.

Die Hilfe, die Chapman durch Bowden und Beer erhielt, währte jedoch nicht sehr lang. 1835 kehrte Anthony Groves nach England zurück. Fünf Jahre hatte er in Bagdad unter unglaublichen Entbehrungen gearbeitet. Etwa ein Jahr nach seiner Ankunft in Bagdad fiel etwa die Hälfte der Stadtbevölkerung innerhalb von nur zwei Monaten einer Seuche zum Opfer – wobei auch seine Frau und seine kleine Tochter darunter waren. Auf die Seuche folgten bald eine gewaltige Überschwemmung und bewaffnete Auseinandersetzungen zwischen zwei rivalisierenden Gruppen, was noch viel mehr Menschenleben forderte. Entmutigt kehrten einige von denen, die Groves begleitet hatten oder später hinzugekommen waren, nach England zurück. Diese fünfjährige Arbeit führte nur zu wenig Frucht und viel Entmutigung. Doch im Dienst für Gott geht es nicht um Erfolg, sondern um Treue. Das veranlasste Groves dazu, seine Arbeit fortzusetzen.

Als Groves von zahlreichen Möglichkeiten für die missionarische Arbeit in Indien erfuhr, reiste er dorthin und fand tatsächlich eine offene Tür für das Evangelium. Allerdings mangelte es an Arbeitern zur Verbreitung der Frohen Botschaft, weshalb Groves nach England und in einige festlandeuropäische Länder zurückkehrte und nach Männern und Frauen Ausschau hielt, die mit ihm nach Indien gehen wollten. Während seiner Zeit im Ausland stand er in ständiger Verbindung mit vielen Freunden im Südwesten Englands und in Irland. Folglich wusste Chapman von seinen Aktivitäten, obwohl er ihm noch nie persönlich begegnet war. Als Groves von Chapman nach Barnstaple eingeladen wurde, lernte er Bowden, Beer und ihre Frauen kennen, die bereit waren, mit ihm nach Indien zu reisen. Gott hatte sie vorbereitet, und sie waren willens und voller Eifer, ihr Lebenswerk zu beginnen. Chapman ermutigte sie, und wenige Monate später reisten sie ab. Sie ließen sich im Godavari-Delta in Indien nieder und legten dort den Grundstein zu einer verheißungsvollen christlichen Arbeit.

Die Tochter des Pfarrers

Die Wreys, die in der Nähe der Pugsleys im Gebiet von Tawstock lebten, gehörten einer angesehenen, alteingesessenen Familie an, die den Baronetstitel führte. Reverend Wrey war Pfarrer der örtlichen Kirchgemeinde und pflegte freundschaftliche Beziehungen mit den Pugsleys. Kurz nachdem Chapman in Barnstaple angekommen war, machten Thomas und Susan Pugsley ihn mit den Wreys bekannt. Aufgrund seines Bildungsstandes und seiner guten Umgangsformen achteten sie Chapman. Von Christus zu zeugen, war für Chapman etwas so Natürliches, dass sich bald darauf eine Tochter des Pfarrers bekehrte und schon wenig später den Wunsch äußerte, getauft zu werden. Da sie die Bedeutung ihrer Säuglingstaufe ablehnte, geriet ihr Vater in eine eigenartige Lage. Er schien jedoch keinen öffentlichen Widerstand gegen die Taufe seiner Tochter zu leisten, sodass das Ereignis geplant werden konnte.

Das Wort von der bevorstehenden Taufe im Taw machte schnell die Runde, und viele neugierige Städter kamen, um zu sehen, wie Chapman die Tochter des Pfarrers taufte. Doch das Geschehen nahm eine weitere außergewöhnliche Wendung: Chapman wollte bei dem gleichen Anlass auch einen jungen Bauern taufen. Damals war es jedoch höchst außergewöhnlich, dass Angehörige sehr unterschiedlicher Gesellschaftsschichten an ein und demselben Ereignis beteiligt waren. Aber die Familie Wrey nahm an den Umständen der Taufe ihrer Tochter keinen Anstoß. Wahrscheinlich wunderten sich die zuschauenden Stadtbewohner mehr über das doppelte Schauspiel, das sie im Fluss vor sich sahen. In für ihn typischer Weise durchbrach Chapman die Barrieren zwischen unterschiedlichen gesellschaftlichen Schichten, indem er einfach die Gesinnung Christi vorlebte.

Bald nach seiner Taufe begann der junge Bauer, George Lovering, in der Nachbarschaft zu evangelisieren. Er arbeitete weitere 30 Jahre lang in Nord-Devon und gründete Gemeinden in verschiedenen Dörfern südlich und östlich von Barnstaple.

Chapmans erste Jahre in der Ebenezer-Kapelle brachten viel geistliche Frucht ein. Die Evangelisationsarbeit in Barnstaple und in der Umgebung war das Hauptanliegen der neu belebten Gemeinde. Doch ein solcher Durchbruch geht selten ohne Prüfungen einher, und der Teufel versuchte schon bald, das Zeugnis der Christen zum Erliegen zu bringen.

Schwierige Probleme – Gottgemäße Entscheidungen

Einige Glieder der Gemeinde in der Ebenezer-Kapelle stimmten den von Chapman eingeführten Veränderungen niemals zu, auch wenn sie von der Mehrheit übernommen wurden. Als sie merkten, dass in Ebenezer ein Kurswechsel vollzogen wurde und man wahrscheinlich nicht mehr zu den Traditionen der »Particular Baptists« zurückkehren würde, verließen sie im Jahr 1834 geschlossen die Gemeinde. Selbst der weise und sanftmütige Chapman war nicht in der Lage, die Trennung aufzuhalten. Wäre die Mehrheit in ihren Überzeugungen und im Geist nicht so einmütig gewesen, hätte die Spaltung leicht zu Entmutigung und zum Ende der Gemeinde führen können. Chapman war jedoch davon überzeugt, dass seine Vorgehensweise richtig war. Da auch die restliche Gemeinde geschlossen hinter ihm stand, machte er weiter.

Etwa zu der Zeit, als Chapman nach Barnstaple kam, wurde dort von den »General Baptists« (eine andere Gruppierung als die »Particular Baptists«) eine Gemeinde gegründet. Der Besitzer der Spitzenmanufaktur baute für diese Gemeinde ein neues Gebäude, das im Februar 1833 fertiggestellt wurde, zehn Monate nach Chapmans Ankunft. Doch die Arbeit der »General Baptists« kam nicht so recht voran und wurde nach ca. drei Jahren beendet. Die Immobilie wurde zum Verkauf angeboten, fand aber keinen Interessenten. Die Gläubigen, die Ebenezer verlassen hatten, durften das Gebäude mieten, obwohl sie sich als »Particular Baptists« versammelten. Nach ungefähr einem Jahr formierten sich die »General Baptists« jedoch neu und baten die »Particular Baptists«, das Gebäude zu räumen. Daraufhin forderten diese von Chapman, die Ebenezer-Kapelle zu verlassen, weil deren Nutzung nicht mit der ursprünglichen Zielsetzung und Gemeindepraxis der »Particular Baptists« übereinstimme.

Nun ging Chapman daran, sorgfältig die Stiftungsurkunde der Ebenezer-Kapelle zu überprüfen. Er stellte fest, dass keine Bestimmungen verletzt worden waren. Die andere Seite gab jedoch nicht nach, und Chapman kam zu der Überzeugung, dass es der schriftgemäße Weg sei, ihr den Besitz zu überlassen. Er wollte nicht, dass irgendjemand dachte, er habe sich der Kapelle durch eine List bemächtigt. Er meinte, dass die Situation mit der Anweisung Jesu vergleichbar sei, dem, der das Untergewand fordere, auch den Mantel zu lassen. Die Gemeinde war damit einverstanden, und etwa im Jahr 1838 händigte man den »Particular Baptists« die Eigentumsurkunde aus.

Ein solch einheitliches Verhalten dieser Christen schien geradezu unglaublich. Sie traten ihr Gebäude, auf das sie einen rechtmäßigen Anspruch hatten, an eine Gruppe von Gläubigen ab, die sich von ihnen getrennt hatte. Wie viele Gemeindeleiter, wie viele Gemeinden würden so etwas tun? Hätten die Betreffenden auf ihrem Recht bestehen sollen? Durch diese außergewöhnliche Tat veranschaulichten sie das Prinzip der christusähnlichen Liebe und empfingen dafür eine große Belohnung. Eine Generation später war aus den Baptisten in Barnstaple eine ansehnliche Gruppe geworden, die eifrig evangelisierte. Ihre Schriften offenbaren eine Hochachtung und Bewunderung für Robert Chapman, den viele für einen ihrer Wegbereiter halten. Die Geschichte der Baptisten vor Ort zeigt jedoch, dass Chapmans Gruppe seit der Trennung nicht mehr offiziell mit den Baptisten verbunden war.

Die Suche nach einem anderen Gemeinderaum

Die Gerberei am Ende der New Buildings Street – die Straße, wo Chapman lebte – wurde Ende der 1830er-Jahre geschlossen und der Besitz zum Verkauf angeboten. Die Gläubigen um Chapman, die es vermeiden wollten, mit irgendeiner Denomination in Verbindung gebracht zu werden, und sich deshalb als »Versammlung von

Christen« bezeichneten, entschlossen sich, dieses attraktive Stück Land zu kaufen. Es lag einige Häuserblöcke von der ursprünglichen Kapelle und nur wenige Schritte von Chapmans Haus entfernt. Die andere Seite des Grundstücks grenzte an die Bear Street, die Hauptstraße, die in östlicher Richtung aus der Stadt hinausführte. Die Parzelle war viel größer, als die Versammlung es zu dieser Zeit benötigte. Da die Gemeinde aber ständig wuchs, ermöglichte ihr der eigene Grund und Boden eine zukünftige Erweiterung.

Nachdem Chapman die rechtsgültigen Dokumente für die Überschreibung des Besitzes fertiggestellt hatte, gab der örtliche Geistliche der anglikanischen Kirche bekannt, dass eine Kaufabsicht in Bezug auf das Grundstück bestehe, um dort eine neue Pfarrkirche zu errichten. Die überraschte Versammlung kam zusammen, um die nächsten Schritte zu besprechen und um Führung zu beten. Chapman wurde von Philipper 4,5 angesprochen: »Lasst eure Milde kundwerden allen Menschen; der Herr ist nahe.« Sein Rat an die Versammlung bestand darin, den Anspruch auf das Grundstück fallen zu lassen, was anscheinend auch ohne größere Widersprüche geschah. Chapman und die ganze Gemeinde bewiesen eine außergewöhnliche Gesinnung, die ein weiteres gutes Beispiel dafür lieferte, wie das Leben von Christen eine Veranschaulichung der Bibel sein kann. Und das Resultat war wiederum zum Vorteil. Die anglikanische Pfarrkirche, die wenige Jahre später dort errichtet wurde, hatte eine evangelikale Ausrichtung, auf die Chapman und die Gläubigen um ihn herum wahrscheinlich einen wesentlichen Einfluss hatten.

Die Gemeinde findet ein neues Zuhause

Die Christen, die auf die Ebenezer-Kapelle verzichteten, bildeten längst keine kleine Gruppe mehr. Sie waren dynamisch, evangelistisch aktiv und in ganz Barnstaple wohlbekannt. Eine Zeit lang hatten sie allerdings keine eigenen Räumlichkeiten, in denen sie sich versammeln konnten. In den Jahren 1838–1842 kamen sie an den Sonntagen wahrscheinlich in gemieteten Räumen zusammen. Wochentags benutzten sie das Haus von Chapman in der New Buildings Street Nr. 6. Um 1839 trafen sie sich zum Bibelstudium donnerstagabends in der New Buildings Street Nr. 9, dem Heim von Elizabeth Paget. Doch allen Widrigkeiten zum Trotz wurde ihre Gemeinschaft auch weiterhin größer.

Die Versammlung erhielt die Anzahlung zurück, die sie zum Kauf des Grundstücks der ehemaligen Gerberei bereits geleistet hatte, und besaß genügend Geld, um ein bescheidenes Eigentum zu erwerben. Etwa 1840 wurden an beiden Seiten der Bear Street mehrere kleine Straßen angelegt, die an das Derby-Viertel angrenzten. Die dortigen Grundstücke wurden zum Verkauf angeboten. Die Versammlung sah in diesem Viertel die Antwort auf ihre Bedürfnisse: Es war wenige Häuserblöcke von der Ebenezer-Kapelle entfernt, befand sich in der Nachbarschaft der Armen und war in fünf bis zehn Minuten Fußweg vom Stadtzentrum aus zu erreichen. Die Grosvenor Street, eine der neuen Gassen, verlief von der Bear Street aus nordwärts. Dort kaufte die Versammlung eine Parzelle, auf der sie ein großes, schlichtes Gebäude errichtete. 1842 war die Bear-Street-Kapelle bezugsfertig, 10 Jahre nach Chapmans Ankunft in Barnstaple. Sie war viel größer als die Ebenezer-Kapelle und bot Platz für 450 Menschen.

Zu jener Zeit war es für viele freikirchliche Gemeinden und einzelne Gläubige selbstverständlich, dass Christen keine Schulden machen sollten. Wir wissen jedoch, dass sich die Versammlung in Barnstaple Geld lieh, um das Gebäude fertigstellen zu können. Georg Müller erwähnt in seinen Tagebüchern, dass er 1843 eine Geldsumme nach Barnstaple übersandte, die für die Baukosten der Kapelle bestimmt war. Es dauerte nicht lange, bis man die Schulden beglichen hatte und die Arbeit von diesem Zeitpunkt an ohne finanzielle Belastungen fortsetzen konnte.

Das Vertrauen auf den Herrn

Die ersten Jahre in Barnstaple waren für Chapman eine große Herausforderung. Die Freude über den Erfolg in seinem Dienst mischte sich mit Unfrieden und Anlässen zur Entmutigung. Thomas Pugsley, der Mann von Chapmans Cousine, mit dem er befreundet gewesen war und der ihm treu zur Seite gestanden hatte, starb im Jahr 1834, ebenso wie Chapmans jüngerer Bruder Thomas. Die Ebenezer-Kapelle wuchs zwar schnell, erlebte aber auch eine Trennung. Geistliches Kapital mit Schlüsselbedeutung musste fahren gelassen werden. Zwei junge Männer, die sich zu guten Predigern, Leitern und Evangelisten entwickelt hatten, waren nach Indien ausgereist. Doch Chapman blieb weiterhin stark und zuversichtlich im Herrn.

Harington Evans blieb Chapmans ständige Stütze. 1842 schrieb Evans von London aus einem Glaubensbruder einen Brief: »R. Chapman hat uns soeben verlassen. Er verbrachte die letzte Nacht hier, nachdem er an meiner statt in der John Street gepredigt hatte. Oh, was für ein Mann Gottes ist er! Welche Gnade beweist er! Mut, Sanftmut, Liebe, Selbstverleugnung, Güte, Ausdauer, Menschenliebe – alles entspringt der Liebe zu Christus und zu Gott und scheint miteinander in wunderschöner Harmonie zu verschmelzen.«

Evans' Achtung und Liebe für Chapman wuchs beständig. 1846 besuchte er wieder einmal Barnstaple und schrieb: »Ich fand den geliebten R. Chapman so vor, wie er immer war, nur noch schöner – noch christusähnlicher, sich selbst noch mehr verleugnend, noch sanftmütiger und voller Liebe.« Im gleichen Jahr sagte Evans einem Freund: »Er ist einer meiner Sterne. Ich halte ihn für einen der größten Männer dieser Zeit. Er kennt kein Auf und Ab. Er ist sich stets bewusst, dass er von Gott angenommen ist. Doch dann ist er in der Tat ein Kind, zu allem und jedem bereit, was immer es auch sein mag.« Einst unterstützte er Chapman in seiner Jüngerschaft; jetzt sah er einen wahren Leiter und Diener in ihm.

»Er kennt kein Auf und Ab«, hatte Evans geschrieben. Chapman wusste, dass der Weggang der Andersgesinnten von Ebenezer ein einmütigeres Vorankommen der Arbeit ermöglichen würde. Chapman freute sich über das geistliche Wachstum von Bowden und Beer, da er wusste, dass Gott sie berufen hatte. Robert Gribble kam in die Gegend zurück und wurde wieder aktiv. Thomas Pugsley war jetzt beim Herrn, und der einheimische Charles Shepherd übernahm viel Arbeit in den Gemeinden, in denen Pugsley gedient hatte. Shepherd, der während Evans' häufigen Besuchen in Nord-Devon dessen Bekanntschaft gemacht hatte, übernahm nach Evans' Tod seine Aufgabe in der John-Street-Kapelle in London.

So wurde die Arbeit im Reich Gottes fortgesetzt. Gott ist souverän, und Chapman stellte die anscheinend schwierigen Ereignisse, die sich ihm in den Weg stellten, nie infrage.

Ein Anliegen für Spanien

Als Robert Chapman einige Jahre nach seiner Bekehrung den Ruf Gottes in eine vollzeitliche Arbeit im Werk des Herrn hörte, dachte er zunächst an die Mission. Italien lag ihm lange am Herzen, wobei auch Spanien ihn gedanklich beschäftigte. Sein Anliegen für Spanien, Portugal und Italien entsprang der traurigen Tatsache, dass die absolute Machtposition des korrupten römischen Katholizismus die Bewohner dieser Länder von der Erkenntnis des wahren Gottes fernhielt. Der Aberglaube war dort weit verbreitet. Einige Priester legten einen enormen Zynismus gegenüber allen religiösen Dingen an den Tag, und viele von ihnen hielten die Menschen vom Lesen der Bibel ab. Chapman wusste aber, dass die Bibel vor allem für die einfachen Menschen geschrieben war. Gott gab sie zur Wegweisung, Belehrung und Zurechtweisung für alle Menschen – und nicht zum alleinigen Besitz einer Elitegruppe.

Chapman suchte einen Weg, wie er die Gute Nachricht der Liebe Christi zu den einfachen Menschen in Spanien bringen konnte. Mit seiner ruhmreichen säkularen Geschichte und seiner ebenso unrühmlichen mehrhundertjährigen Verfolgung religiöser Minderheiten war Spanien für sein hartes Vorgehen insbesondere gegen protestantische Christen bekannt und ließ ausländische Missionare nicht ins Land. Im Glauben, dass er vielleicht eines Tages auf der Iberischen Halbinsel missionarisch tätig sein würde, eignete sich Chapman Spanisch und Portugiesisch an, bis er beide Sprachen fließend sprechen konnte. Auch als der Herr seinen Weg nach Barnstaple führte, nahm sein Interesse an missionarischer Arbeit in Spanien nicht ab. Ein Großteil seiner Tätigkeit in Nord-Devon bestand zwar im Grunde in missionarischer Arbeit, doch fragte er sich weiterhin, ob er diese Arbeit irgendwie mit Mission in Spanien verbinden könnte. Er wusste, dass er eine Gabe im Umgang mit Menschen hatte, und war überzeugt, dass es Gottes Wille für ihn sei, dorthin zu gehen, denn der Gedanke an Spanien ließ ihn nicht mehr los.

Die Erkundungsreise

Nach nur zwei Jahren in Barnstaple unternahm Chapman eine kurze Reise nach Spanien, von der wenig bekannt ist. Chapman reiste wahrscheinlich als Tourist ins Land, um die Verhältnisse aus erster Hand beurteilen zu können, die er oder andere bei einer anschließenden Missionsreise vorfinden würden. England war damals ein Verbündeter Spaniens, und die Jahre, in denen britische Truppen zusammen mit Einheimischen die Franzosen aus dem Land vertrieben hatten, lagen noch nicht allzu lange zurück. Im Jahr 1833 wurde Isabella II. zur Königin von Spanien erklärt, musste sich jedoch gegen die kraftvolle und bisweilen gewaltsame Opposition der Karlisten wehren, die ihren Onkel Don Carlos unterstützten.[11] Über Jahre hinweg bedienten sich die Karlisten verschiedener Methoden, um die Regierung zu stürzen – bis hin zu Terrorakten und kriegerischen Handlungen, sodass die Zustände zeitweise an Anarchie erinnerten. Somit war das Reisen in Spanien keineswegs sicher. Chapman ließ sich durch die Erfahrungen aber keineswegs entmutigen und beschloss, so bald wie möglich eine ausgedehnte missionarische Reise durch Spanien zu unternehmen.

Im Anschluss an seine Rückkehr nach Barnstaple sprach Chapman in seinen Predigten mit Nachdruck von der geistlichen Not in Spanien und Portugal und bat die Zuhörer, darüber nachzudenken, ob sie nicht ihr Leben dem Dienst für Gott in diesen Ländern widmen sollten. Das wiederholte Vorbringen seines Anliegens zeigte Wirkung; zwei Männer aus der Versammlung, die Brüder Pick und Handcock, bekundeten ein starkes Interesse, dorthin zu gehen.

11 A. d. H.: Isabella II. war damals gerade einmal knapp drei Jahre alt und stand anfangs unter der Vormundschaft ihrer Mutter, später unter der eines hochrangigen spanischen Generals.

Die erste Missionsreise

Im Jahr 1838 schmiedete Chapman Pläne, ein weiteres Mal nach Spanien zu reisen. Pick und Handcock wollten ihn begleiten. Dies war in der Zeit, als die Herde Chapmans keine eigenen Räumlichkeiten hatte, doch Chapman vertraute den zurückbleibenden, Verantwortung übernehmenden Brüdern genug, um Barnstaple für einige Monate verlassen zu können. Er plante, quer durch das Land zu reisen, mit einzelnen Menschen über Christus zu reden und Bibeln zu verteilen, da er wusste, dass das öffentliche Predigen in Spanien äußerst schwierig – wenn nicht gar unmöglich – sein würde. Er wollte nur seinen Rucksack mit etwas Kleidung und eingeschmuggelten Bibeln mit sich führen.

Dabei gab es ein interessantes Dilemma: Chapman entschloss sich, die Landesgesetze zu brechen, und schien keine Bedenken damit zu haben. Wenn die menschlichen Gesetze gegen das Gesetz Gottes verstoßen – so seine Überzeugung –, müsse man dem Gesetz Gottes gehorchen. Chapman war sich der Antwort des Petrus und der anderen Apostel in einer ähnlichen Situation bewusst, von der in Apostelgeschichte 5,27-29 berichtet wird.

Viele Freunde baten ihn, nicht nach Spanien zu gehen, da man dort Gesetze erlassen hatte, die das Predigen außerhalb des römisch-katholischen Systems untersagten. Doch Chapman war weiterhin entschlossen zu gehen. Einige Freunde sammelten Geld und überreichten ihm vor seiner Abfahrt einen Scheck, denn sie merkten, dass sie ihn von seinem Vorhaben nicht abbringen konnten. Außerdem wussten sie, dass er in Spanien niemanden kannte und nur mit seinem Rucksack und dem nötigen Fahrgeld unterwegs sein würde. Die drei Missionare reisten zunächst nach London, wo Chapman mit einigen Freunden aus der John-Street-Kapelle sprach. Von dort aus ging es zum Hafen des östlich von London gelegenen Gravesend, wo sie auf der Themse ein Schiff nach Frankreich bestiegen.

Der unerwartete Scheck bereitete Chapman große Sorgen, da er sich doch, was die Bedürfnisse während seiner Reise betraf, vertrauensvoll auf Gottes Fürsorge verlassen wollte. An die Möglichkeit, dass Gott ihn schon vor Beginn der Reise mit dem Notwendigsten versorgen könnte, dachte Chapman nicht. Als sich das Schiff auf der Nordsee befand, holte Chapman den Scheck hervor und zerriss ihn in Gegenwart seiner Begleiter. »Jetzt bin ich vollständig von Gott abhängig«, sagte er.

Es ist nicht bekannt, wie seine Freunde zu Hause darauf reagierten, als sie davon hörten. Es war mit Sicherheit eine Beleidigung für sie. Chapman wusste doch, dass Gott normalerweise sein Werk durch seine Kinder unterstützt. Warum er sich nicht dazu durchringen konnte, den Scheck anzunehmen, ist ein Rätsel. Vielleicht hatte er ein Gelübde abgelegt, kein Geld auf seiner Reise durch Spanien mit sich zu führen. Da er viele Jahre später sagte, dass sein größtes Problem als junger Christ geistlicher Stolz gewesen sei, könnte man auch vermuten, dass dies eventuell der Grund für die Zurückweisung des Geldes war.

Auf ihrem Weg durch Frankreich Richtung Süden reisten die drei Männer auf der Küstenroute, die durch Bayonne verläuft und am Golf von Biskaya entlangführt, und erreichten Spanien in der Nähe von San Sebastian. Sie befanden sich nun im Baskenland. Die einheimischen Basken unterstützten aus eigenem Interesse die Karlisten in ihrem Widerstand gegen die Regierung. Eine Garnison englischer Soldaten war in San Sebastian stationiert, um gegebenenfalls Stabilität zu garantieren. Chapman und seine Begleiter erhielten die Erlaubnis, mit den Soldaten zu reden, die sehr erfreut waren, englische Landsleute zu treffen. Vor ihrer Weiterreise gab man Chapman die Möglichkeit, eine Predigt für sie zu halten.

Pick und Handcock begleiteten ihn etwa bis hierher, anschließend reiste Chapman vermutlich allein weiter. Er durchwanderte das Land seiner Breite und Länge nach und trug die verbotenen Schriften im Rucksack mit sich. Er traf zwar nur selten einen Gläubigen, redete aber unterwegs häufig mit den Menschen über seinen Glauben. Später erzählte Chapman von seiner Begegnung mit einem Priester, die er während dieser Reise hatte:

> Als ich durch Spanien reiste, kurz bevor die ersten Eisenbahnschienen verlegt wurden, legte ich mein Gepäck in eine Art Kutsche, und bald darauf gesellte sich ein römisch-katholischer Priester zu mir. Wir beide waren allein unterwegs. Zu jener Zeit wurde unter den Katholiken die Frage aufgeworfen, ob Maria, die Mutter unseres Herrn, Sünde gehabt habe oder nicht. Da der Papst behauptete, sie sei ohne Sünde gewesen, drehte sich unser Gespräch um dieses Thema. Ich sagte zu meinem Freund, dem Priester: »Hören Sie einfach, was die Bibel darüber sagt: ›Und Maria sprach: Meine Seele erhebt den Herrn, und mein Geist hat gejubelt über Gott, meinen Retter.‹«[12] Worauf ich hinzufügte: »Wie konnte sie über Gott, ihren Retter, jubeln, wenn sie nie gesündigt hat?« Der Priester antwortete mit ernster Miene: »Das ist wirklich wahr, ja, wirklich wahr.« Das hätte er in Gegenwart eines Dritten nicht gesagt.

Die Reise war in der Tat gefährlich. Chapman berichtete später: »Als ich in einer sehr einsamen Gegend Spaniens die Straße entlangwanderte, tauchten zwei Männer hinter mir auf, und ich hörte, wie sie miteinander sprachen: ›Er ist allein; komm, wir rauben ihn aus!‹ Sofort erhob ich mein Herz zu Gott und suchte seine Hilfe. Die Antwort kam augenblicklich, und die Männer verschwanden, ohne mich weiter zu belästigen.«

Chapman setzte seinen Weg in Richtung Westen fort, der an der Atlantikküste entlangführte. Er bestieg den Gipfel eines hohen Berges und hatte einen weiten Blick in das Land, das am Anfang des christlichen Zeitalters so große Segnungen erfahren hatte. Dort auf dem Gipfel kniete Chapman nieder und bat Gott, in Spanien ein-

---

12 A. d. H.: Lukas 1,46-47 (RELB); https://www.bibleserver.com/ELB/Lukas1%2C46-47 (abgerufen am 29. 11. 2021).

zugreifen und dem Licht des Evangeliums den Weg zu bahnen, um die geistliche Finsternis zu durchbrechen. Im Vertrauen darauf, dass Gott sein Gebet beantworten würde, schrieb er nach Barnstaple: »Wir sollten unsere Evangelisten hierher aussenden.« Etwa 25 Jahre später erlebte er die Erhörung seines Gebets und die Erfüllung seiner Hoffnungen. Die Türen nach Spanien öffneten sich, und protestantische Missionare durften einreisen.

Obwohl wir sonst kaum etwas über Chapmans Reise von 1838 wissen, können wir sagen, dass sie ihr Ziel erreichte. Chapmans Berichte und Erfahrungen bewegten in England viele Herzen, und es entwickelte sich ein weitläufiges Interesse an missionarischer Arbeit in Spanien. Einige Männer und Frauen entschlossen sich, das Evangelium nach Spanien zu bringen; Chapman diente ihnen auf vielerlei Weise. Wenn er dort war, arbeitete er mit ihnen zusammen, predigte und verteilte christliche Literatur; im Anschluss an seine Rückkehr nach England floss ein anhaltender Strom von ermutigenden Briefen aus seiner Feder. Er betete fortwährend für die Missionare – wovon sie auch wussten. Kamen sie zur Erholung nach England zurück, so bestand Chapman darauf, dass sie, wenn möglich, bei ihm wohnen sollten. Obwohl sich der Mittelpunkt seines Lebenswerkes in Barnstaple befand, war Chapman ein Pioniermissionar für Spanien und eine Kraftquelle für andere.

Henry Payne aus Barnstaple – einer von jenen, die durch Chapman bewegt wurden, als Missionar nach Spanien zu gehen – hörte Chapmans Bericht über seine Reise von 1838 und den geistlichen Zustand Spaniens. Er schrieb:

> Als Mr Chapman den Entschluss fasste, Spanien zu besuchen, [...] konnte ihn nichts von seinem Vorhaben abhalten. Er erzählte seinen Freunden, dass er in allen Umständen mit Gottes Hilfe rechnete. Außerdem war er davon überzeugt, dass es der Wille des Herrn sei, nach Spanien zu gehen. Es war auch seine Zuversicht, dass er [...] in das himmlische Vaterhaus eingehen würde, sollte ein Anschlag [...] ihn das Leben kos-

> ten. Er reiste im Allgemeinen zu Fuß durchs Land, um besser mit einzelnen Menschen ins Gespräch kommen zu können. In der Regel bemerkte er, dass die Menschen bereit waren, ihm zuzuhören, wenn kein anderer in der Nähe war, der die Unterhaltung zufällig mit anhören konnte. Selbst bei solchen Gesprächen spürte man, dass die Leute den Klerus hassten, doch aus Furcht hielten sie sich damit sehr zurück. Zweifellos war ihm sein Gesichtsausdruck, der allein schon seine Herzensgüte offenbarte, eine große Hilfe, um sich die Aufmerksamkeit der Menschen zu verschaffen. Er erzählte mir die Begebenheit, dass er eines Tages wortlos in einer [öffentlich genutzten Postkutsche] saß, als ein Mann und eine Frau eine heftige Auseinandersetzung auf Französisch austrugen und die Frau schließlich sagte: »Ich versichere dir, dass ich in der Sache, derer du mich bezichtigst, so unschuldig bin wie dieser heilige Mann Gottes dort in der Ecke, von dem jeder sehen kann, dass er geradewegs in den Himmel geht.«

In den Jahren 1840–1850 waren mehrere christliche Organisationen bemüht, das Evangelium nach Spanien zu bringen. Die »British and Foreign Bible Society«, mit der Chapman in Kontakt stand, begann, aktiv zu werden, und beteiligte sich nach und nach an der Verteilung von Bibeln und christlicher Literatur. Das Evangelisieren durch einheimische Spanier unterdrückte die Regierung jedoch weiterhin in aggressiver Weise. In dieser Zeit erweckte der Herr einen jungen spanischen Evangelisten, Manuel Matamoros, der inhaftiert wurde, weil er viele Menschen zu Christus geführt hatte. Als Häftling zog er nun fast weltweite Aufmerksamkeit auf sich. Das ursprüngliche Urteil – neun Jahre Zwangsarbeit auf den Galeeren – wurde aufgehoben, und man verbannte ihn stattdessen in die französische Stadt Bayonne, kurz hinter der Grenze zu Frankreich. Chapman korrespondierte mit dem im Exil lebenden Matamoros, ermutigte ihn und besuchte und tröstete ihn auf seiner nächsten Reise nach Spanien.

Bear-Street-Kapelle: Eine lebendige Gemeinde

Die Versammlung in Barnstaple sprach von ihrem neuen Gebäude nördlich der Bear Street häufig einfach vom »Saal«. Dies war eine treffende Bezeichnung, da es sich anfangs im Wesentlichen nur um einen großen Raum handelte, der einen quadratischen Grundriss hatte. Die Zimmerdecke war sehr hochgezogen, und die Fenster befanden sich in beträchtlicher Höhe. Die hohe Lage der Fenster war wahrscheinlich auf die geringe Entfernung der angrenzenden Gebäude zurückzuführen, da tiefer gelegene Fenster wenig Licht in den Raum gelassen hätten. Die Einrichtungsgegenstände waren in jeder Beziehung schlicht und wurden vermutlich von den Gläubigen aus der Gemeinde, einschließlich Chapman, hergestellt. Als Sitzgelegenheiten dienten Bänke. Die Versammlung traf keine Vorkehrungen für ein Taufbecken, obwohl die Ebenezer-Kapelle, der Ort ihrer früheren Zusammenkünfte, ein solches besaß; alle Taufen fanden im Taw statt. An der Vorderseite des Raumes wurde eine kleine Bühne errichtet, die ungefähr drei Stufen hoch war. Auf ihr stand ein Pult, von dem aus die Predigt gehalten werden konnte. Hinter der Bühne begrenzte eine eingezogene Wand das Ende des Gemeinschaftsraumes und bot auf der anderen Seite Müttern mit kleinen Kindern die Möglichkeit, während der Predigt anwesend zu sein.

1851 wurde in England eine Volkszählung durchgeführt, bei der statistische Angaben über alle etablierten und nonkonformistischen Kirchen und Gemeinden des Landes gesammelt wurden. Aus den dabei zusammengetragenen Angaben lassen sich einige interessante Informationen über die Versammlung in Barnstaple ableiten. Ein Formular wurde von Samuel Ware im März des Jahres ausgefüllt, ein weiteres von Chapman am Ende des gleichen Jahres. Beide zeigen, dass durchschnittlich 300 Personen den Predigtgottesdienst am Sonntagmorgen besuchten, wobei die rund 100 Besucher der Sonntagsschule nicht einberechnet waren. Etwa 150 Menschen gingen sonntags zu den Abendzusammenkünften. Sowohl Chapman als auch Ware gaben an, dass ihr Gebäude 1842 errichtet wurde, was eine hilfreiche Information darstellt, da andere Berichte über Chapman das Datum mehrere Jahre später festlegen. Unter dem Stichwort »Denomination« schrieb Ware einfach »Christen« und Chapman »Brüder«. Ware nannte die Kapelle »Bear-Street-Versammlungshaus«, während Chapman sie als »Bear-Street-Kapelle« bezeichnete. Diese Unterschiede verdeutlichen, dass die dortigen Christen entsprechend der Einstellung Chapmans weder sich selbst noch ihrem Gebäude einen speziellen Namen gegeben hatten. Viele Jahre später wurde das Gebäude als »Grosvenor-Street-Kapelle« bezeichnet. In seinen Briefen sprach Chapman von der Versammlung als den »Christen, die in der Bear Street zusammenkommen«.

Der Leitungsstil in der Gemeinde

Anhand der vorhandenen Quellen und Briefe lässt sich schwerlich genau sagen, wann Chapman und andere verantwortliche Männer in der Versammlung von Barnstaple eine anerkannte, aus mehreren Brüdern bestehende Gemeindeleitung einrichteten. Diese Art der Leiterschaft kristallisierte sich vermutlich bald heraus, nachdem Georg Müller und Henry Craik im Jahr 1839 eine anerkannte Ältestenschaft in der Bethesda-Kapelle in Bristol eingesetzt hatten. Der Ausdruck *Älteste* wurde in der Bear-Street-Kapelle etwa ab den 50er-Jahren gebraucht. Noch betrachteten die Gläubigen Chapman als »den Ersten unter Gleichen«, jedoch nicht, weil er etwa darauf bestand, als solcher angesehen zu werden. Es waren eher die Qualitäten seiner Leiterschaft wie Demut, Sanftmut und seine von Liebe geprägte Anteilnahme, aufgrund derer er dazu wurde. Wie der Apostel Petrus unter den zwölf Jüngern, so war er der führende Älteste.

Chapman hielt bis ungefähr zu seinem 90. Lebensjahr die Mehrzahl der Predigten in der Versammlung. Seine eigene Vorgehensweise, eine Predigt vorzubereiten, bestand darin, sich in der täglichen Stillen Zeit zahlreiche Notizen zu machen. Diese Anmerkungen prägten sich ihm ein, sodass er sie sich beim Predigen ins Gedächtnis zurückrufen konnte, ohne schriftliche Notizen dabei zu haben. Er war zutiefst davon überzeugt, dass jeder Lehrer oder Prediger als Allererstes sich intensiv mit der Bibel beschäftigen muss, indem er sich permanent in sie vertieft und sie beständig zum Mittelpunkt seines Lebens macht. Niemandem war es gestattet, seine Gedanken losgelöst von der Versammlung darzulegen, obwohl viel Spielraum eingeräumt wurde. Wenn jemand auf nicht sonderlich hilfreiche Weise predigte, sprach Chapman oder ein anderer Ältester mit ihm.

Einen offiziellen Predigtunterricht gab es unter den »Dissentern« selten; auch die Bear-Street-Kapelle bildete da keine Ausnahme. Die Redner lernten »bei der Arbeit«. Ebenso wie Chapman seine Predigtfähigkeiten hauptsächlich in der Londoner John-Street-Kapelle unter Anleitung von Harington Evans entwickelt hatte, wurden in der Bear-Street-Kapelle junge Männer von Chapman und anderen Ältesten ermutigt, ihre Fähigkeiten zu fördern. Das offene Mahl des Herrn in der Versammlung, bei dem jeder Mann ein kurzes Wort sprechen konnte, war zudem ein natürlicher Ausgangspunkt, um sich darin zu üben, vor einer Menschengruppe zu reden.

Henry Heath gehörte zu denen, die in der Bear-Street-Kapelle sowohl zum Prediger als auch zum Leiter heranreiften. Er hatte zunächst studiert, um die Laufbahn eines Geistlichen in der anglikanischen Kirche einschlagen zu können. Dann erhielt er 1839 eine Stellung als Lehrer an einer Schule in Tawstock, die von den Anglikanern geführt wurde. Die Schule befand sich in unmittelbarer Nähe der Kapelle, an der Thomas Pugsley gewirkt hatte. Kurz nach seiner Ankunft hörte Heath von Robert Chapman und wurde mit ihm bekannt gemacht. Wahrscheinlich kam das Treffen durch die Vermittlung der Familie Wrey zustande, deren Tochter Chapman einige Jahre zuvor getauft hatte. Chapman lud Heath zu den Bibelbetrachtungen am Donnerstagabend ein, die er damals in der New Buildings Street 9 abhielt. Da Heath in der Einladung keinen Widerspruch zu seinem Studium sah, das ihn auf sein Amt in der anglikanischen Kirche vorbereiten sollte, willigte er ein und wurde ein regelmäßiger Besucher. Er war von der einfachen Art beeindruckt, mit der Chapman die Schrift darlegte. Der Heilige Geist begann, in ihm zu wirken, sodass er angesichts seiner Lebensziele bald ernsthaft ins Fragen geriet.

Die Schrift wurde – anstatt wie bisher ein theologisches Werk für seinen Verstand zu sein – zu einer neuen Kraft in seiner Seele. Seine häufigen Besuche in Chapmans einfach eingerichtetem Haus, Chapmans Lebensweise und dessen Vertrauen in die Schrift bewirkten in Heath den Wunsch, den gleichen Weg zu gehen. Nachdem er unter eindringlichem Gebet Gottes Führung erfragt hatte und von Chapman zweifelsohne ausreichend beraten worden war, sah er davon ab, weiterhin ein geistliches Amt in der anglikanischen Kirche anzustreben, sodass er sein Studium aufgab. Er behielt zwar seine Stellung als Lehrer an der anglikanischen Schule, unterstützte Chapman aber trotzdem bei den Aufgaben in der Versammlung. Zu dieser Zeit zog die Gemeinde gerade in die Bear-Street-Kapelle um, wo Heath zu einem Leiter wurde. Chapman erkannte, dass er ein hingegebener Mann Gottes war. Später sagten viele, dass er in seinem Auftreten Chapman sehr ähnelte.

1846 lobte Chapman Heath in einem Brief: »Er hat sich durch seinen liebenswürdigen Umgang und seine Gabe allen empfohlen, sodass er als besonderer Segen der Liebe des Vaters aufgenommen worden ist.« Heath zog 1848 nach Hackney nördlich von London, das damals noch eine eigenständige Stadt war. Dort predigte und arbeitete er 21 Jahre lang in einer Versammlung. Er strebte nicht nach Ruhm, obwohl er den Ruf eines hervorragenden Predigers hatte und sein Dienst unter den Brüdern sehr gefragt war. 1869 zog er in das kleine abgelegene Dorf Woolpit, ungefähr 120 Kilometer nordöstlich von London. Dort diente er für den Rest seines

Lebens den Menschen aller Gesellschaftsschichten. Chapman blieb in engem Kontakt mit Heath und sagte: »In unserem Haus stand ihm das Henry-Heath-Zimmer jederzeit offen.«

Die Christen in der Bear-Street-Kapelle liebten ebenso sehr den Gesang, wie sie Wert auf biblische Predigten und das wöchentliche Mahl des Herrn legten. Sie besaßen kein Klavier, und ihr Gesangbuch beinhaltete keine Angaben zur musikalischen Begleitung, was seinerzeit nicht ungewöhnlich war. Auf Chapman und andere Brüder[13] gingen viele von den Liedern zurück, die in der Bear-Street-Kapelle gesungen wurden. Viele Liederdichter schrieben nur die Worte und verwendeten bereits vorhandene Melodien; somit wurden mehrere Lieder jeweils mit der gleichen Melodie gesungen. Die Versammlung richtete in der Mitte der Woche ein Gesangstreffen ein. Es war zum einen für diejenigen gedacht, die das Singen liebten, und zum anderen für die Geschwister, die den sonntäglichen Gesang anstimmten. Das Treffen fand üblicherweise bei Chapman zu Hause statt.

Ein aktiver Sonntagsschuldienst

Die Sonntagsschularbeit für die Kinder aus der Nachbarschaft war ein weiteres Anliegen der Versammlung. Es schien aber, als hätte man mit dieser Arbeit auf das Eintreffen von Elizabeth Paget gewartet, die gegen Ende der 30er-Jahre in die Gemeinde kam. Zu jener Zeit herrschte in den Gemeinden noch Übereinstimmung im Blick auf die Auffassung, dass Frauen keine Leitungsaufgaben bei Gemeindezusammenkünften einnehmen sollten. Das war das Vorbild des Neuen Testaments, und Chapman wollte, dass die Versammlung mit dieser Vorgehensweise übereinstimmte. Bessie Paget war eine treue Schwester, aber sie gab sich nicht damit zufrieden,

13 A. d. H.: Der Ausdruck bezieht sich hier im überörtlichen Sinne auf britische Liederdichter der gerade entstehenden Brüderbewegung.

lediglich Zuhörerin zu sein. Bereits in den 20er-Jahren hatte sie eine Gemeinde im Dorf Poltimore gegründet; in Barnstaple respektierte sie die Leitung der Brüder in der Versammlung und suchte ihren Platz und Möglichkeiten, ihre Gaben einzubringen. Eine dieser Möglichkeiten bestand darin, dass sie ihr Haus öffnete; der Beginn der Sonntagsschule am Nachmittag war eine weitere.

Zunächst fand die Sonntagsschule in einem angemieteten Saal in der Union Street nahe der New Buildings Street statt. Offensichtlich fing man damit vor dem Bau der Bear-Street-Kapelle an. Die Kinder der Armen aus dem Derby-Viertel wurden herbeigebracht, man erzählte ihnen biblische Geschichten und vermittelte ihnen – unter Miss Pagets bestimmtem, aber liebevollem Blick – ein Maß an Disziplin, das viele von ihnen zu Hause nicht erfuhren.

Der Beginn einer Tagesschule

Bevor in England und anderen Ländern die unentgeltliche staatliche Bildung eingeführt wurde, betrieben viele Kirchen ihre eigenen Schulen. Auch die Versammlung in der Bear Street entschied sich für diese Arbeit und fügte der Kapelle 1856 zwei oder drei Schulräume hinzu. Alle Lehrer gehörten der Versammlung an, und der Schulleiter war immer ein anerkannter Ältester. Als die Versammlung wuchs, erhielt die Kapelle einen Anbau und einen großen Balkon. Eine Schilderung von etwa 1870 besagt, dass Chapman jeden Sonntag vor 700 Menschen predigte.

Um 1880 planten die Christen in der Bear-Street-Kapelle den Bau einer größeren Tagesschule, in der Chapman und zwei weitere Älteste die biblische Unterweisung der Kinder übernehmen sollten. Einer der dort ansässigen Grafen, Lord Fortescue, lebte in Nord-Devon in der Nähe von Barnstaple und kannte Chapman, den er sehr achtete. Als Lord Fortescue erfuhr, dass die Versammlung eine Tagesschule bauen wollte, unterstützte er das Vorhaben bereitwillig mit seinen finanziellen Mitteln. 1883 erwarb die

Versammlung einen winzigen Friedhof, der östlich der Kapelle lag. Die Kapelle wurde vergrößert, um der Schule Platz zu bieten, wobei sonderbarerweise einige Grabsteine in die Grundmauern integriert wurden. Viele Jahre lang bestand Lord Fortescue darauf, dass die jährlichen Ausflüge der Sonntags- und der Tagesschule zu seinem Anwesen führten.

Die Arbeit unter den Armen

In der Bear-Street-Kapelle empfand man auch eine Verpflichtung, den Armen in der Nachbarschaft zu helfen. Bessie richtete mit der Hilfe von vielen Geschwistern eine Suppenküche in ihrem Haus ein. Zudem wurden in der Gemeinde Kleider gesammelt, die man dann an die Armen verteilte. Eines der guten Werke Chapmans veranschaulichte die tiefe Liebe und das Mitgefühl der Geschwister gegenüber den Notleidenden. Als er einmal von einem Freund einen neuen Mantel geschenkt bekam, gab er ihn kurz darauf einem armen Mann, der in seiner Nachbarschaft lebte. Nach einiger Zeit bemerkte der Freund, dass Chapman den Mantel nicht trug, und Chapman bekannte, ihn weggegeben zu haben. In seinen Predigten betonte er stets, dass ein solches Verhalten für einen Christen nichts Außergewöhnliches sein sollte. Häufig zitierte er Lukas 3,11: »Wer zwei Unterkleider hat, gebe eins davon dem, der keins hat.«

Somit begann die Versammlung in der Bear-Street-Kapelle eine lange Tradition des Dienstes an Menschen in ihrem Umfeld. Die Versammlung war eine Gemeinde, der es im Grunde an nichts fehlte. Sie bewies den neutestamentlichen Geist der Liebe und Lebendigkeit, hatte gute biblische Predigten, eine spezielle Zeit der Anbetung und des Gedenkens an das Opfer Christi, eine aktive Beteiligung aller Glieder, die sich einander innig liebten, eine große Sonntagsschule und ein evangelistisches Anliegen für die Menschen in der Stadt und kümmerte sich um die materiellen Bedürfnisse der Armen. Kurz gesagt, sie war eine lebendige Gemeinde.

Chapmans Haus der Gastfreundschaft

Chapman erzählte den Leuten oftmals, dass er sich vielen Glaubensprüfungen gegenübersah, die dazu dienten, seinen Glauben zu stärken. Sein Haus, das für die Diener des Herrn offenstand, war ein Bereich, wo sein Glauben geprüft wurde. Häufig sandten seine Gäste oder deren Freunde Chapman Geld oder Lebensmittel. Manchmal hatte er jedoch kein Geld, um Vorräte zu kaufen, und so gingen die Lebensmittel langsam zur Neige. Als er anfing, diese Gastfreundschaft zu praktizieren, war er noch besorgt, kam aber mit der Zeit zu der Einsicht, dass Gott für jeden Tag etwas bereitstellt. Wenn die Mittel ausgingen, betete er, und das Geld für Nahrung war kurz darauf vorhanden. Die kindliche Abhängigkeit von Gott wurde zu einer Gewohnheit. Er versuchte, seinen Freunden zu vermitteln, dass dies die natürliche Haltung eines Kindes Gottes sei.

Bald schon erwartete ihn eine weitere Glaubensprüfung. Obwohl am Anfang seines Dienstes als Gastvater einige Arbeiter des Herrn zu ihm kamen, nahm die Zahl seiner Besucher kurz darauf beträchtlich ab. Da er überzeugt war, dass Gott ihn zu dieser Arbeit geführt hatte, war er angesichts dessen verwirrt und überprüfte seine Motive. War eine falsche Demut das Problem? Hatte sein Stolz ihn getäuscht? Er legte die Sache Gott vor und rief im Gebet: »Herr, warum schickst du deine Kinder nicht zu mir?« Vielleicht wartete der Herr nur darauf, dass Chapman sich vor ihm demütigte, denn kurze Zeit später erhielt er wieder Besuch. Von nun an gab es ein ständiges Kommen und Gehen in seinem Haus.

Als dann Bessie Paget nach Barnstaple gekommen war, konnte Chapmans für die Beherbergung der Gäste auch ihr Haus nutzen, das sich auf der gegenüberliegenden Seite der engen Straße befand. Dort wurden die Mahlzeiten eingenommen, und Chapman hatte in ihrem Haus auch einen Aufenthaltsraum, in dem er schreiben und Besucher empfangen konnte. Nach jedem Mahl sang er mit seinen Gästen ein Lied, las ein kurzes Wort aus der Schrift und betete für alle. Leichtfertige Gespräche waren beim Essen nicht erwünscht, und Chapman war darauf bedacht, jede Nörgelei oder jedes Geschwätz schnell zu beenden, damit man über ergiebigere Themen reden konnte.

Eine von Chapmans Gewohnheiten war es, die Schuhe oder Stiefel seiner Besucher zu putzen. Nachdem er den ankommenden Gästen ihre Zimmer gezeigt hatte, bat er sie, die Schuhe vor ihre Türen zu stellen, damit er sie bis zum nächsten Morgen säubern konnte. Normalerweise protestierten sie, dass er eine so niedrige Arbeit tun wollte, hatten aber keinen Erfolg, da er nachdrücklich darauf bestand. Ein Gast schrieb Chapmans Antwort auf seine Einwände nieder: »In unseren Tagen ist es kein Brauch, einander die Füße zu waschen, aber das Reinigen der Schuhe kommt dem Befehl des Herrn sehr nahe.«

J. Norman Case, ein Mitarbeiter von Hudson Taylor in China, berichtete, wie er zum ersten Mal auf einer Bibelkonferenz (vermutlich um 1875) von dem »wertvollen und hilfreichen Dienst« Chapmans hörte. Anschließend verbrachte er zwei Monate in Chapmans Haus unter der Obhut von Chapman und William Hake, der zu dieser Zeit in Barnstaple lebte. Case schrieb:

> Die ganze Ordnung des Haushalts war nicht nur auf Bequemlichkeit ausgerichtet, sondern hatte auch das allgemeine geistliche, geistige und körperliche Wohlergehen der vielen Besucher im Blick. Es beeindruckte mich damals, die Einrichtung und Führung eines idealen christlichen Haushalts zu erleben. Die Weisheit, früh zu Bett zu gehen und morgens frühzeitig aufzustehen, wurde mir durch Wort und Vorbild eindrücklich beigebracht. Die Liebe und Ehrfurcht im Umgang mit der Bibel und die Unterordnung unter ihre Autorität prägten die besondere Atmosphäre des

Hauses. Auch das »Tischgespräch« drehte sich um geistliche Anliegen, und das in einem Maße, wie ich es bis dahin noch nirgends erfahren hatte. Eine gewöhnliche Mahlzeit wurde zu einem Liebesmahl und zu einer größeren Hilfe als manch lange Zusammenkunft. Das Leben war einfach, aber gut. Dort war man sich völlig im Klaren darüber, dass der Körper dem Herrn gehört und entsprechend behandelt werden sollte. Dies war ein ideales Zuhause für einen müden und entmutigten Mitarbeiter oder für einen niedergeschlagenen oder verzagten Christen. Man schien dort in natürlicher Weise die Frage und die Ermahnung zu hören und zu beachten, die im Alten Testament gegeben wurde: »Und du trachtest nach großen Dingen für dich? Trachte nicht danach!«[14] Ein junger Christ konnte dort nicht Tage oder Wochen verweilen, ohne dass sein ganzes weiteres Leben zutiefst davon geprägt wurde.

H. B. Macartney, ein Geistlicher der englischen Staatskirche, hörte von Chapman und seinem Gästehaus und entschloss sich, diesen außergewöhnlichen Mann zu besuchen. Im Jahr 1878 vereinbarte er mit dem damals 75-jährigen Chapman einen Besuch von mehreren Tagen und hielt seine Eindrücke anschließend in einem Buch fest. Macartney schrieb:

> Letzten Abend legten wir uns alle gegen 21 Uhr schlafen, da der Tagesablauf in der New Buildings Street besonders früh beginnt – Frühstück um 7 Uhr, Mittagessen um 12 Uhr. Mr Chapman geht immer um 21 Uhr zu Bett und steht um 4 Uhr auf. Er beschäftigt sich grundsätzlich von 4 bis 12 Uhr mit Gott. Schon bald, nachdem seine Seele auf die ewigen Dinge hin ausgerichtet worden war, wurde es ihm aufs Herz gelegt, dass die Welt dringend der Fürbitte bedarf. Zu die-

14 A. d. H.: Vgl. Jeremia 45,5.

ser Fürbitte weiß er sich in besonderer Weise berufen; deshalb widmet er seine ersten und besten Stunden dem Gebet. Diese persönliche Zeit der Einkehr beeinträchtigt jedoch in keiner Weise seine Lebensenergien. Er predigt jeden Sonntag vor 800 Seelen, übt Hirtendienste aus, kümmert sich sogar um die geringsten körperlichen und geistlichen Bedürfnisse aller Besucher, die immer wieder kommen und gehen. Von ihnen bleiben einige nur eine Stunde, andere hingegen einen Monat. Er ist die Triebfeder eines großen evangelistischen und biblischen Verkündigungsdienstes in England und Spanien und steht im Briefwechsel mit Männern wie Georg Müller sowie Suchenden und Mitarbeitern in verschiedenen Teilen der Welt. Während dieser ersten acht Stunden des Tages zieht er sich nicht völlig zurück; zum Beispiel war es bis vor Kurzem eine seiner Gewohnheiten, die Schuhe seiner Gäste vor deren Türen zu nehmen und sie eigenhändig zu putzen. Er weckte mich auf meinen Wunsch hin um 5 Uhr; ich war bereits wach und wartete auf seine Schritte. Er streckte seinen ehrwürdigen Kopf zur Tür hinein, zündete mir eine Kerze an und begrüßte mich mit einem morgendlichen Wort Gottes: »Gott – sein Weg ist vollkommen.« Ein wenig später kam er, um mich zu einem kleinen Aufenthaltsraum zu führen, wo sich neben einem Tisch mit einer Leselampe ein Stuhl und eine warme Decke befanden – und dies alles direkt vor einem wärmenden Feuer. Um sechs Uhr hörte ich, wie er ein Ehepaar in einem angrenzenden Raum mit den Worten weckte: »… ich fürchte kein Unheil.« […] Um 7 Uhr frühstückten wir beim Schein einer Lampe, und Mr Chapman, der sein Frühstück bereits früher zu sich genommen hatte, gesellte sich gegen 8 Uhr zu einer Familienandacht zu uns.

Nach dem Mittagessen um 12 Uhr erkundete ich ein wenig die Nachbarschaft, bis es Zeit zur Bibellese gegen 15.30 Uhr war. Das Hohelied beschäftigte unsere Gedanken bis nahezu 18 Uhr. Anschließend folgte eine Teezeit, und neue Besucher kamen, die für eine Nacht bleiben wollten. Sein Versprechen einhaltend, führte Mr Chapman mich und Mr Hake um 19 Uhr zu einem kleinen Raum am Ende des Hofes, den ich bisher noch nicht wahrgenommen hatte. In den folgenden zwei Stunden eröffnete er mir seine Gedanken und Studienergebnisse über Prophetie. Mit dem sanftesten und lernwilligsten Geist – wobei diese Bezeichnung nahezu vermessen zu sein scheint – war er darauf bedacht, meine Ansichten darüber kennenzulernen. Das ist es, was mich rückblickend am meisten bewegt: wie ein Mann so bescheiden sein kann, der aus einer so vornehmen Familie stammt und von derartiger Bildung ist, muskulös und kraftvoll, einer, der auf dem Weg des Glaubens voranschreitet, jemand, der den Herrn von Angesicht zu Angesicht kennt. Aber diese letztgenannte Eigenschaft erklärt alle anderen – die Gemeinschaft mit Gott führt ihn zu kindlicher Einfalt.

Macartney beschrieb auch den letzten Tag seines Besuchs:

Nach Gebet und Frühstück besuchte ich Mr Chapmans Werkstatt, bekam einen Brotteller geschenkt, den er auf seiner Holzdrehbank hergestellt hatte, und verabschiedete mich vom guten alten Mr Hake und einigen Gästen […] Zusammen gingen wir eine einsame Straße entlang, die zum Bahnhof führte. Das war die ergiebigste Zeit, die ich bisher hatte. Ich stellte ihm [Chapman] viele Fragen über das Leben als Christ und erhielt die ausführlichsten und umfassendsten Antworten. Ich erzählte ihm, was ein guter Freund von mir gesagt hatte. Als Anhänger der christlichen Vollkommenheitslehre behauptete er, dass er den Zustand Adams zurückerlangt habe – keine Sünde wäre in ihm, nur die Möglichkeit zu sündigen, wenn er nicht aufpasse. »Adams Zustand!«, rief

Chapman mit Nachdruck. »Zurück zum Zustand Adams! Ich würde mit Adam vor dem Sündenfall nicht tauschen wollen – nicht für hunderttausend Welten!« Über das Gebet sagte er: »Wenn ich mich vor Gott beuge, neigt sich Gott zu mir.« Über einen Dienst mit ungeteiltem Herzen sagte er: »Wie der Vater und das Kind alles tun, um einander Freude zu bereiten, tue ich alles, was ich kann, um Gott zu erfreuen, und Gott tut alles ihm Mögliche, um mich zu erfreuen.« Bei dem Thema, wie man Herr über hartnäckige Sünden werden kann, wurde er sehr bestimmt: »Greife mehr die Befleckung des Geistes an als die des Fleisches. Stolz, Selbstsucht, Egoismus usw. sind die Hauptursachen – konzentriere dich auf sie. Kämpfe nicht auf eigene Faust mit kleinen oder großen Sünden, sondern nur mit dem König Israels an deiner Seite. Während du damit beschäftigt bist, den Sieg über kleine Sünden zu erlangen, werden große Sünden damit beschäftigt sein, den Sieg über dich zu erringen. Wenn man große Sünden besiegt hat, fallen mit ihnen auch die kleinen.« Schließlich erreichten wir den Bahnhof – obwohl es schneite und bittere Kälte uns zusetzte, waren unsere Herzen erfüllt.

Das Gästehaus stand von Zeit zu Zeit auch für andere Menschen, die nicht Diener des Herrn waren, zur Verfügung, und anscheinend zahlten einige Gäste Chapman einen Beitrag. Einmal kam ein Ehepaar aus den USA auf Urlaub nach Barnstaple und logierte in einem der besten Hotels der Stadt. Als sie von Chapman hörten, statteten sie ihm einen Besuch ab. Während der Unterhaltung bemerkte die Dame beiläufig, dass ihr Hotel doch recht laut sei, woraufhin Chapman sie einlud, bei ihm zu übernachten. Unverzüglich holten beide ihr Gepäck aus dem Hotel und zogen zu ihm. Ein Brief, der Mitte der 40er-Jahre geschrieben wurde, enthält die Aussage, dass sich die Verfasserin und ihre Cousine gegen eine Übernachtung bei Chapman entschieden – als einer der Gründe werden unter anderem die Kosten für das Zimmer angeführt!

Während der 70 Jahre, in denen Robert Chapman in der New Buildings Street Nr. 6 lebte, war sein Gästehaus sehr beliebt. Nach der Ankunft von Bessie Paget und dem Umzug der Hakes dorthin wurde auch das Haus in der New Buildings Street Nr. 9 für die Beherbergung genutzt. Zu einem späteren Zeitpunkt wurde aufgrund der zunehmenden Zahl der Gäste der Kauf von Chapmans Nachbarhaus Nr. 8 notwendig. Chapmans Weitblick hatte sich mehr als ausgezahlt: Ein vielfach genutzter Ort der Ruhe und Ermutigung war entstanden.

Persönliche Gewohnheiten

Robert Chapman liebte es, jeden Morgen sehr zeitig aufzustehen und einen langen Spaziergang zu unternehmen, bis sein fortgeschrittenes Alter es ihm verwehrte. Er war sehr gesundheitsbewusst und wanderte nicht bloß, weil er Gefallen daran hatte, sondern auch um seiner Gesundheit willen. Mit seinen langen Beinen und dem schnellen Schritt legte er in kurzer Zeit große Distanzen zurück. Gelegentlich ging er vor dem Frühstück nach Ilfracombe, das 20 Kilometer nördlich von Barnstaple am Bristolkanal lag. Wenn er jedoch Gäste hatte, ging er normalerweise nur einige Kilometer und kehrte dann rechtzeitig zurück, um ihre Stiefel und Schuhe zu säubern und sie zum Frühstück zu bitten. Seine gewohnten Spaziergänge waren allgemein bekannt; möglicherweise rankten sich sogar einige Mythen um sie. So wurde behauptet, dass Chapman nach Exeter gewandert und rechtzeitig zum Mittagessen angekommen sei! (Es muss wohl ein recht spätes Mittagessen gewesen sein, denn Exeter liegt etwa 65 Kilometer entfernt.) Jemand anderes meinte, dass Chapman einmal vor dem Frühstück 40 Kilometer zurückgelegt hätte, was durchaus möglich war, wenn er um 3 Uhr nachts losging und das Frühstück um 9 Uhr morgens begann. Jedoch ist es wahrscheinlicher, dass manche aufgrund ihrer Bewunderung für Chapman hin und wieder zu solchen Übertreibungen neigten.

Wir haben bereits erwähnt, dass Chapman seinen Dienst in den ersten Jahren in Barnstaple nicht auf die Ebenezer-Kapelle beschränkte, sondern in der ganzen Stadt und in den benachbarten Dörfern Besuche machte und evangelisierte. Auch nach dem Bau der Bear-Street-Kapelle im Jahr 1842 änderten sich diese Gewohnheiten nicht. Mehr als 50 Jahre lang wanderte er über Land zu den umliegenden Dörfern und predigte in ihren Kapellen. In Nord-

Devon wurden nach Chapmans Ankunft in Barnstaple viele Versammlungen gegründet, und obwohl sie jeweils ihre eigenen Leiter hatten, war Chapman an ihrem Wohlergehen auch weiterhin interessiert.

Eine seiner Wanderungen nahm eine interessante Wendung, obwohl Chapman vermutlich niemals davon erfuhr. Bei vielen Gelegenheiten sagte er, dass er trotz der Tatsache, nie einen Engel gesehen zu haben, an ihre Existenz glaube, da die Bibel von ihnen berichte. Einer der Söhne von H. W. Soltau erzählte die folgende Geschichte, die ihm ein Dorfbewohner berichtet hatte: Der Bruder des Dorfbewohners ärgerte sich über Chapmans Predigten in einem Ort bei Barnstaple dermaßen, dass er schwor, ihn umzubringen. Eines Tages kam er merklich erschüttert nach Hause. Als ihn sein Bruder fragte, was geschehen sei, sagte er, dass er lange Zeit mit seinem Gewehr an einer ruhigen Straße gewartet habe, da er wusste, dass Chapman diesen Weg zurück nach Barnstaple nehmen würde. Aber, so sagte er, er habe ihn nicht erschießen können, weil sich ein anderer Mann ständig zwischen ihm und Chapman befunden habe.

Chapman liebte es, bei körperlicher Aktivität zu beten – mit Gott Zwiesprache zu halten. Das Leben des Christen sollte vom Gebet erfüllt sein, und was ihn anging, so traf dies voll und ganz zu. In der Woche führte er außerdem eine regelmäßige Zeit des Bibelstudiums ein, in der er sich morgens der Bibellese widmete und über das Gelesene nachdachte. Sein beständiges Lesen des Wortes Gottes machte es ihm so vertraut, dass er imstande war, es auf jede Lebenssituation anzuwenden. Aus diesem Grund wurde er als Seelsorger hochgeschätzt und oftmals gebeten, den Betreffenden in Familienangelegenheiten beizustehen und seinen Rat zu geben – obwohl er nie verheiratet war.

Chapman, der auf Sparsamkeit bedacht war und es nicht erlaubte, verschwenderisch mit Lebensmitteln umzugehen, schrieb das folgende Gedicht für die Kinder eines Freundes:

Wird Senf oder Salz zu viel aufgetragen,
Soll mein Gewissen die Verschwendung beklagen;
Sagt doch mein Herr und Erlöser, dem die Ehre gebührt allein:
»Damit nichts verdirbt, sammelt die übrigen Brocken ein!«

Ein Freund erinnerte sich daran, dass Chapman, wenn er bei jemandem zum Mittagessen eingeladen war, mehr als einmal eine Bemerkung anbrachte, dass man Lebensmittel nicht vergeuden sollte. Gewöhnlich würde man sich dadurch bei seinem Gastgeber nicht gerade beliebt machen, doch Chapman war so liebenswürdig, dass es nicht als Beleidigung aufgefasst wurde. Aufgrund seiner Lebensweise erkannten die Menschen, dass er nicht kleinlich war, sondern es nur wünschte, Grundsätze in die Tat umzusetzen.

Gewohnheiten Chapmans, die er noch aus seiner Kindheit während seines Lebens als Angehöriger der Oberschicht besaß, kann man vielleicht darin erkennen, dass er in seinem Schlafzimmer eine Badewanne aufstellte. Vor dem Schlafengehen nahm er ein heißes Bad und am Morgen ein kaltes. Da er sich mit Gesundheitsfragen auseinandersetzte, erklärte er, dass es wichtig sei, die Körperporen zur Nacht zu öffnen und sie am Morgen zu schließen. Er achtete darauf, was er zu sich nahm, und richtete sich nach den damals anerkannten Grundsätzen der Ernährungslehre. Chapmans Haushälterin gab an, dass er sich im Alter zwei Eier zum Frühstück machte und vor dem Schlafengehen als Letztes einen Becher Kakao oder Milch trank. Wenn uns seine Diät angesichts unseres gegenwärtigen Niveaus nicht als die beste erscheint, sollten wir uns daran erinnern, dass Chapman normalerweise sehr gesund war und 99 Jahre alt wurde. Chapman sagte oft, dass der Körper zum Dienst für Gott gebraucht werde und die Menschen ihn deshalb pflegen müssten.

Ebenso war er sich der Notwendigkeit bewusst, den Geist in angemessener Weise zu pflegen, was in seinem Anliegen deutlich wurde, den Arbeitern im Reich Gottes einen Ort der Ruhe zur Verfügung zu stellen. Einige dieser Mitarbeiter hatten kein Erbarmen mit sich selbst und verausgabten sich bis zum Äußersten. Häufig verdrängten ihre ununterbrochenen Aktivitäten die persönliche Zeit mit dem Herrn, sodass ihnen angesichts der täglichen Routine die nötigen Pausen fehlten. Da er sich dieser Gefahr bewusst war, hielt Chapman sich jeden Samstag zu seiner eigenen Erholung frei. Er richtete einen winzigen Raum im hinteren Teil seines Hauses für Holzarbeiten ein. Dort befanden sich eine Reihe hochwertiger Werkzeuge und eine Holzdrehbank. Die meiste Zeit des Samstags verbrachte er in der Werkstatt und riet seinen Freunden davon ab, ihn dort zu besuchen. Zudem fastete er an diesem Tag. Mit den Jahren stellte er viele schöne Möbelstücke her, unter anderem einen Schreibtisch und einige Gegenstände, die in der Bear-Street-Kapelle Verwendung fanden. Einigen seiner Gäste schenkte er hölzerne Schalen und Brotbretter, andere Gegenstände verkaufte er, um einen Fonds zur Unterstützung missionarischer Arbeit einzurichten.

Chapman war der Überzeugung, dass er nicht an Wahlen – ganz gleich, auf welcher Ebene – teilnehmen sollte, was zu jener Zeit eine weitverbreitete Auffassung unter Christen war. Den Aussagen seiner Haushälterin zufolge zählten zu denen, die ihn in seinem Haus aufsuchten, jedoch auch Stadträte und Parlamentsmitglieder. »Wenn sie bei Wahlen kandidierten, suchten sie immer das Gespräch mit ihm, und er antwortete dem Betreffenden jedes Mal: ›Lieber Freund, ich kann dich nicht wählen, aber ich kann für dich beten.‹« Anhand des hier Dargelegten und seiner Freundschaft mit Lord Fortescue kann man die große Achtung erkennen, die die führenden Persönlichkeiten der Region Chapman entgegenbrachten, obwohl er sich nicht politisch engagierte. Anscheinend waren die Politiker der Meinung, dass er viele Wähler beeinflussen könnte.

Eine lange Wanderung durch Irland

Auf der 1838 unternommenen Missionsreise durch Spanien hatte Robert Chapman gesehen, dass der geistliche Zustand dieses Landes schlecht und öffentliche Evangelisation gefährlich war. Deshalb hatte er nun auch Irland im Blick. Die nonkonformistische Bewegung hatte in Irland nie den Einfluss oder den Eifer wie in England erreicht. Die Erweckungen des 18. Jahrhunderts unter Whitefield und Wesley, die das Leben in England weitreichend verändert hatten, waren nur in geringem Maße nach Irland vorgedrungen. Der Einfluss der anglikanischen Kirche Irlands – des irischen Zweiges der englischen Staatskirche – war in erheblichem Maße zurückgegangen, und die römisch-katholische Kirche gewann wieder zusehends an Stärke. Chapman hatte zwar eine weitherzige Sichtweise bezüglich der Einheit der Christen, war aber über die Auswirkungen des römischen Katholizismus beunruhigt. Er befürchtete, dass der Katholizismus in Irland das Gleiche anrichten könnte wie in Spanien. Dort war er nicht nur vom Aberglauben durchdrungen, sondern einige Priester zogen den Glauben sogar ins Lächerliche und trugen auf diese Weise dazu bei, dass sich die Menschen von Gott abkehrten. In der zweiten Hälfte der 1840er-Jahre hatte Chapman allerdings andere Gründe, Irland zu besuchen.

Unter den Versammlungen waren unterschiedliche Ansichten über die Einheit der Christen aufgekommen. J. N. Darby, der glaubte, dass sich die Zeit der Gemeinde dem Ende zuneige, verbreitete bis dahin die Sicht, dass Gläubige sich von allen existierenden Kirchen und ihren Organisationen trennen sollten. Er argumentierte außerdem, dass die Versammlungen eng miteinander verbunden sein sollten. Das waren weder die Ansichten Chapmans noch die von Groves, Müller, Craik oder vielen anderen Führern der neuen Bewegung. Darby, der beständig von einer Versammlung zur anderen reiste und als Autor von Schriften sehr produktiv war, konnte seine Überzeugungen jedoch recht erfolgreich verbreiten. Ende 1845 traten Schwierigkeiten auf. Nach dem Konflikt mit B. W. Newton gründete Darby eine neue Versammlung in Plymouth, was die Frage der Einheit in den Brennpunkt rückte. Chapman versuchte, in der Sache mit Darby zu vermitteln, jedoch ohne Erfolg. Der Unfriede und die Verwirrung in Plymouth nahmen zu, und am Ende des Jahres 1847 verließ Newton die Stadt, ohne dass die Spannungen ausgeräumt waren. Darby war von allen führenden Persönlichkeiten unter den Brüdern auch in Irland der bekannteste und einflussreichste. Aus diesem Grund wollte Chapman mit den führenden Brüdern in Irland sprechen, ihre Ansichten erfahren und gleichzeitig seinen Standpunkt mitteilen.

Noch ein weiterer Grund lag Chapman bei seiner Absicht, Irland zu besuchen, auf dem Herzen. In Irland herrschte aufgrund der Kartoffelfäule und der dadurch hervorgerufenen Missernte eine große Hungersnot. In den Jahren 1845 bis 1847 starben etwa 750 000 Menschen an Hunger oder Folgekrankheiten. Die Geschichten von Elend und Tod waren nahezu unglaublich. Auf Chapmans Anregung hin sammelte man in der Bear-Street-Kapelle Geld, um einen anglikanischen Pfarrer und seine Frau in ihren Hilfsbemühungen zu unterstützen. In der Nähe der Stadt Cork hatten sie ein Waisenhaus für Kinder gegründet, deren Eltern bei der Hungersnot umgekommen waren. Die Christen in der Bear-Street-Kapelle ließen sich von den weiterhin bestehenden Unterschieden zur englischen Staatskirche nicht davon abhalten, diese lebenswichtige Arbeit zu unterstützen.

Chapman beschloss, dass die Zeit für einen ausgedehnten Besuch in Irland gekommen war – in diesem einst wunderschönen, nun aber von einer derartigen Katastrophe gezeichneten Land. Gegen Ende des Jahres 1847 plante er seine Reiseroute und beabsichtigte, die Armen und ihre Helfer zu besuchen und sie zu ermutigen. Er wollte den vielen Versammlungen, die in Irland entstanden waren, mit Rat zur Seite stehen, sie stärken und sich mit ihren Leitern austauschen. Um so viele Katholiken wie möglich zu erreichen, entschloss er sich, in Freiversammlungen zu predigen, wenn man es ihm erlauben würde. Chapman, der kein unnahbarer Prediger war, wollte wie in Spanien die meiste Zeit zu Fuß reisen, um mit den Menschen auf der Straße ins Gespräch zu kommen.

A. N. Groves schrieb aus Indien, dass er im FrühJahr 1848 zur Erholung und zum Dienst nach England kommen wollte. Vielleicht legte Chapman seinen Reisebeginn auf Anfang Februar des gleichen Jahres, um rechtzeitig zurück zu sein und sich mit Groves treffen zu können. Die Winter in Irland sind im Allgemeinen nicht sehr hart, sodass das Reisen nicht besonders schwierig sein würde, für einen Wanderer jedoch auch nicht gerade angenehm. Im Gegensatz zu seiner Spanienreise im Jahr 1838, bei der er vor Beginn keinen einzigen einheimischen Christen oder sonst jemanden dort kannte, war Chapman nun in der Lage, anhand seiner Kontaktadressen in Irland einen groben Zeitplan zu erstellen.

Chapman ließ die Christen in der Bear-Street-Kapelle in der Obhut von Henry Heath und anderen zurück und machte sich mit einer Kutsche auf den eintägigen Weg zur Hafenstadt Bristol. Vermutlich hätte er auch von Barnstaple oder Bideford aus ein Schiff nach Irland nehmen können, doch wollte er zunächst seine vielen Freunde in Bristol besuchen und um ihre Unterstützung im Gebet bitten. Am Abend vor seiner Abfahrt versammelte sich eine kleine Gruppe, und Georg Müller betete für Chapmans Bewahrung und für eine fruchtbringende Reise. Am 1. Februar 1848 ging Chapman an Bord eines Schiffes, das nach Cork an der Südküste Irlands ablegte. Seine Reise, die drei Monate dauern sollte, würde eine Menge Durchhaltevermögen erfordern. Doch der 45-jährige Chapman war in der Blüte seiner Jahre und verfügte über große Kraftressourcen.

Er entschloss sich, ein Tagebuch zu führen und wöchentlich Briefe nach Barnstaple zu senden, die von Henry Heath »den Kindern Gottes, die sich in der Bear Street versammeln« vorgelesen werden sollten. Einer seiner Briefe enthielt jedoch noch folgende Ermahnung: »Geliebter Bruder Heath, gib bitte darauf acht, dass das Vorlesen meines Tagebuches nicht die bedeutsameren Dinge verdrängt – ich meine die Anbetung Gottes und den Dienst am Wort. Es genügt völlig, wenn Teile am Freitagabend oder wenn nötig am Montagabend vorgelesen werden. Der Rest sollte zu Hause oder in der freien Zeit gelesen werden.« Chapman wollte nicht zulassen, dass den Neuigkeiten bezüglich seiner Person zu viel Aufmerksamkeit auf Kosten der wesentlich wichtigeren Sache des Wortes Gottes gewidmet würde.

Chapman verbrachte eine sehr aktive Woche in Cork und Umgebung. Er besuchte den anglikanischen Pfarrer, der das Waisenhaus gegründet hatte, und erwähnte ihre gemeinsame Zeit in seinen Briefen positiv. Er sprach mit Gläubigen, die im Werk des Herrn dienten, besuchte Krankenstationen und predigte sogar auf einer Beerdigung. »Gestern Vormittag«, schrieb er, »besuchte ich die Kranken und erläuterte die Bibel in einem Krankenzimmer vor einer kleinen Gruppe von Gläubigen unterschiedlicher Benennung. Leider legen wir mehr Wert auf unsere jeweiligen Titel als auf solche Gemeinschaft, die wir so nötig hätten.« Die Trennungen unter den Christen betrübten Chapman zutiefst und ließen ihn in seinem Bemühen nicht zögern, jeder Gruppierung zu dienen, um die Einheit aller Gläubigen zu zeigen.

Am Sonntagnachmittag predigte Chapman nach einer langen Zeit im Gebet zum ersten Mal in Irland im Freien, und zwar in einem der ärmsten Viertel von Cork. Für die Bewohner war das etwas völlig Neuartiges. Chapman schrieb:

> Nach kurzer Zeit fing eine von den Männern aufgehetzte Meute von Burschen an zu brüllen und versuchte, meine Stimme zu übertönen. Ein Mann rief mir zu: »Sprich ohne die Bibel«, was durchaus gut gemeint war, denn wenn Katholiken einem Protestanten beim Lesen der Bibel zuhören, dann müssen sie diese Sünde dem Priester bekennen. Ich

> konnte die Bibel, aus der ich das 19. Kapitel des Johannesevangeliums vorlas, jedoch nicht weglegen. Bevor ich wegging, betete ich laut. Dem Gebet eines Protestanten zuzuhören, ist für sie ebenfalls Sünde. Deshalb wurden die Menschen angesichts meines Gebets sehr wütend. Anschließend folgte die brüllende Schar von Burschen mir und den mich begleitenden Brüdern die Straßen hindurch; ihr Protest beschränkte sich jedoch auf Schreien und Spott. Ich selbst war voller Frieden in Gott und hatte Mitleid mit ihnen und betete für sie.

Chapman wurde von dem wütenden Empfang nicht entmutigt, vielmehr machte ihm das Erlebte für den Rest seiner Reise Hoffnung, dass er nicht mit Gewalt vertrieben worden war. Er glaubte, dass ein solcher Empfang oftmals besser war als Gleichgültigkeit.

Während seines Aufenthalts in Cork besuchte er auch J. M. Code. Code hatte wie Darby am Trinity College studiert, wurde von der englischen Staatskirche ordiniert und verließ Anfang der 30er-Jahre aus Gewissensgründen die anglikanische Kirche. Danach lehrte und evangelisierte Code ohne jede denominationelle Bindung im Gebiet um Cork und wurde zu einem Leiter der dort entstandenen Versammlung. Deshalb wollte Chapman ihn gern treffen und mit ihm über die Einheit der Gemeinde und über Darbys Vorgehen in Plymouth zu sprechen. Chapman schrieb in der für ihn typischen großherzigen Art:

> Auch mit Bruder Code hatte ich trotz unterschiedlicher Ansichten eine freundliche Unterredung; wir freuten uns über unsere Einheit, soweit wir sie erkennen konnten, und sahen die Tatsache, dass wir nicht in allem übereinstimmen konnten, als Grund an, uns zu demütigen. Sie sollte nicht Anlass für Zwietracht und Trennung sein. Gott wird seine Kinder bald vereinen, wenn sie ihre Blicke ununterbrochen […] auf den Gnadenthron richten.

Diese beiden demütigen Männer blieben miteinander vereint, obwohl sie in einer grundsätzlichen Frage verschiedener Ansicht waren. Zwei oder drei Jahre später zog Code nach Bath in England, wo er seinen Dienst fortsetzte. Bemerkenswerterweise kamen Menschen, die der englischen Staatskirche angehörten, in die Kapelle von Bath, um ihn predigen zu hören. Obwohl er damals, als Chapman ihn in Cork besuchte, auch von den Ansichten Darbys eingenommen war, so fand er in Bath zu einer offeneren Haltung gegenüber allen Gläubigen.

Chapman schrieb auch von seiner Sorge über den Einfluss des Katholizismus:

> Die Katholiken hier – sowohl die Priester als auch das einfache Volk – sind den Katholiken Spaniens weit überlegen. Dort verspotten sie ihre eigene Religion und verachten jede andere Glaubensrichtung, hier dagegen wird eine falsche Religion (die dennoch kein völliger Irrtum ist, sondern eine entstellte und verdrehte Wahrheit) in unwissentlicher Ehrfurcht hochgehalten. In Spanien fand ich Gleichgültigkeit und Verachtung; hier sucht ein irritiertes und unruhiges Gewissen nach Ruhe und weiß sie nicht zu finden. Gott hat mir das Vorrecht gegeben, zu solchen Seelen zu sprechen.

Zweifellos war Chapman durch das, was er in Irland vorfand, ein wenig erleichtert, doch Unwissenheit gegenüber den Wahrheiten des Wortes Gottes ist schlimm, wo immer sie auch existiert.

Als Nächstes führte ihn seine Reise in die westlich und nordwestlich von Cork gelegenen und von der Hungersnot besonders betroffenen Dörfer, die sich in den südwestlichen Regionen Irlands befanden. Nun sah er deren Auswirkungen aus erster Hand und war nicht überrascht zu sehen, dass verzweifelte, arme Leute stahlen, um im Gefängnis Unterkunft und Nahrung zu erhalten. Seinen ersten Halt machte er in der Ortschaft Mallow, eine knappe Tageswanderung von Cork entfernt. Im Haus seines Gastgebers warteten

Briefe von Henry Heath und Bessie Paget auf ihn. Er blieb mehrere Tage in Mallow und predigte am Sonntag wieder im Freien, da er wusste, dass dies die einzige Möglichkeit war, um möglichst viele Menschen mit dem Evangelium zu erreichen:

> Die armen Leute, die gerade aus der Messe kamen, scharten sich um mich herum; auch wenn einige spotteten, so waren die meisten doch aufmerksam. [Mein Gastgeber] erzählte mir, dass es gerade Männer mit einem schlechten Charakter waren, die andere zur Ruhe anhielten. Ebenso hörten Menschen von den Fenstern aus zu […] Ich lobe Gott, dass er mich nach Mallow geführt hat […] Ich glaube, dass Gott eine Tür vor mir geöffnet hat und keiner sie schließen kann; daran könnt Ihr sehen, dass Eure Gebete für mich erhört wurden […] Oh, geliebte Brüder und Schwestern, wie wohlgefällig ist dies vor Gott, und wie sehr hat er Euch bevollmächtigt! Seid Euch dessen bewusst und gebraucht diese Vollmacht.

Chapman hatte fortwährend vor Augen, was mit Irland in geistlicher Hinsicht geschehen sollte. »Ich vergleiche die gegenwärtige Situation ständig mit meinen einsamen Reisen in Spanien und preise Gott für das Licht, das er hier hervorgebracht hat. Trotzdem bete ich dafür, dass er noch viele Evangelisten erweckt, die die Botschaft im Freien predigen«, schrieb Chapman. Sein Herz schlug für das irische Volk. Er erkannte, dass das Evangelium in Irland am besten auf den Dorfplätzen und Straßen verbreitet werden konnte, weil man dort die Menschen erreichte. Während er diese Zeilen schrieb, erfuhr er, dass Darby erkrankt war, und beendete seinen Brief mit folgendem PS: »Wir haben für den geliebten Bruder Darby gebetet. Der Herr gebe es uns, dass seine Gesundheit wiederhergestellt wird. Der Name Darby ist den Kindern Gottes in Irland sehr teuer.« Chapman schien keinen Groll oder Ärger gegenüber dem Mann zu hegen, der die Bewegung in eine Richtung führte, mit der er nicht übereinstimmen konnte.

Wie sich herausstellte, hatte Chapmans Besuch in Mallow große Auswirkungen. Einige Wochen nach seinem Aufenthalt erkrankte ein mittel- und arbeitsloser junger Mann ernsthaft und wurde in das Armenhaus von Mallow gebracht. Nachdem man ihm seinen lebensbedrohlichen Zustand mitgeteilt hatte, wurde er gefragt, ob er wünsche, dass ein Priester zu ihm komme. Er antwortete, dass er an einem Sonntag gehört habe, wie ein Fremder auf dem Marktplatz Christus verkündigte, und dass ihm dieser verkündigte Heiland vollkommen ausreiche. Mit diesem Glauben starb er. Erst viel später erfuhr Chapman davon; oftmals sieht der Betreffende die Früchte seiner Arbeit selbst nicht, doch Gottes Wort wird nicht leer zu ihm zurückkehren (Jes 55,11).

Als Chapman Mallow verließ, wandte er sich weiter westwärts, wo die Auswirkungen der Hungersnot am schlimmsten waren. Auf seiner Wanderung durch den kalten Regen sah er ein von der Katastrophe gezeichnetes Land voller Verzweiflung. In einem kleinen Dorf sprach Chapman in einem Armenhaus für Kinder und besuchte arme Familien. Anschließend schrieb er:

> Es befinden sich etwa 1800 Menschen im Armenhaus von Kanturk, außerdem erhalten viele Tausend[15] im Freien Hilfe. Der Herr selbst muss helfen. Es ist eine große Gnade, dass man für einen Penny ein Pfund Mehl erhält und Torf [der als Brennmaterial verwendet wird] reichlich vorhanden ist. Aus diesem Grund ist es mir ein großer Trost, Almosen zu verteilen und keine Hütte ohne Feuer gesehen zu haben. Von Augenzeugen habe ich derartige Geschichten von Elend und Tod gehört, die sich während der Hungersnot ereigneten, dass ich hoffe, sie nicht zu vergessen [...] Die Bewohner haben das Land in einem desolaten Zustand gebracht; wie karg, wie trübe, wie finster muss es in den Seelen der Betreffenden aussehen!

15 A. d. H.: Diese Zahlenangabe bezieht sich auch auf die Umgebung dieses Ortes.

Chapman führte eine Menge von halben Pennys mit sich, die er mittellosen Menschen überall dort schenkte, wo er vorbeikam. Indem er Almosen gab, wollte er nicht nur den Hunger lindern, sondern damit beabsichtigte er auch, mit den Menschen ins Gespräch zu kommen. Er schrieb: »Als [...] ich einer Bauersfrau eine kleine Summe gab, die sie unter den Armen in ihrer Nachbarschaft verteilen sollte, sagte sie: ›Möge der allmächtige Gott und die allmächtige Jungfrau Maria Sie segnen.‹« In einem Brief erwähnte Chapman diesen Sprachgebrauch, der die Mutter Jesu auf eine Ebene mit Gott stellt; gegenüber der wohlmeinenden Frau hielt er sich aber wahrscheinlich mit jedem Kommentar zurück. »Dennoch«, schrieb er, »ist es in Irland besser als in Spanien. Aberglaube ist besser als eine Gottlosigkeit, der nichts heilig ist. Hier spricht das Gewissen zu den Menschen, und die Angst vor dem Tod plagt sie. Im Allgemeinen hören sie mir mit Ehrfurcht zu, wenn ich von Christus predige.«

Das Geld, das Chapman verteilte, kam zweifellos von den Christen aus der Bear-Street-Kapelle und war, verglichen mit dem, was benötigt wurde, nur ein Tropfen auf den heißen Stein. Zur Trostlosigkeit der Umgebung kam noch die Verzweiflung der Menschen hinzu. Trotz alledem war das Licht des Evangeliums da. »Das Evangelium wird, wenn auch mit Einschränkungen, in der [anglikanischen] Kirche in Kanturk gepredigt. Ich habe die Leute dort besucht und mit dem jungen Geistlichen dort gebetet.« Auch hier sehen wir Chapmans Verständnis für die Einheit der Christen und die Bereitschaft, denominationelle Grenzen zu überwinden.

Auch wenn Chapman zu den Armen predigte, waren mehrere seiner Gastgeber in Irland wohlhabend. In einem Brief nach Barnstaple schrieb Chapman:

> Es möge keiner denken, dass die Not Irlands nur das Los des armen Mannes ist. Hunger und Mangel an äußeren Dingen sind wohl zum größten Teil bei den Armen zu finden, die keine Schulden gemacht haben und von denen auch keine

> Bezahlung erwartet wird. Sie können ins Armenhaus gehen, ohne an den Pranger gestellt zu werden. Der reiche Mann hingegen [...] muss sowohl alte als auch neue finanzielle Forderungen erfüllen [...] Seine beschränkten Mittel belasten folglich sein Denken und sein Herz und beladen ihn mit Sorgen, die der arme Mann nicht kennt. Deshalb mögen die Heiligen in England in ihren Gebeten den reichen Mann in Irland nicht vergessen, wenn sie für die Armen dort beten.

Obwohl Chapman sein Vermögen weggegeben hatte und kein festes Einkommen besaß, glaubte er nicht, dass alle Kinder Gottes es ebenso tun müssten. Chapmans selbst gewähltes Leben in Armut war eine Sache zwischen ihm und Gott, die er seinen Freunden nicht auferlegte.

Die Stadt Tralee an der Südwestküste war Chapmans nächstes Ziel. Dort plante er, bei Freunden unterzukommen und seine Post zu empfangen. Bei stürmischem Wetter brachte ihn ein langer Tagesmarsch, bei dem er dem Lauf eines Flusses folgte, zunächst zu dem kleinen Dorf Castleisland. Am nächsten Tag überquerte er eine Hügelkette und gelangte hinab nach Tralee. Sein Gastgeber, Sir Edward Denny, war unter den Brüdern bekannt. Chapman hatte mit Sir Edward viel gemeinsam. Sie waren beide in eine wohlhabende Familie hineingeboren worden und besaßen das Herz eines Dichters. Etwa 50 Jahre später stand in Dennys Todesanzeige: »Ihm gehörte nahezu die ganze Stadt Tralee. Er hatte die Möglichkeit [...] seine Mietpreise zu erhöhen; in einigen Fällen hätte man es noch nicht einmal als Wucher angesehen, wenn er sie vervierfacht hätte. Er ließ es jedoch bei den alten Preisen.« Im gleichen Jahr, als Chapman ihn besuchte, gab Denny den allgemein bekannt gewordenen Sammelband *Hymns and Poems*[16] heraus. Da Denny ein großes Interesse an Prophetie hatte, veröffentlichte er später viele Schaubilder, die die Ereignisse der Endzeit darstellten. Diese

16 A. d. H.: Svw. *Geistliche Lieder und Gedichte.*

Grafiken wurden in Großbritannien geschätzt und fanden über viele Jahre hinweg einen weitverbreiteten Gebrauch.

»Ich erinnere mich gut daran, dass der teure Mr Chapman in Tralee ankam, um meinen Vater und meine Mutter zu sehen«, schrieb eine Angehörige der Großfamilie Denny Jahre später.[17] »Er fragte mich, ob er in meiner Bibel einige Verse unterstreichen dürfte. Ich war darüber sehr erfreut und holte sie sofort herbei. Er markierte Vers 13, 14 und 15 im 15. Kapitel des Johannesevangeliums. Ich war wirklich noch ein Kind; er markierte auch Psalm 27,4 und 27,11.« Chapman liebte Kinder und nahm zu ihnen immer Kontakt auf, wenn er bei anderen zu Besuch war. Ob er sich in einem Gasthaus einquartierte oder in einem Haus mit Bediensteten übernachtete – stets versuchte Chapman, mit denen, die ihm Unterkunft gewährten, über Christus ins Gespräch zu kommen.

Nachdem er sich in Tralee erholt hatte, machte sich Chapman auf den Weg nach Norden und erreichte nach zwei Tagen das Dorf Tarbert an der Mündung des Shannon. »Ich erreichte Tarbert rechtzeitig zu einer Veranstaltung von Katholiken (ohne mein Kommen angekündigt zu haben), um aus der Bibel vorzulesen«, schrieb Chapman. Er zögerte nicht, das Wort Gottes zu jeder Gruppe zu bringen. An diesem Tag predigte er am Kai von Tarbert, während er auf den Flussdampfer nach Limerick wartete, das etwa 65 Kilometer östlich lag.

Fünf Tage verbrachte Chapman in angenehmer Gemeinschaft mit Christen in Limerick, aber anstatt auszuruhen, sprach er täglich an mehreren Schulen und zu verschiedenen Gruppen von Erwachsenen. In England hielt er sich strikt an die Regel, sich samstags zu entspannen, doch auf dieser Reise schien er das beiseitegesetzt zu haben. Er spürte, wie dringend die Sache des Herrn war.

Von Limerick aus folgte er auf der Weiterreise in nordöstlicher Richtung dem Lauf des Shannon und nahm sich in den Dörfern

17 A. d. H.: Sir Edward Denny entstammte einem anglo-irischen Baronsgeschlecht. Da er unverheiratet war, hat es sich hier vielleicht um eine seiner Nichten gehandelt.

jeweils die Zeit zum Predigen. Chapman befand sich nun mitten in Irland. Als er einige bekannte aktive Christen traf, blieb er dort fünf Tage, ermutigte sie und half ihnen. Anschließend machte er sich wieder auf den Weg. Doch einmal bemerkte ein gläubiger Diener des Herrn, dass Chapman müde geworden war, und beförderte ihn die nächsten 50 Kilometer in einem Einspänner. Sie durchquerten mehrere Dörfer und kamen schließlich in der Ortschaft Ballinasloe an. Müde schrieb Chapman nach Barnstaple:

> Ich bin beschämt, wenn ich daran denke, dass ich [an einer Menschenmenge] vorüberkam, ohne Einzelne davon anzusprechen, und ohne dass ich Gott gefragt hatte, ob ich zu ihnen reden oder ob ich schweigen solle. Meine Kraft – ich meine die geistliche Kraft – musste neu gesammelt werden […] Wenn ich auf den Herrn geschaut hätte, hätte ich von ihm wohl besondere Hilfe erhalten. Ich habe ihn nicht gefragt, sondern bin in der Hoffnung vorwärtsgezogen, später weitere Menschen zu treffen. Ich traf jedoch keine mehr.

Es folgten weitere Tage, an denen er die Straße nach Westport an der Westküste Irlands entlangwanderte und dort predigte. Der letzte Tag dieses Reiseabschnitts brachte Schwierigkeiten mit sich. Chapman marschierte etwa 65 Kilometer an einem Tag, wobei »den ganzen Weg über der Wind mir entgegenstand, hinzu kamen gelegentlich Regen, Schnee und Hagel. Ich bat den Herrn, den Wind zu drehen, aber seine Antwort für diesen Tag war, dass seine Gnade mir genügt. Deshalb war ich glücklich in ihm und gab den wenigen Menschen an der Straße sein Wort weiter […] Meine Hoffnung, Geschwister zu treffen, die ich noch nie zuvor gesehen hatte, trieb mich voran, sodass ich die Müdigkeit wenige Minuten nach meiner Ankunft vergaß.« Nicht viele Männer hätten körperlich so wie er durchgehalten oder den Willen gehabt, das zu erreichen, was er schaffte. Obwohl er wahrscheinlich die Möglichkeit hatte, sich eine Kutsche zu mieten, beschloss er, die Straße entlangzuwandern, um

Menschen zu treffen. Am nächsten Tag, einem Sonntag, schrieb Chapman:

> Wir hatten eine wunderbare Zusammenkunft […] zum Brotbrechen. Am Nachmittag war schönes Wetter, und ich predigte mit nur einer kleinen Unterbrechung auf einem Platz, da die Mehrzahl der Leute mir freudig zuhörte. Jemand traf mich mit einem Fußball an Ohr und Schläfe, doch eine Zuhörerin (eine Katholikin) bat mich, ihr Taschentuch zu benutzen, um den Schmutz abzuwischen. Am Abend predigte ich im Gemeinderaum der Brüder vor einer großen Menge.

Während seiner Reise hatte Chapman viele Begegnungen mit Kindern, auch seine Zeit in Westport war da keine Ausnahme. »Am Montagnachmittag […] sprach ich zu einer stattlichen Anzahl von Kindern, die zusammen mit ihren Eltern und anderen Leuten kamen […] Ich hatte Freude daran, doch dachte ich an Bruder Heath und sehnte mich nach ihm. Der Herr möge seinen Weg nach Irland führen, wo er dringend benötigt wird und wo man ihn herzlich willkommen heißen würde.« Henry Heath ging allerdings nie nach Irland, um dort zu arbeiten. Noch im gleichen Jahr zog er in die Gegend nördlich von London, um dort unter den armen Menschen zu arbeiten.

Chapman befand sich jetzt in der sechsten Woche seiner Reise. In Westport traf er sich mit Charles H. Mackintosh, der später unter den Initialen C. H. M. bekannt wurde, mit denen er seine vielen Bibelauslegungen signierte. Mackintosh hatte sich nach dem Lesen einer Broschüre von Darby bekehrt und betrieb nun eine Tagesschule. Da er befürchtete, dass die Arbeit an der Schule ihn zu sehr in Anspruch nehmen könnte, legte er sie später nieder, um seine ganze Zeit dem Schreiben von Bibelauslegungen und dem Dienst am Wort zu widmen. Chapman berichtete zwar nichts davon, aber man kann annehmen, dass er mit Mackintosh, der den Ansichten Darbys treu blieb, die Situation in Plymouth besprach.

Anschließend wanderte Chapman weiter und predigte in so vielen Ortschaften, dass sie hier nicht alle aufgeführt werden können. J. Butler Stoney arbeitete in einem trostlosen Stadtviertel von Boyle und kam nach Tubbercurry, um sich mit Chapman zu beraten. Für ein paar Tage arbeiteten sie im Bergland in der Umgebung von Tubbercurry zusammen. Stoney, 11 Jahre jünger als Chapman, hatte großen Eifer für das Evangelium und war ein treuer Anhänger Darbys. Dessen ungeachtet lernte er Chapman in den wenigen Tagen der gemeinsamen Arbeit so sehr schätzen, dass er ihn bat, für eine weitere Zusammenarbeit mit nach Boyle zu kommen. Chapman fühlte sich jedoch gezwungen, das Angebot abzulehnen, da seine eigene Reiseroute Vorrang hatte.

Danach folgte Sligo, eine Stadt an der Bucht von Sligo im Nordwesten Irlands, die wesentlich größer war als Boyle. Dort wurde Chapman von Ereignissen in England abgelenkt. Mit der Post erhielt er beunruhigende Nachrichten (die ihm vielleicht auch von Stoney berichtet wurden); die Unruhe in Plymouth hatte nun auch die Bethesda-Kapelle in Bristol erreicht. Chapman wünschte, zurückkehren zu können, doch lag ihm seine größere Verpflichtung in Irland noch mehr auf dem Herzen. »Ich kann jetzt noch nicht sagen, wann ich zurückkomme«, schrieb er, »habe aber mit vielen anderen den Wunsch nach einer ernsthaften Zusammenkunft der Brüder zum Gebet in der dritten Woche des nächsten Monats [April]. ›Siehe, ich komme bald.‹«

Dann wanderte er nach Nordosten in die Grafschaft Ulster, wovon der größte Teil das heutige Nordirland bildet. Zu seinen dortigen Diensten gehörte unter anderem eine Predigt und Schriftlesung vor einer Gruppe von Methodisten, denen er begegnet war. Als er sich Londonderry im äußersten Norden des Landes näherte, befiel ihn erneut Müdigkeit, sodass er für die letzten wenigen Kilometer bis zur Stadt einen Zug nahm. Anschließend schrieb er:

> Nachdem ich am Tag des Herrn das Brot mit einer kleinen Schar von Christen in ihrem Saal gebrochen hatte, predigte

> ich am Kai. Es gab nur eine kurze Störung durch einige Burschen, die durch den nicht christusgemäßen Umgang eines Zuhörers mit einem der Burschen zustande kam, der mir zum Spaß einen Penny angeboten hatte. Ja, ich muss sagen, dass meine Hauptschwierigkeiten beim Predigen im Freien durch Freunde hervorgerufen wurden, die nicht verstanden oder nicht daran dachten, dass es meine Ehre ist, um Christi willen zu leiden, und deshalb mit meinen Gegnern nicht in der Gesinnung Christi umgingen, sondern seinem Beispiel zuwiderhandelten. Ich bete zu Gott, dass meine Brüder dies bedenken mögen.

Nachdem er auf einer weiteren Zusammenkunft gesprochen hatte, wurde Chapman an diesem Abend krank und musste ein paar Tage im Bett verbringen. Dennoch begann er, am Donnerstag wieder zu predigen, und diente zusammen mit zwei dort ansässigen Arbeitern des Herrn für den Rest der Woche im Gebiet von Londonderry. Die Menschen in Ulster stammten vorwiegend aus England oder Schottland. Gälisch, auch Irisch genannt, war dort nicht so verbreitet wie in den südlicher gelegenen Gebieten Irlands. Während des ersten Teils seiner Reise drückte Chapman häufig den Wunsch aus, Gälisch zu lernen, um die Leute besser zu erreichen. Jetzt schrieb er:

> In Ulster hört man mit Ausnahme von bestimmten Bergregionen nur wenig Irisch. Ich möchte doch sagen, dass es zwar eine wertvolle Gabe ist, Irisch zu sprechen, doch das Erntefeld für ausschließlich Englischsprachige ist hier sehr groß und wächst täglich […] Ich hatte keine Zeit, Irisch zu lernen, und hielt es für besser, für solche zu beten, die die Sprache beherrschen und in ihr predigen, als dass ich sie selbst erlernt hätte.

Am 1. April verließ Chapman Londonderry, obwohl er von seiner Erkrankung noch geschwächt war. In einem Dorf, das nur ein paar Kilometer entfernt lag, unterbrach er seine Reise und predigte mehrere Tage dort. Als er seine Reise fortsetzte, beeilte er sich, durch Belfast zu kommen, und schlug dann den Weg nach Süden ein, um Dublin am vereinbarten Tag zu erreichen. »Ich war gezwungen, auf Verkehrsmittel zurückzugreifen, aber wie viel lieber wäre ich um des Herrn willen zu Fuß gegangen und hätte dabei mit ihm Gemeinschaft gehabt«, schrieb er. Einige Strecken wanderte er noch, doch weil er ermüdet war, bekannte er in seinem nächsten Brief: »Ein armer Mann, den ich kurz nach Dunleer einholte, unterbreitete mir das Angebot, meinen Beutel mit dem Proviant zu tragen. Es war das erste Mal, seitdem ich nach Irland kam, dass ich mich von ihm trennte und ein anderer ihn trug. Er war ein Katholik, der mir erzählte, dass er von den Priestern bereits zweimal gezwungen wurde, sein Neues Testament wegzuwerfen, das er mit Freuden las.«

Chapman kam rechtzeitig in Dublin an, lehnte es aber ab, sich auszuruhen – den Sonntagmorgen ausgenommen, an dem er eine größere Versammlung in der Brunswick Street besuchte, wo zwischen 200 und 300 Geschwister das Brot miteinander brachen. Nachmittags sprach er kurz im Freien und predigte am Abend im »Saal«. Die Brunswick-Street-Kapelle unterhielt eine Anzahl von Schulen für Kinder, wo Chapman, seiner Gewohnheit treu, am Montagmorgen sprach, während er am Abend in einem Schulgebäude predigte. Am Dienstag wurde allerdings eine Krankenschwester gerufen, um den erschöpften Mann zu untersuchen. Sie verordnete ihm das offensichtlich benötigte Mittel: Ruhe.

Nachdem sich Chapman mit den leitenden Brüdern der Versammlungen im Gebiet von Dublin noch an einigen weiteren Tagen ausgetauscht hatte, kehrte er nach England zurück. Zunächst reiste er nach Liverpool und erholte sich ein paar Tage bei der Familie seines Bruders John. Im Anschluss reiste er südwärts nach Bristol, um die Situation in der Bethesda-Kapelle zu besehen. Er blieb nur einen Tag dort, da er wusste, dass er sich diesen wahrscheinlich höchst unerfreulichen Dingen schon bald würde erneut zuwenden müssen. Jetzt wollte er nur nach Hause und kam am 21. April in Barnstaple an.

In Irland hatte Chapman sowohl den Reichen als auch den Armen gedient. Er hatte die Gläubigen in großen und in kleinen Versammlungen ermutigt. Er hatte mit Anglikanern, Katholiken, Presbyterianern und Methodisten ebenso Kontakt wie mit den sogenannten Brüdern. Er hatte leitende Brüder hinsichtlich der wachsenden Spaltung der Bewegung beraten, die zuvor 15 Jahre lang weitgehend durch Einmütigkeit geprägt gewesen war. In einem Zeitraum von drei Monaten hatte sein Dienst in ganz Irland eine ausgeprägte Spur wirkungsvollen Einflusses hinterlassen. Wir sind heute außerstande, das genaue Ausmaß dieses Einflusses abzuschätzen, doch im Licht der geistlichen Erweckung, die ganz Irland elf Jahre nach seiner Reise erlebte, mag Chapman sehr wohl eines der Werkzeuge gewesen sein, die Gott zur Vorbereitung dieses Landes gebraucht hatte.

Der Versuch einer Versöhnung

Die zwei Jahre, die dem Besuch Chapmans in Irland vorangegangen waren, und die Monate, die darauf folgten, waren schmerzhafte Zeiten für ihn, da er beobachtete, wie Bekannte und teure Freunde ein äußerst unchristliches Verhalten an den Tag legten. Chapman war nie jemand, der anderen seine Ansichten aufdrängte. Jetzt aber sah er sich gezwungen, sich mit denen zu befassen, die sich eher absonderten, um einer immer weiter aufreißenden Spaltung entgegenzuwirken und die neue und vielversprechende Bewegung, der er selbst angehörte, zu retten. Jeder Gemeindeleiter, der durch das Herzeleid und die Gewissensprüfung einer Gemeindespaltung gegangen ist, kennt die inneren Kämpfe, die damit einhergehen. Um diesen Konflikt und seine Hintergründe zu verstehen, müssen wir uns einige historische Tatsachen und Entwicklungen anschauen.

Die Gemeinden, die in den späten 20er- und in den 30er-Jahren des 19. Jahrhunderts in England und Irland entstanden, teilten nicht alle dieselbe Haltung, obwohl sie durch starke Bande miteinander verbunden waren. Jede Gemeinde musste sich eigenständig mit den entsprechenden Themen auseinandersetzen, wozu z. B. die Form der Anbetung und biblischen Belehrung, die örtliche Gemeindeleitung und die Beziehungen zu anderen Gemeinden gehörten. In den ersten Tagen gab es in den Versammlungen allerdings eine überraschende Einheitlichkeit in Bezug auf Anbetung, Liedgut und Predigt. So kam man z.B. in allen Versammlungen wöchentlich zum Mahl des Herrn zusammen. Die Wiederentdeckung, dass Christen die Freiheit haben, zu diesem Erinnerungsmahl ohne ordinierte Geistliche zusammenzukommen, verlieh der Praxis des Brotbrechens eine spezielle Bedeutung und ließ sie zum Kennzeichen der neuen Bewegung werden. Die Gemeinden verwendeten häufig auch die gleichen Lieder. Chapman, Darby, Sir Edward Denny und viele andere schrieben neue Lieder, die vor allem für das Mahl des Herrn geeignet waren.

In der Frühzeit der Bewegung basierte der Predigtdienst ganz auf der Bibel und wurde ausschließlich von begabten und gebildeten Männern ausgeübt. In Plymouth predigten B. W. Newton, J. L. Harris und in einem etwas geringeren Maße auch Henry Soltau, denn Percy Hall und George Wigram hatten Plymouth verlassen, um neue Arbeiten in anderen Teilen Englands ins Leben zu rufen, und Darby war häufig unterwegs. Im Wechsel predigten Müller und Craik in der Bethesda- und der Gideon-Kapelle von Bristol. Die meisten Predigten in der Ebenezer- und der Bear-Street-Kapelle von Barnstaple hielt Chapman.

Hinsichtlich der örtlichen Gemeindeleitung entwickelten sich in den jeweiligen Versammlungen jedoch unterschiedliche Ansichten. Ein paar Jahre nach ihrer Entstehung traten die Gemeinden in Barnstaple und Bristol dafür ein, dass es einen anerkannten Kreis mehrerer Leiter geben sollte, bestehend aus Männern, die dafür die geistlichen Voraussetzungen mitbrachten. Gemeinden, auf die Darby Einfluss hatte, übernahmen die Auffassung, dass keine Leiter formal bestimmt werden sollten. Ihrer Meinung nach hatten alle Männer mit einem guten Ruf mehr oder weniger den gleichen Stand.

Darby glaubte zudem, dass Gott Denominationen mit all ihren organisatorischen Strukturen verwerfe. Er behauptete dementsprechend, dass Christen sich von solchen »kirchlichen Systemen« absondern sollten. Obwohl Chapman, Groves, Müller, Craik und viele andere Leiter von Versammlungen mit der Praxis vieler Denominationen nicht einverstanden waren, teilten sie Darbys Anschauung bezüglich der Absonderung nicht.

Eine weitere Fragestellung, die aufgekommen war, betraf die Beziehungen zwischen den Versammlungen. Viele Leiter der Versammlungen, einschließlich der meisten aus den ursprünglichen Gemeinschaften in Dublin (mit der bemerkenswerten Ausnahme von Lord Congleton), fanden zu der Überzeugung, dass Einheit eine starke gegenseitige Abhängigkeit erfordere. Die wichtigsten Vertreter dieser Ansicht meinten, dass aktive Beziehungen zwischen den Versammlungen nützlich seien, aber keine Versammlung und keine Gruppe von Versammlungen einer anderen Gemeinde ihre Praxis vorschreiben dürfe. Jede Versammlung sei allein Christus verantwortlich. Des Weiteren sahen sie die Freiheit, mit allen Gläubigen und Gruppierungen ungehindert Kontakt zu pflegen, von denen sie glaubten, dass sie in den grundlegenden Lehren gesund seien, auch wenn nicht in allen Punkten Übereinstimmung erzielt werden konnte.

Vielleicht war es unvermeidlich, dass sich eine Bewegung mit derart auseinandergehenden Ansichten über Einheit und Leiterschaft spalten würde. Wie so oft war ein Vorfall der Ausgangspunkt für die nächsten, schwerwiegenderen Differenzen. In Plymouth war der Auslöser der Konflikt zwischen zwei einflussreichen Persönlichkeiten, Newton und Darby. Nur etwa ein Jahr, nachdem die neue Gemeinde in Plymouth entstanden war, stellten diese Männer fest, dass sie sich in vielen Punkten voneinander unterschieden, einschließlich ihrer Ansichten über Prophetie und Leiterschaft. Newton trat dafür ein, dass ein einziger, festgelegter Leiter die beste Lösung sei. Er meinte damit, dass es sich dabei in der Versammlung von Plymouth um ihn selbst handelte. In der Praxis war das bereits der Fall, und Darby selbst hatte es anfänglich befürwortet, dass Newton diese Position einnahm.

Im Gegensatz zur Rolle Newtons in Plymouth bestand die Aufgabe von Darby zum größten Teil in Reisediensten. Er war fast ständig in England und Irland unterwegs und verbrachte viele Jahre in der Schweiz und in Frankreich. Dadurch geriet die Versammlung in Plymouth zunehmend unter den Einfluss von Newton. Das war zumindest in den ersten zehn Jahren keineswegs schlecht. Die Gemeinde wuchs schnell und hatte eine stark ausgeprägte evangelistische Gesinnung. Die Gläubigen waren derart bibelkundig, dass die Gemeinde von Plymouth – im krassen Gegensatz zu anderen Gemeinden der Umgegend – in ganz Süd-Devon den Ruf als Gemeinschaft von Bibelexperten hatte.

Auf seinen Reisen verbreitete Darby seine Ansichten über Prophetie und Gemeindestruktur. Doch während Darbys Abwesenheit versuchte Newton, einige der Versammlungen in Devon und im benachbarten Somerset von Darbys Ansichten abzubringen. Als Darby 1845 vom europäischen Festland zurückkehrte, sah er, was geschehen war. Ihm war sofort klar, dass Newtons Einfluss unter Kontrolle gebracht werden müsse, wenn die Bewegung dem Weg folgen sollte, den er für den einzig richtigen hielt. Wie sich herausstellte, fand Darby den notwendigen Ansatzpunkt zum weiteren Vorgehen in der Persönlichkeit Newtons.

Obwohl er ein kultivierter, gewissenhafter, gebildeter und begabter Prediger war, hatte sich Newton eine gewisse Arroganz und einen Kritikgeist angeeignet. Viele Geschwister in der Versammlung in Plymouth wurden deshalb unter seiner Führung immer unruhiger. Sir Alexander Campbell, einer der Leiter in Plymouth, verließ 1845 die Versammlung wegen Newtons Stil. Auch J. L. Harris, der nach Newton der wichtigste Prediger in der Versammlung war, hatte Probleme mit ihm. Lesen wir, was Newton Jahre später über Robert Chapman schrieb:

> Robert Chapman […] hat niemals prophetische Wahrheiten empfangen. Jahrelang wies er den Gedanken des Tausendjährigen Reiches vollständig zurück. Erst wollte er nicht darauf hören und akzeptierte ihn anschließend lediglich als eine Möglichkeit. Jetzt pflegt er das Leben in Armut als eine Gnadengabe […] Ich kann mich noch daran erinnern, wie er zu mir kam. Mein Zustand war nicht der beste, aber seiner war noch schlimmer. Er war den ganzen Tag gewandert und hatte nichts zu essen gehabt außer einem Laib Brot, den er als Gebetserhörung auf einem Dorfplatz gefunden hatte. Dergleichen kam mehrfach vor. Einmal ging er, so erinnere ich mich, zu einem Arzt, der die Zusammenkünfte besucht

hatte und dessen Frau gläubig war. Er ging zu ihnen nach Hause, erkundigte sich nach dem Dienstpersonal, trank in der Küche einen Tee mit dem Koch und fragte mit keinem Wort nach der Dame des Hauses. Und das gilt als Beispiel für ein christliches Zeugnis, das eine demütige Gesinnung erkennen lässt.

Chapman war äußerst gewillt, Newton in seinen wachsenden Schwierigkeiten beizustehen, doch Newton konnte Chapman nicht verstehen. Newton äußerte sich ebenfalls kritisch über Georg Müller, den wohlhabenden Sir Alexander Campbell und Lord Congleton. Obwohl sie Chapmans Leben in Armut selbst nicht übernahmen, ignorierten Campbell und Congleton Klassenunterschiede und förderten, ebenso wie Chapman, die Abschaffung solcher Schranken. Newton stimmte ihrer Auffassung nicht zu.

Um 1845 hatten die Christen in Plymouth, die einst so eifrig und evangelistisch waren, viel von ihrer glücklichen Gemeinschaft verloren. Darby sah das und gab in der Mitte des Jahres 1845 bekannt, dass er plane, eine neue Versammlung in Plymouth zu beginnen. Darbys Verhalten wurde von vielen begrüßt und von ebenso vielen missbilligt. Harris, der sich von Newton getrennt hatte, stellte sich auf Darbys Seite; Soltau, Campbell und einige andere Führungspersonen auf die von Newton.

Als die Brüder in anderen Städten von Darbys Absichten erfuhren, löste dies unter vielen von ihnen Unruhe aus. Lord Congleton, der kein Befürworter Newtons war, lehnte Darbys Vorhaben energisch ab. Chapman war davon überzeugt, dass Geduld und das Bekennen von Stolz vor Gott alle Probleme lösen könne. Der ungesunde Eigenwille unter den Brüdern in Plymouth entsprach gewiss nicht der Gesinnung Jesu, doch unterschiedliche Meinungen innerhalb einer örtlichen Gemeinde waren für Chapman nichts Neues. Sie waren ihm bereits in seiner Anfangszeit in der Ebenezer-Kapelle begegnet. Damals hatte er sich mit großer Geduld darum bemüht, die Gläubigen zu belehren, und nach einiger Zeit fand die Gemeinde in wesentlichen Fragen zur Einheit. Warum sollte ein solcher Ansatz nicht auch in Plymouth verwirklicht werden können?

Chapman sah das Problem in erster Linie darin, zwei schwierige Persönlichkeiten miteinander zu versöhnen. Darby sah es in der Leitung der Bewegung, für deren Verbreitung er sich so aktiv einsetzte. Chapman dachte lokal, Darby global. Gegen Ende des Jahres 1845 sprach Chapman mit Darby (vermutlich in Plymouth), erzählte ihm von seinen Erfahrungen mit Uneinigkeit und bat ihn eindringlich, sein Ansinnen nicht weiter zu verfolgen. Wahrscheinlich traf sich Chapman während dieses Besuchs auch mit Newton. Vielleicht war es derjenige Besuch, über den sich Newton in seinem bereits erwähnten Brief äußerte. Sollte das zutreffen, dann hatte Chapmans Besuch wenig Wirkung auf Newton.

Darby lehnte den Rat Chapmans ab und sagte: »Ich werde weggehen, und wer will, kann mir folgen.« Gegen Ende 1845 gründete er eine neue Versammlung, doch wahrscheinlich hatte er die Auswirkungen seines Handelns in erheblichem Maße unterschätzt. Er muss angenommen haben, dass die meisten Geschwister die Versammlung, in der Newton war, umgehend verlassen würden und Newton folglich isoliert wäre. Stattdessen gab es in Plymouth nun zwei Versammlungen von ungefähr gleicher Größe, die sich uneinig waren. Von noch weitreichenderer Bedeutung war, dass die Spaltung nicht allein in diesen beiden Gemeinden Verwirrung stiftete und zu notvollen Zuständen führte. Vor dieser Trennung hatten die untereinander eng verbundenen Versammlungen in Großbritannien und in Irland sich als eine Gemeinschaft von Gläubigen angesehen, die wussten, dass sie zusammengehörten, doch jetzt mussten sie sich für eine Seite entscheiden.

Chapman beschloss, hinsichtlich der Vorgänge in Plymouth eine aktive Rolle einzunehmen. Sein Versuch, eine Spaltung zu verhindern, war gescheitert, und er glaubte, dass es das Beste sein würde, sich für eine Heilung einzusetzen. Die Leute mussten erfahren, dass ihr eigenwilliges Handeln der Gesinnung Christi zuwider war. In einem Gespräch überzeugte Chapman mehrere Führungspersonen davon, dass ein Tag des Gebets und des Sündenbekenntnisses nötig sei. Wenn die Geschwister ihre sündigen Haltungen bekennen würden, könnte das vielleicht zu einer Versöhnung führen. Chapman sandte ein im Januar 1846 verfasstes Rundschreiben an alle Gemeinden, mit denen er bekannt war. Es war sowohl ein Tadel als auch ein Aufruf zur Buße. Er schrieb:

> Einige Brüder im Herrn aus verschiedenen Teilen des Landes sind übereingekommen, aufgrund der Trennungen in der Gemeinde Christi den zweiten Mittwoch des nächsten Monats als Tag des Gebets und der Demütigung festzusetzen. Alle, denen diese Trennungen Kummer bereiten, sind zu der oben erwähnten Zusammenkunft eingeladen. Wie allgemein eingeräumt wird, ist der gegenwärtig schlechte, zu Herzen gehende Zustand unter den Kindern Gottes die bittere Frucht davon, dass sie den Geist Gottes so lange betrübt haben. Häufen sie dann nicht dadurch noch höhere Schuld auf, dass sie angesichts der Betrübung des Heiligen Geistes so wenig Leid tragen, weder gemeinsam noch persönlich? […] In der Sanftmut und Milde Christi sei es den Gewissen der Heiligen eindringlich auferlegt, besonders die Unehre zu bedenken, die Gott durch unterschiedliche Auffassungen und Urteile unter seinen Kindern erwiesen wird […] Unterschiede in der erlangten Gnade und Erkenntnis und Unterschiede in den Gaben und Diensten müssen unter den Gliedern Christi unbedingt Platz haben, doch diese Vielfalt kommt von Gott und bewirkt Einheit. Sich gegenseitig widersprechende Urteile hinsichtlich der Wahrheit hindern jedoch die Gemeinschaft der Heiligen und führen zu Zwietracht und Trennung, wenn darüber nicht vor Gott Leid getragen wird.

Dieser Brief wurde nicht nur von vielen aus den Versammlungen abgelehnt, Chapman wurde sogar auch dafür kritisiert, dass er ihn verschickt hatte. Diese Kritiker meinten, Darby habe in gutem Gewissen gehandelt, und deshalb gäbe es keinen Grund für Sündenbekenntnis und öffentliche Buße.

Zweimal hatte Chapman nun nichts ausrichten können. Was ihm so klar erschien – dass Christen nicht in der Liebe Christi handelten und dass das Bekennen von Eigenwillen vor Gott ein notwendiger, erster Schritt zur Versöhnung sei –, wurde von denen, die er so sehr liebte, nicht einmal verstanden.

Nun war es nur eine Frage der Zeit, bis das eintrat, was aufgrund des vorher Geschehenen eintreten musste: 1847 bemerkten Harris, Darby und andere Brüder Unstimmigkeiten in einigen Schriften Newtons, die etwa zehn Jahre alt waren und in denen er die grassierende Irrlehre des sogenannten Irvingianismus verurteilte. Darin waren Aussagen enthalten, die so interpretiert werden konnten, dass er das sündlose Menschsein Christi leugnete. Seit ungefähr 1835 versuchte der gelehrte Newton, die schwierige Frage des Menschseins Christi und deren Bedeutung zu erörtern. Theologen stimmten darin überein, dass Christus »wahrer Gott und wahrer Mensch« war, doch in welchem Maße – wenn überhaupt – fiel der Fluch Adams auf Jesus, der Mensch und Jude unter dem Gesetz war? (An dieser Frage scheiterte Irving, und ein paar Jahre später bereitete sie auch Darby Schwierigkeiten, als er über die Leiden Christi schrieb.)

Als Newton erfuhr, dass einige seiner Aussagen und ihre logischen Folgerungen Anstoß verursachten, erkannte er seine Fehlschlüsse und nahm sie öffentlich und schriftlich zurück. Damit bewies er einen beträchtlichen Mut. Darby und seine Mitstreiter meinten jedoch, dass Newtons Umkehr nicht echt sei, und beeinflussten die meisten Versammlungen in Süd-Devon dahin gehend, die Versammlung von Newton aus dem Kreis ihrer Gemeinschaft auszuschließen. Sie glaubten, dass Newtons Anhänger unter ihnen nicht aufgenommen werden sollten, weil sie sich mit einer bösen Lehre verunreinigt hatten. Diese Angst vor dem Umgang mit Glaubensbrüdern und deren Verdächtigung, das nahezu krampfhafte Bemühen, sich vor geistlicher Verunreinigung zu bewahren, und das Fehlen von Liebe waren in der Kirchengeschichte natürlich kein Einzelfall. Es war ein trauriges Spiegelbild vieler anderer Gruppen wie der Anhänger von Walker[18] und Kelly[19] in Irland sowie der Anhänger von Sandeman[20] in England und Schottland. Diese begannen ebenfalls auf dem Weg geistlicher Reinheit, doch schließlich gerieten sie durch Ängste und Absonderungsbemühungen, die gegenüber der Liebe die Oberhand gewannen, auf geistliche Abwege.

Darby hatte den Sieg davongetragen. Newton erkannte die Niederlage an und verließ Plymouth im Dezember 1847 für immer. Soltau und drei andere Leiter der ursprünglichen Versammlung in Plymouth entschuldigten sich schweren Herzens, weil sie Newtons Lehren unterstützt hatten. Soltau blieb nur noch ein paar Monate in Plymouth, bevor er mit seiner Familie nach Exmouth in der Nähe von Exeter zog – weg von seiner Demütigung, weg von seinen schmerzlichen Gefühlen, weg von den Auseinandersetzungen.

Etwa im April 1848 hatte der Streit die Bethesda-Kapelle in Bristol ergriffen. Eine der Familien, die in Plymouth zu dem Geschwisterkreis um Newton gehörte, zog nach Bristol um und bat darum, in die Gemeinschaft der Bethesda-Kapelle aufgenommen

---

18 A. d. H.: John Walker (1768 – 1833), irischer Geistlicher und Begründer der nach ihm benannten Gemeinschaft der Walkeriten, die nahezu zeitgleich zu der nachfolgend erwähnten Gemeinschaft der Kellyiten entstand, aber stärker calvinistisch ausgerichtet war.

19 A. d. H.: Thomas Kelly (1769 – 1855), irischer Geistlicher, Kirchenliederdichter und Begründer der nach ihm benannten kleinen und kurzlebigen Gemeinschaft der Kellyiten.
Th. Kelly darf nicht mit William Kelly (1821 – 1906), einer führenden Persönlichkeit der Brüderbewegung, verwechselt werden. W. Kellys Ansichten führten 1881 zu einer Trennung innerhalb dieser Bewegung.

20 A. d. H.: Die Sandemanianer (Sandemanier), auch *Glassisten* genannt, waren eine kleine christliche Gemeinschaft, die von John Glas (1695 – 1773) und seinem Schwiegersohn Robert Sandeman (1718 – 1771) in Schottland ins Leben gerufen wurde und später auch in England und in mehreren englischsprachigen Ländern Gemeinden gründete.

zu werden. Nach einem Gespräch, in dem die Familienmitglieder beteuerten, dass sie den Irrtümern Newtons nicht zustimmten, wurden sie aufgenommen. Dies verursachte viel Verunsicherung unter den Gläubigen in Bethesda, und man fragte sich, ob die Entscheidung richtig war. Darbys Versammlung in Plymouth war natürlich sehr empört.

Etwa zu dieser Zeit hatte Chapman seine Missionsreise nach Irland beendet, während Groves aus Indien zurückkam. Beide wurden in den Streit verwickelt. Leiter von mehreren Versammlungen aus der Umgegend von Bristol beriefen im Mai ein Treffen in der Nähe von Bath ein, um die Schriften von Newton zu analysieren und, wenn möglich, einen Weg zur Versöhnung vorzuschlagen. Die Mehrheit der Anwesenden, einschließlich Müller und Chapman, kamen zu dem Schluss, dass die Schriften von Newton einige Irrtümer enthielten, wobei sie diese darüber hinaus als schwer verständlich und an manchen Stellen als in sich widersprüchlich einschätzten. Craik, der die Schriften von Newton aufgrund seiner Gelehrsamkeit und seiner Erfahrung wahrscheinlich besser als alle anderen beurteilen konnte, hielt sich mit seiner Meinungsäußerung zurück. Seinem Verständnis zufolge waren viele von Newtons Aussagen derart doppeldeutig, dass keine Analyse möglich sei.

Die Ältesten in Bethesda erkannten, dass sie die Gründe darlegen mussten, warum sie die Geschwister aus dem Kreis um Newton aufgenommen hatten, und verfassten deshalb ein Schreiben. Doch Darby und seine Mitstreiter lehnten die Erklärung aus Bethesda ab. Auf Darbys Drängen hin schlossen viele Versammlungen in ganz Großbritannien die Bethesda-Kapelle aus ihrem Kreis der Gemeinschaft aus und hatten fortan nichts mehr mit Versammlungen oder Einzelpersonen zu tun, die Bethesda unterstützten. Somit spalteten sich die Brüder in zwei Lager.

Kurz nachdem Darby Bethesda ausgeschlossen hatte, kam er nach Bristol, um mit Müller über die ganze Angelegenheit zu sprechen. War er bereit, einen Weg der Versöhnung anzubieten? Wir werden es nie erfahren, da Müller es verärgert ablehnte, mit ihm zu reden, und die beiden sich nie wieder trafen.[21] Die Kettenreaktion ging anscheinend unaufhaltsam weiter. Müller hatte auf für ihn untypische Weise dem menschlichen Impuls nachgegeben, sich zu revanchieren; bald darauf tat der ansonsten sanftmütige Craik das Gleiche. George Wigram, Darbys wichtigster Mitstreiter in der Auseinandersetzung mit Newton, hatte einen Brief in Umlauf gebracht, in dem er Craik scharf kritisierte, weil er die Ablehnung der Lehre Newtons aufgeschoben hatte. Craiks wohlüberlegte Erwiderung stellte Wigram nicht zufrieden, der mit seinen verbalen Angriffen fortfuhr. Verärgert verbreitete Craik eine Erklärung, die besagte, dass er sich von allen »exklusiven« Brüdern als getrennt betrachtete.

Chapman hinterließ keine schriftlichen Aufzeichnungen hinsichtlich seiner Empfindungen, die er bezüglich des Verhaltens seiner beiden lieben Freunde hatte, doch hat ihn das gewiss zutiefst bekümmert. Mit Sicherheit war er gegen die persönlichen Angriffe, die Darby, Wigram und andere in letzter Zeit betrieben, doch seine Entgegnung bestand darin, nur in Liebe zu antworten. Chapman wurde wahrscheinlich als naiv und hoffnungslos idealistisch angesehen – als jemand, der die wahre menschliche Natur nicht verstand. Doch obwohl er die menschliche Natur nur zu gut kannte, wusste er, dass es für Christen möglich ist, Buße zu tun und das Versagen einzusehen, wenn sie nur das Angesicht Gottes suchen würden. Alles andere waren nur Entschuldigungen.

Da die verschiedenen Versammlungen nach der Art der Gemeinden in Barnstaple und Bristol größtenteils unabhängig waren, stellt sich die Frage: »Warum war dieser Ausschluss durch die anderen so problematisch?« Menschen wie Chapman wurden durch ein solches Verhalten sehr beunruhigt und deuteten

21 A.d.H.: Der Müller-Biografie von Roger Steer (*Vertraut mit Gott*, Bielefeld: CLV, 3. Auflage 2009, S. 117-118) zufolge fand dieser Besuch im Juli 1849 statt. Darby war allerdings nicht angemeldet, und Müller hatte aufgrund einer Verabredung nur wenig Zeit.

es als eine List Satans, mit der er eine Bewegung zugrunde richten wollte, die sich als sehr fruchtbar erwiesen hatte und die Gott in großer Freiheit anbetete. Die praktischen Beziehungen zwischen gleichgesinnten Gemeinschaften waren etwas Wunderbares. Doch nun stimmten Christen, die einst gut miteinander auskamen, nicht mehr überein. Ein Glied der ursprünglichen Versammlung in Plymouth schrieb später: »Es war einfach eine zu schöne Szene, als dass Satan hätte tatenlos zusehen können. Irgendwie musste es ihm gelingen, diese Schönheit zu verderben und die Liebe zu den Geschwistern erkalten zu lassen.«

Auf beiden Seiten waren etliche Christen unglücklich über das Geschehene und unternahmen wiederholte Versuche einer Versöhnung, aber leider erfolglos. Erneut wurde in Bath ein Treffen von zwölf einflussreichen Brüdern aus dem ganzen Land einberufen – alles führende Persönlichkeiten der Bewegung, von denen viele außerhalb des unmittelbaren Konflikts standen –, um die ganze Angelegenheit sorgfältig zu betrachten. Während des Treffens sagte Chapman herausfordernd zu Darby: »Du hättest mit der Trennung länger warten sollen« (womit er Darbys Unvermögen, seinen Konflikt mit Newton zu lösen, und sein Vorgehen von 1845 meinte).

»Ich habe sechs Monate gewartet«, antwortete Darby, um sich zu verteidigen.

Ungewöhnlich gereizt erwiderte Chapman: »Aber wenn das in Barnstaple passiert wäre, hätten wir gegebenenfalls sechs Jahre gewartet.«

Letztendlich zerschlug sich die Hoffnung der Initiatoren des Treffens in Bath: Mit ihrem vereinten Einfluss hatten sie die Christen auf der Seite Darbys nicht davon überzeugen können, dass Bethesda und die mit ihr sympathisierenden Versammlungen in ihrer Haltung gegenüber grundlegenden Irrtümern nicht toleranter geworden waren. Das Dokument, das sie veröffentlichten, hatte keine heilsame Wirkung. Chapman beklagte diese Entwicklung, konnte aber nichts Weiteres mehr tun. Er wurde sogar von einigen Brüdern, die zu Darby standen, angegriffen. Versammlungen, in denen er einst gern gesehen war, verweigerten ihm nun ihre Gemeinschaft. Darby allerdings verteidigte Chapman. Als einige von Darbys Anhängern versuchten, die anderen davon zu überzeugen, dass Chapman in einigen grundlegenden Lehren irre, wies Darby sie zurecht und sagte: »Lasst diesen Mann in Ruhe; er lebt, was ich lehre.« Ein anderes Mal sagte Darby: »Wir reden über die himmlischen Örter, aber Robert Chapman lebt in ihnen.«

Darbys Persönlichkeit bietet uns einen beunruhigenden Blick auf uns selbst. Bisher ist seine Persönlichkeit vielleicht mit kühnen Federstrichen gezeichnet worden, doch ist es einfach, durch sie eine Ahnung in Bezug auf unser eigenes Wesen zu bekommen. Wenn ihm jemand in die Quere kam, schoss er zurück und war alles andere als christusähnlich, während er ansonsten liebevoll und gütig war. Genau wie wir entschuldigte er sein Verhalten üblicherweise mit der Behauptung, nur das getan zu haben, was getan werden musste. Die Ausgewogenheit von Liebe und Zielstrebigkeit, die Chapman so treffend an den Tag legte, war bei ihm nicht so ausgeprägt.

Chapman lehnte es ab, eine geringschätzige Sprache zu verwenden, wenn er von Brüdern und Schwestern sprach, die Darby folgten. Obwohl einige Leute anfingen, weniger liebenswürdige Ausdrücke für sie zu benutzen, sprach Chapman von ihnen als »meinen geliebten und ersehnten Brüdern« (Phil 4,1). Seine Traurigkeit war aufrichtig. Auf seiner Seite gab es keine Spur von dem Denken, »wie gut, dass wir die los sind«. Ihm war nicht daran gelegen, sich von denen zu trennen, die ihn angegriffen hatten und keine weitere Gemeinschaft mit ihm haben wollten. Sie waren seine »Brüder, deren Gewissen sie dazu führte, meine Gemeinschaft zurückzuweisen und mir ihre zu entziehen«. Auch brachte er Darby weiterhin Liebe entgegen. Viele Jahre später waren einige führende »offene« Brüder auf einer Konferenz in Leominster zugegen, als die Nachricht eintraf, dass Darby gestorben sei. Chapman stand auf und bat, dass die Anwesenden eines der Lieder sangen, die Darby geschrieben hatte, »Rest of the Saints Above«[22].

Das Zerwürfnis zwischen Newton und Darby, das nie geheilt wurde, belastete und bekümmerte Chapman sein ganzes weiteres Leben lang. Einige Zeit nach der Spaltung entstand in Barnstaple eine »exklusive« Versammlung, die den dortigen Christen in erheblichem Maße zu schaffen machte. Die exklusive Versammlung verunglimpfte Chapman und beschuldigte die »offene« Versammlung in der Bear-Street-Kapelle, Irrlehrer in ihren Reihen zu dulden oder mit ihnen zu sympathisieren. In all diesen Schwierigkeiten schaffte Chapman es jedoch, einen Geist der Liebe unter den Christen in der Bear Street zu erhalten. Er übte nie Vergeltung. Im Gebet und mit einer von Liebe geprägten Gesinnung sowie voller Sehnsucht suchte er den Frieden mit denen, die seine Ansichten ablehnten, indem er ständig auf Versöhnung hoffte.

Chapmans Rolle bei dem erwähnten Versöhnungsversuch brachte ihn an die vorderste Front der Bewegung. In den folgenden Jahren wurde er oft gebeten, Versammlungen zu besuchen, in denen es Probleme gab, und sein Rat wurde mit Hochachtung aufgenommen. Seine entschlossene, von Liebe geprägte und taktvolle Art im Umgang mit Menschen brachte ihm große Bewunderung ein. Sorgsam achtete er darauf, keine Ungeduld oder Verärgerung an den Tag zu legen. Vielmehr brachte er nur Betrübnis und Liebe gegenüber denen zum Ausdruck, deren Verhalten gegen ihn oder – seines Erachtens – gegen Christus gerichtet war.

Schauen wir uns dazu einen Brief von Chapman an, den er Edward Cronin schrieb, in dessen Haus in Dublin in den 20er-Jahren eine Gruppe von Brüdern zusammenkam. Cronin arbeitete eine Zeit lang mit Anthony Norris Groves als Missionar in Bagdad zusammen, folgte aber später dem Aufruf Darbys, als dieser alle Versammlungen aufforderte, den Christen der Bethesda-

22 A. d. H.: Es gibt eine deutsche Übertragung dieses Liedes unter dem Titel »Wie selig die Ruhe dort oben«.

Kapelle und deren Sympathisanten die weitere Gemeinschaft zu verweigern. Cronin stimmte zu und schrieb Groves, dass er nichts mehr mit ihm zu tun haben könne. Erschüttert bat Groves Cronin, seine Absicht zu überdenken, doch es war vergebens. Jeglicher Kontakt zwischen ihnen brach ab. 1881 schloss man Cronin allerdings selbst aus einer exklusiven Versammlung aus, weil er versuchte, anderenorts Schwierigkeiten zu lösen. Im Anschluss daran schrieb Chapman ihm mit liebevollem Herzen: »Da ich höre, dass du in der Zucht des Herrn stehst, kann ich nicht anders, als die Last mit dir zu teilen [...] Wir erheben uns über alles, woran andere aus unserer Sicht die Schuld tragen – seien es unsere Brüder in Christus oder die Welt [...] Wir betrauern die Fehler anderer, da der Heilige Geist, der Tröster, betrübt wurde.« Die Prüfungen anderer ließ sich Chapman aufs Herz legen. In einem auf 1887 datierten Brief schrieb er: »Die gegenwärtigen Lasten vieler Kinder Gottes sind mir wohlbekannt – und ich leide mit ihnen.«

Ein Leiter der Bear-Street-Kapelle wurde beschuldigt, in einem Punkt eine unbiblische Lehre zu vertreten, vergleichbar mit der Lehre, derer Newton bezichtigt worden war. In einem Brief, der 1869 an Chapman gerichtet wurde, erkundigte man sich, ob dies der Fall sei. Chapman war in seiner Antwort gefasst, aber dennoch ist darin auch sein Schmerz angesichts der ganzen Situation zu erkennen:

> Oh, ließen wir – ja, alle Heiligen – uns doch dazu bewegen, dass sich ein jeder vor Gott prüfen möge [...] Unsere Antwort auf Eure Anfrage ist zunächst: Wenn jemand unsere Gemeinschaft sucht, nachdem er solche Lehren gehört hat, sei er von der einen Partei oder der anderen (beide Parteien liegen uns gleicherweise am Herzen, weil wir gemeinsam Glieder Christi, unseres Hauptes, sind), so muss er dem Wort Gottes und dem Gebot Christi gemäß beurteilt werden. Unterschiedliche Fälle dürfen nicht miteinander verwechselt werden. Wenn jemand die verderbliche Lehre

> bringt […], so würden die Brüder hier sein Wohlergehen und seine Wiederherstellung erstreben […], doch in die Gemeinschaft würde er nicht aufgenommen […] Kommen wir nun zu dem speziellen Fall, den Ihr erwähnt habt: Wir haben mit Gottes Eifer darum geeifert und festgestellt, dass der besagte Bruder die verderbliche Lehre nicht vertritt […] Mögen wir und alle Heiligen aufhören, den Heiligen Geist zu betrüben […] Dann werden wir auch die Freude haben zu sehen, dass jene, die sich selbst beurteilt haben, aus allen Himmelsrichtungen zusammenströmen.

Bei einer anderen Gelegenheit schrieb Chapman: »Ich wurde immer wieder schwer in meinem Glauben geprüft, aber der Herr gab mir in seiner Gnade zu seiner Zeit die benötigten Mittel.« Ein anscheinend nicht erhörtes Gebet kann unter Umständen zu einer großen Glaubensprüfung werden. Chapman hatte den Eindruck, dass sein Gebet für die Versöhnung unter seinen Mitbrüdern unbeantwortet geblieben war, doch sagte er häufig: »Unser Vater weiß von alledem« – und das erhielt ihn aufrecht.

Der ständige Evangelist

Robert Chapman sprach in seinen Predigten oftmals über Spanien und hatte das Land fortwährend in seine Gebete eingeschlossen. Die Ereignisse seiner Missionsreise von 1838 blieben ihm lebhaft im Gedächtnis, und sein Anliegen für die Spanier, denen die Wahrheit der Schrift vorenthalten wurde, verringerte sich im Lauf der Zeit nicht. In den zwei Jahrzehnten nach 1838 verbesserte sich die religiöse Situation in Spanien nur geringfügig. Obwohl in den 50er-Jahren Vertreter verschiedener Länder gegen die Einkerkerung und das Exil des jungen spanischen Evangelisten Matamoros Protest einlegten und Spanien dadurch gedrängt wurde, dem Protestantismus gegenüber nachgiebiger zu sein, war es weiterhin offiziell für evangelistische Bemühungen verschlossen.

Die zweite Missionsreise

In den frühen 60er-Jahren wartete Chapman auf den gelegenen Zeitpunkt, um nach Spanien zurückzukehren. Bessie Paget, seine ständige Gehilfin in der Bear-Street-Kapelle und im Dienst in der New Buildings Street, war mittlerweile älter geworden und hatte einige Jahre hinter sich, in denen es ihr nicht gut ging. Aus diesem Grund wollte Chapman sie nicht für einen längeren Zeitraum allein lassen. Nach ihrem Tod im Jahr 1863 bereitete sich Chapman dann für seine zweite Missionsreise nach Spanien vor.

Gott hatte das spanische Volk auch auf das Herz von W. Gould und G. Lawrence und ihren Frauen gelegt, die alle im Gebiet von Barnstaple lebten. Als Chapman seine Reisepläne bekannt gab, verpflichteten sie sich vor Gott, als Missionare nach Spanien zu ziehen. Da Spanien nach wie vor öffentliche missionarische Tätigkeiten verbot, beschlossen sie, dort einen Druckereibetrieb zu gründen, und verließen England Ende des Jahres 1863 gemeinsam. Auch auf dem Weg nach Spanien hatte die kleine Gesellschaft ein missionarisches Ziel. Chapman hatte nämlich erfahren, dass eine Anzahl von Spaniern, die das Land aufgrund ihrer nichtkatholischen Haltung verlassen mussten, nun in der Stadt Bordeaux in Frankreich lebten. Als die Spanier in ihr Exil kamen, wurden sie anfänglich von französischen Christen begrüßt und mit Kleidung versorgt, doch ihr Los war schwer. Die meisten von ihnen hatten entweder keine Arbeit oder nur ein sehr geringes Einkommen. Sie wussten nicht, ob sie jemals in ihre Heimat zurückkehren konnten, und brauchten Ermutigung und Hilfe. Viele Christen in Großbritannien hatten Geld gesammelt, sodass Chapman und seine Begleiter Kleidung für sie kaufen konnten. Die Missionare blieben mehrere Tage in Bordeaux, dienten diesen armen Menschen, beteten mit ihnen und verkündigten das Evangelium.

Als Nächstes reisten die fünf Missionare nach Bayonne in der Nähe der spanischen Grenze, wo Manuel Matamoros im Exil lebte. Nachdem sie mit Matamoros gebetet hatten, sprach Chapman seine Pläne an, in Spanien zu predigen und zu evangelisieren. Zweifellos konnte der junge Spanier Chapman in vielen Punkten einen guten Rat geben. Matamoros war aufgrund seiner Inhaftierung gesundheitlich geschwächt und starb kurz nach der Begegnung mit Chapman in der Überzeugung, dass das Evangelium schon bald in ganz Spanien gepredigt werden würde.

Danach erreichte die Gruppe Bilbao an der Nordküste Spaniens und stellte fest, dass die Spanier mittlerweile etwas freier waren, das Evangelium zu hören. Chapman schrieb:

> Das Arbeitsfeld öffnet sich uns hier Schritt für Schritt; und »wer hat den Tag kleiner Dinge verachtet?« […] Die Kirche Roms hat ihre Herrschaft über das Gewissen der Mehrzahl der Menschen verloren, obwohl das Gesetz des Landes ihr weiterhin die Vormachtstellung verleiht. Allerdings können

jene, die die Kirche Roms verachten, keine bessere Alternative sehen.

Das war das wahre Dilemma Spaniens. Die evangelische Kirche befand sich verstreut im Untergrund; die Mehrzahl der Menschen kannte sie nicht und wusste zudem nicht, wie und wo sie biblische Belehrung erhalten konnte.

Die Ehepaare Gould und Lawrence beschlossen, in Barcelona an der Ostküste Spaniens zu leben. Der 60-jährige Chapman blieb eine kurze Zeit bei ihnen, als sie ihren Druckereibetrieb begannen, der als Basis ihrer Evangelisationsbemühungen gedacht war. Als sie sich dort gefestigt hatten, setzte er seine missionarische Reise von Norden nach Süden und von Osten nach Westen sowohl zu Fuß als auch mit der Kutsche fort. Außerdem reiste er nach Portugal, sprach mit den Menschen, die er unterwegs traf, und besuchte ein paar Christen, die er kannte, um sie zu ermutigen.

Eine interessante Begebenheit zeigt den beständigen Evangelisten bei der Arbeit. In Spanien reiste ein Mann, der als Beauftragter einer Missionsgesellschaft Pionierarbeit leisten sollte, mit einer Postkutsche nach Sevilla. Dort saß er neben einem anderen Mann, der in Ruhe begann, seine Bibel zu lesen. Er berichtete Folgendes:

> Als ich mich vorstellte, fanden wir schnell heraus, dass wir im gleichen Auftrag unterwegs waren. Da ich bereits in vielen Ländern herumgekommen war, bot ich mich ihm als Reisebegleiter an. Mr Chapman drückte mir sofort seinen Dank aus und übergab mir seinen Geldbeutel. Ich war außerordentlich überrascht und dachte, in Gesellschaft eines sehr guten Mannes zu sein, der aber einen kleinen »Dachschaden« hatte. Bei unserer Ankunft in Sevilla waren wir schnell von einer Menschenmenge umgeben, und ein Mann verlangte Geld von uns für den Transport unseres Gepäcks zum Hotel. Da diese Leistung aber bereits im Fahrpreis inbegriffen war, wehrte ich mich entschieden gegen die Zahlung.

Mitten in der Auseinandersetzung spürte ich, wie eine Hand sanft auf meine Schulter klopfte, und als ich mich umdrehte, sagte Mr Chapman: »Geben Sie dem Mann das Geld.«

Hitzig erwiderte ich: »Das werde ich ganz gewiss nicht tun, Mr Chapman. Hier haben Sie Ihren Geldbeutel; Sie können machen, was Sie wollen, aber ich möchte nicht auf diese Art und Weise über den Tisch gezogen werden.«

Die Szene, die nun folgte, werde ich nie vergessen. Rasch nahm Mr Chapman den geforderten Betrag aus seinem Geldbeutel, legte die Hand des Mannes in seine und sagte ihm, während er das Geld überreichte, dass er sich der Unrechtmäßigkeit der Forderung völlig bewusst wäre. Doch sei er in dieses Land gekommen, um die Frohe Botschaft der Erlösung zu verbreiten, denn »so hat Gott die Welt geliebt, dass er seinen eingeborenen Sohn gab«. Das Geld muss in der Hand des Mannes gebrannt haben, als er dastand und dem Evangelium zuhörte.

In meinem Denken begann, sich dank meines Reisegefährten bereits eine große Veränderung zu vollziehen; und anstatt meinen Einfluss als großer und befähigter Reisender zu empfinden, fühlte ich mich wie ein Kind, verglichen mit ihm. Nach dem Tee fragte mich Mr Chapman, ob ich einen Spaziergang mit ihm machen würde; bereitwillig stimmte ich zu, und gemeinsam verbrachten wir einige Zeit damit, von einem Teil der Stadt in den nächsten zu gehen.

Bald schon wandte sich Mr Chapman mit der Frage an mich: »Lieber Bruder, kennen Sie den Weg zu unserem Hotel zurück?«

»Ob ich unseren Weg zurück kenne? Aber nein, Mr Chapman, ich bin niemals zuvor in dieser Stadt gewesen.«

»Nun gut, dann lassen Sie uns Gott bitten, dass er uns führt.«

Augenblicklich, noch bevor ich Zeit fand, etwas zu sagen (obwohl ich schon dazu angesetzt hatte), sah ich mich in den Eingang einer Seitenstraße gezogen und hörte, wie Mr Chapman betete. Er sagte dem Herrn, dass wir als seine Diener in der Stadt wären, bat ihn, uns zu unserem Hotel zu führen und uns die Möglichkeit zu einem Gespräch über ihn zu geben. Ich sagte kein Wort. Ich kannte diese vertraute Beziehung ebenso wenig wie den Geist einer beständigen Abhängigkeit von Gott – ich folgte nur.

Wir gingen die Straße eine kurze Zeit weiter entlang, als Mr Chapman, der seine Augen über die Namen der Geschäfte schweifen ließ, innehielt und sagte: »Das ist ein englischer Name; lassen Sie uns hineingehen.« Es war das Geschäft eines Glockenhändlers. Als wir eintraten, kam ein Mann mit einer Papiermütze aus dem hinteren Raum hervor. Chapman ging auf ihn zu, streckte ihm die Hand entgegen und fragte: »Sind Sie Engländer?«

»Ja, das bin ich, und außerdem bin ich recht froh, meine Muttersprache zu hören.«

Daraufhin sagte Chapman: »Wir sind hier, um das Evangelium zu verkündigen«, und fragte den Glockenhändler, ob er sich zu Jesus Christus bekehrt habe.

»Das ist das erste Mal, seitdem ich in diesem Land bin, dass mir jemand eine solche Frage stellt oder sich sonst irgendwie für mich interessiert. Wenn das Ihr Auftrag ist, sollten Sie wohl besser hereinkommen.«

Ich folgte und fragte mich, was wohl geschehen würde. Mr Chapman holte sofort seine Bibel heraus, und schon bald war ein äußerst interessantes Gespräch über die Schrift im Gange. Der Mann war mit großem Ernst bei der Sache, sodass wir die Unterhaltung mit Gebet abschlossen. Nachdem wir uns von unseren Knien erhoben hatten, sagte Mr Chapman: »Wir sind fremd in dieser Stadt; würden Sie uns freundlicherweise den Weg zum Hotel Soundso beschreiben?«

»Ich soll Ihnen den Weg beschreiben, Sir? – Ich werde Sie den ganzen Weg Stück für Stück begleiten«, lautete die bereitwillige Antwort. So machten wir uns zu dritt auf den Weg, während ich von dem Charakter des Mannes Gottes, in dessen Gesellschaft ich so unerwartet gebracht wurde, noch zutiefst beeindruckt war.

Der Missionar, der diese Begebenheit erzählte, sagte, dass er Jahre später bei einem weiteren Aufenthalt in Sevilla den Glockenhändler erneut aufsuchte. Das Ergebnis der damaligen Begegnung mit Chapman war, dass er sich mittlerweile bekehrt hatte und nun das Evangelium verbreitete.

Die politischen Unruhen in Spanien machten das Leben für Ausländer gefährlich, die häufig mit Argwohn betrachtet wurden. Die Ehepaare Gould und Lawrence hatten schon bald nach ihrer Ankunft viel Widerstand zu erdulden und mussten aufgrund starker Verfolgung bereits nach zwei Jahren fliehen. Einige Jahre später kehrten sie mit einer vom Herrn gewirkten Entschlossenheit zurück. Das Ehepaar Lawrence nahm seinen Dienst in Barcelona wieder auf, während die Goulds in Madrid arbeiteten.

Nachdem Chapman etwa sechs Monate durch Spanien und Portugal gereist war und dort evangelisiert hatte, kehrte er nach England zurück. Durch die offenere Perspektive ermutigt, die sich trotz bleibender Gefahren auftat, predigte er weiterhin über die geistliche Not in Spanien. Ein paar Jahre später wurde in Spanien Religionsfreiheit ausgerufen, und kurz darauf machte sich eine große Anzahl britischer Christen auf den Weg dorthin – einschließlich Henry Payne und Albert Fenn. Payne hatte sich in der Kapelle in Barnstaple bekehrt, und seine Frau war Lehrerin an der Tagesschule der Bear-Street-Kapelle. Fenn unterrichtete an einer Schule in Bristol, die von Georg Müller unterstützt wurde. Die beiden Männer reisten mit ihren Frauen im Oktober 1869 nach Spanien, gründeten in Barcelona eine Tages- und eine Abendschule und arbeiteten mit dem Ehepaar Lawrence zusammen, das ebenfalls dort war.

Doch war das Leben in Spanien für ausländische Missionare auch weiterhin nicht sicher. Albert Fenn entkam in den frühen

1870er-Jahren mit knapper Not einem Attentat während des dritten Aufstandes der Karlisten. Danach zogen die Fenns nach Madrid und verbreiteten dort zusammen mit den Goulds 20 Jahre lang das Wort Gottes, bis sie kurz vor dem Tod von Albert Fenn in die Heimat zurückkehrten. Chapman blieb in ständigem Kontakt mit all diesen couragierten Missionaren, ermutigte sie und unterstützte sie wie üblich im Gebet.

Die dritte Missionsreise

Im Jahr 1871 kehrte Chapman nach Spanien zurück. Er war 68 Jahre alt – ein Alter, in dem sich die meisten Männer für gewöhnlich zur Ruhe setzen. Doch der Evangelist Chapman musste das Werk Gottes tun. Obwohl er sich in einem ausgezeichneten Gesundheitszustand befand, durchquerte er das Land während dieser zehnmonatigen Reise nicht wie früher zu Fuß. Er verließ England im April unmittelbar nach dem Ende des Deutsch-Französischen Krieges. Auf seiner Reise durch Frankreich traf er Menschen eines vom Krieg aufgeriebenen und mutlos gewordenen Volkes an. Aus Bordeaux schrieb er in seiner poetischen Art: »Die einst fröhlichen Herzens waren, seufzen in diesem Land, der Blick und die Stimme der Freude sind nicht mehr […] Leider verhärten unter Gottes Gerichten viele nur ihr Herz, andere jedoch haben uns mit Ehrfurcht und Dankbarkeit zugehört.« Er begegnete vielen deutschen und französischen Truppen, die zurück Richtung Heimat marschierten. Chapman hörte ihren grausigen Geschichten in Verbindung mit dem Kriegsgeschehen und dem Gram über den Verlust von Kameraden zu, während er ihnen im Gegenzug den Trost und Frieden Christi anbot.

Nachdem er die Grenze zu Spanien überquert hatte, kam Chapman zuerst nach San Sebastian. Dort gab ihm eine Begebenheit Anlass zu glauben, dass er geistliche Frucht sehen werde. Ein Regierungsbeamter sagte ihm, dass er vor einigen Jahren durch ein Gespräch mit ihm zu Christus geführt wurde! Danach reiste Chapman nach Saragossa, wo eine recht große protestantische Gemeinde existierte. Chapman suchte den Pastor der Gemeinde auf, mit dem er sogleich Freundschaft schloss. »Ich schreibe aus Saragossa«, berichtete Chapman, »einer großen Stadt und eine der bedeutendsten Verehrungsstätten der Jungfrau in Spanien. Hier gibt es einen protestantischen Prediger, der uns mit viel Liebe und Ehrfurcht zuhört [...], doch sein Verständnis des Evangeliums ist gering. Seine große Gemeinde besteht fast ausschließlich aus Armen.« Zwei Wochen lang verkündigte Chapman das Evangelium in Saragossa jeden Tag. An seinem letzten Abend wurde er eingeladen, zu einer großen Menschenmenge in der Gemeinde seines neuen Freundes zu predigen, der Pastor wie er war. Er kam nicht umhin, den Herrn für die unübersehbaren geistlichen Veränderungen zu preisen, die er im Vergleich zu seinen beiden früheren Besuchen bemerkte.

Die meiste Zeit dieser Reise verbrachte Chapman in Barcelona, wo die Ehepaare Lawrence und Payne sowie eine beträchtliche Anzahl weiterer Missionare tätig waren. Die Verwaltungsbeamten von Barcelona waren offener für die Arbeit von ausländischen Missionaren als in anderen Orten; die Missionare hatten nämlich eine tatkräftige Truppe ehrenamtlicher Helfer auf die Beine gestellt, die die Ausbreitung einer Epidemie eindämmte, von der die Stadt bedroht wurde.

Chapman schrieb: »Bei unserer Ankunft wurden wir von allen unseren englischen und von einigen spanischen Brüdern empfangen. Am Morgen des Tages des Herrn trafen wir uns in einem Schulgebäude, um das Brot zu brechen.« Er freute sich über die spanischen Gläubigen, die sich an der schlichten, lebendigen Anbetungsstunde beteiligten. Von einem Blinden, der mit zugegen war, sagte Chapman: »Die Augen seines Herzens wurden vom Geist Gottes geöffnet [...] Mit einem Herzen voller Freude sehe ich, was Gott gewirkt hat, ebenso wie die guten Anzeichen von noch größeren Dingen.« Besonders interessierte er sich für die Schulen, die seine im Missionsdienst stehenden Freunde gegründet hatten. Nachdem er mit den dortigen Schulkindern gesprochen hatte, entschied sich Chapman, einige ihrer Eltern zu besuchen, und war äußerst erfreut festzustellen, dass die Bibeln, die den Schülern gegeben wurden, auch zu Hause benutzt wurden. Außerdem ermöglichten es die Missionare, dass Chapman einige Neubekehrte taufen konnte – ein Zeichen für die Frucht seiner Arbeit. Seine Briefe, die er nach England sandte, waren voller Dankbarkeit über das, was Gott in Spanien gewirkt hatte.

Nach einem mehrmonatigen Aufenthalt in Barcelona reiste Chapman nach Madrid, wo er Kontakt zu den Fenns und zu Mrs Gould aufnahm, deren Ehemann erst kürzlich verstorben war. Seine Arbeit dort war derart erfolgreich, dass Chapman seine Rückkehr nach England aufschob. Im August schrieb er den Christen in Barnstaple: »Ich befleißige mich, zu Euch zurückzukehren, doch bin ich mir sicher, dass ich noch etwas länger in diesem Land verweilen sollte, ein wenig länger, als ich es bei meiner Abreise annahm.« Der Herr segnete die Arbeit unter seinem Volk, und Chapman wollte unbedingt daran teilhaben. Im September zeigte ein Ereignis, dass der Herr in dieser Arbeit am Wirken war. Chapman schrieb:

> Gestern war Bruder Lawrence mit seinen Kindern und zwei spanischen Brüdern in Barcelona, um Evangelien und andere Bibelteile weiterzugeben, während Menschen in großer Zahl zum Empfang des Königs[23] in der Stadt zusammenströmten. Ohne jede Begründung befahlen ihm ein oder zwei Polizisten, seinen Platz zu verlassen, woraufhin er gezwungen war, sich mitten in den Umzug der Kutschen und Soldaten hineinzubegeben und diesem – ganz in

23 A. d. H.: Internet-Recherchen zufolge lag die Abdankung der oben erwähnten Isabella II. (vgl. S. 64) zu diesem Zeitpunkt etwa ein Jahr zurück. Ihr Sohn Alfons XII. war damals knapp 14 Jahre alt. Er hielt sich 1871 offiziell im Ausland auf und wurde erst Ende Dezember 1874 zum König gekrönt.

> Nähe des Königs – zu folgen. In ihrer Kutsche hatten sie alle Hände voll damit zu tun, das Wort Gottes zu verteilen; die Soldaten verließen sogar ihre Aufstellung, um die verteilten Exemplare zu erhalten.

Wie auf seinen anderen Missionsreisen schien sich Chapman keinen Augenblick auszuruhen. Im Oktober schrieb er den Bowdens, die sich daheim in Barnstaple von ihrer Missionarstätigkeit in Indien erholten: »Am letzten Montag besuchten Bruder Fenn, Bruder Lawrence und ich Vilassar, eine Stadt unweit von Barcelona, wo wir kürzlich mit einer Schule begonnen hatten. Am Abend waren etwa 25 junge Männer anwesend, die wir erst in irdischen Dingen unterrichteten und anschließend in drei Gruppen aufteilten, um ihnen das Evangelium zu verkündigen.«

Da Chapman auf seiner vorhergehenden Reise Kontakte zu verschiedenen Personen in Portugal geknüpft hatte, wollte er vor seiner Abreise nach England ihnen Besuche abstatten. Im November bot sich die Gelegenheit dazu, und so reiste eine kleine Gruppe von Christen zunächst mit dem Zug nach Madrid. Es war eine anstrengende Fahrt, doch die relativ lange Reise bot ihnen bei jedem Zwischenhalt viele Gelegenheiten, Evangelien zu verteilen. An einem Bahnhof meinte ein Kontrolleur, sie hätten die gesetzlich zulässigen Grenzen überschritten, da sich die Bahnlinie und die Bahnhöfe in Privatbesitz befänden. Als die Polizei kam, um sie zum Bürgermeister zu bringen, nahm Chapman die gleiche Haltung ein, wie Jesus sie häufig bei seinen Auseinandersetzungen mit den Pharisäern und Schriftgelehrten zeigte. Er nahm Geld aus seiner Börse und fragte: »Habe ich ein Recht, das den Armen zuzuwerfen, die im Bahnhof betteln? Hier ist Brot; habe ich auch das Recht, es an sie zu verteilen?« Die Polizeibeamten konnten keine Antwort geben und erlaubten der Gruppe weiterzumachen.

Sobald sie Madrid erreichten, kauften sie sich Fahrkarten, um in die portugiesische Hauptstadt Lissabon weiterreisen zu können, und verließen die Stadt mit einem anderen Zug. Über Nacht mussten sie während eines Zugaufenthalts aussteigen und sich eine Unterkunft suchen. Nachdem sie eine solche gefunden hatten, sagten ihnen die Leute, die ihnen mit dem Gepäck halfen – und wussten, dass sie offenkundig »religiöse Engländer« waren –, dass der Vermieter ein politischer Fanatiker mit einem gewalttätigen Naturell sei. Da er im Jahr zuvor am Aufstand der Karlisten teilgenommen hatte, warnten sie davor, dass es gefährlich sei, ihn in ein religiöses Gespräch zu verwickeln.

Chapman schenkte diesem Rat keine Beachtung, suchte den Mann auf und sagte zu ihm: »Es gibt eine Sache, die Engländer und Spanier dringender benötigen als alles andere.«

»Was ist das?«, fragte der Mann.

»Frieden mit Gott. Haben Sie diesen Frieden, mein Freund? Ich habe diesen Frieden durch unseren Herrn Jesus Christus seit vielen Jahren.«

Die anderen in der Gruppe waren von der gutmütigen Reaktion des Mannes überrascht. Er bat um einige Evangelien, bei deren Verteilung er sie beobachtet hatte. Unverzüglich statteten sie ihn mit allem aus, was er wollte.

Als sie in Lissabon ankamen, wo Chapman acht Jahre zuvor gewesen war, begann er eine zehntägige Besuchsreihe. Besonderen Wert legte er auf den Besuch bei einer Witwe, die seit 30 Jahren eine Armenschule führte. Sie war außer sich vor Freude, als sie Chapman wiedersah, und »beständig sprudelten Dankesworte an Gott aus ihr heraus, dass er uns zu ihr gesandt hatte«.

Aus Lissabon schrieb Chapman: »Wir wurden [hier] nicht ein einziges Mal davon abgehalten, wenn wir von Christus sprachen und die Bibelteile weitergaben.« Im Dezember fuhr er wieder nach Madrid zurück, um sich von den dortigen Missionaren zu verabschieden; anschließend reiste er weiter nach Barcelona. Nach einem weiteren Monat nahm er auch von diesen Freunden Abschied. Es ist leicht nachzuempfinden, dass er sie nur widerwillig verließ. Es war seine letzte Reise nach Spanien.

Viele Jahre später schrieb Henry Payne diese Worte, die von Hochachtung für seinen geistlichen Lehrer zeugen:

> Mr Chapman war ein Mann des einen Buches – der Bibel […] Er las die Bibel nicht nur, sondern begleitete das Lesen mit ständigem Gebet […] Er bewässerte den Boden, auf dem er ging, mit Gebet. Als er [das erste Mal] durch Spanien reiste und im ganzen Land keinen einzigen Christen kannte, war er nicht mutlos, sondern vertraute auf Gott. Als er Jahre danach die Türen zum Predigen des Evangeliums geöffnet sah […], war er nicht im Geringsten überrascht, da er dafür gebetet und geduldig auf die Antwort gewartet hatte.

Chapmans Reisen nach Spanien und seine andauernden Gebete weckten viel missionarisches Interesse an diesem Land und halfen bei der Öffnung für die Botschaft des Evangeliums. Folglich konnte er nicht anders, als Gott für das Vorrecht zu preisen, sein Botschafter zu sein: »Oh, wenn ich bedenke, dass das unverfälschte Wort Gottes nun ungehindert in jedem Winkel dieses dunklen Landes verkündigt wird – in einem Land, in dem die Schrift 300 Jahre lang verboten war und in dessen Landesgrenzen die Kinder Gottes diese ganze Zeit über getötet wurden! Gott sei Dank für seine unaussprechliche Gabe!«

Ein lebenslanger Freund

Robert Chapman hatte während seines langen Lebens viele enge Freunde und Mitarbeiter, doch einer von ihnen sticht unter allen anderen hervor: William Hake. Die beiden trafen sich im Jahr 1831 – noch bevor Chapman nach Barnstaple zog – im Haus von Thomas Pugsley in Tawstock. Ebenso wie Müller und Craik ein Jahr zuvor fanden auch Chapman und Hake sofort eine natürliche Verbindung zueinander, obwohl Hake sieben Jahre älter als Chapman war und eine große Familie hatte. Als sie viele Jahre später über ihre Freundschaft nachdachten, schrieb Chapman: »Unsere Herzen wurden schon bald durch die Gemeinschaft des Heiligen Geistes miteinander verknüpft [...] Jeder sah in dem anderen einen Bruder, der die Schrift liebte, und erkannte seinen unbedingten und rückhaltlosen Gehorsam gegenüber dem Herrn.«

Im Gegensatz zu Müller und Craik mit ihren recht unterschiedlichen Persönlichkeiten waren sich Chapman und Hake sehr ähnlich. Beide besaßen eine lebendige Ausdrucksweise und einen feinen Sinn für Humor. Hakes Schwiegermutter erinnerte sich an Williams Erwiderung, als sie ihm nach seiner Abkehr von der englischen Staatskirche sagte, dass er einen »Sprung in der Schüssel« habe: »Ja, Mutter, der Sprung lässt das Licht herein.« Hake war für seine weisen Redensarten ebenso bekannt wie Chapman. Eine davon lautete: »Wenn du deine Fehler anschaust und sie dich niederdrücken wollen, dann sprich nicht mit dir selbst. Nein, bleibe nicht in dieser schlechten Gesellschaft, sondern rede mit dem Herrn.«

Hake musste jedoch Geduld lernen, da er von Geburt aus mit einem hitzigen Naturell ausgestattet war. Er erkannte seine Neigung, andere zu verletzen, und lernte, sie zu überwinden. In Erinnerung an seinen Freund Hake schrieb Chapman: »Mein geliebter Weggefährte besaß von Natur aus ein hitziges Gemüt. Obwohl er ein zarter und liebevoller Mensch war und sich viele Gedanken um andere machte, wurde er schnell ungehalten. Doch Gottes Gnade reicht vollkommen aus, das in die Schranken zu weisen, was sie vergeben hat [...] Er ließ nicht nach, sich selbst vor Gott zu richten, und erlangte auf Dauer eine derartige Beherrschung über sich, dass nur wenige, die ihn kannten, etwas von seiner natürlichen Schwäche ahnten.«

Hake hatte einen großen Einfluss auf das Denken Chapmans sowie auf das Denken vieler anderer. Chapman suchte oftmals seinen Rat und reiste dazu über 60 Kilometer ins südlich gelegene Exeter. Als Chapman den Entschluss fasste, nach Barnstaple umzuziehen, um dort sein Lebenswerk fortzusetzen, hatte er den Wunsch, dass Hake sich ihm anschließe. Aber Hake meinte, dass es zu jener Zeit nicht der Wille Gottes gewesen sei, da er für eine junge Familie sorgte und einen wertvollen Dienst als Leiter eines christlichen Internats tat. Trotz der Enttäuschung war Chapmans Erwiderung freundlich: »Ich will die Frucht nicht pflücken, bis sie reif ist und in meinen Schoß fällt.«

Irgendwann in den 40er-Jahren schloss Hake das Internat und zog mit seiner Familie nach Bideford, wo er Leiter eines Internats mit dem Namen »Tusculum« wurde. Diese Veränderung erfreute Chapman, da Bideford gerade einmal 15 Kilometer westlich von Barnstaple lag und per Kutsche in einer Stunde zu erreichen war. Von dieser Zeit an hatten Chapman und die Familie Hake oftmals herzliche Gemeinschaft miteinander. Kurze Zeit darauf traf sich die Gemeinde im Haus der Hakes, um wöchentlich zum Mahl des Herrn zusammenzukommen. Anfangs bestand die Zusammenkunft nur aus ein paar Freunden und der Familie. Später mieteten sie ein Gebäude und gestalteten ihre Gemeindezusammenkünfte wie die anderen Versammlungen.

Hake leitete »Tusculum« bis 1860, als er ernsthaft erkrankte und man ihm nur noch eine Lebensdauer von wenigen Monaten gab. Sein Sohn George übernahm nun die Verantwortung für die Schule seines Vaters. Während viel für Williams Genesung gebetet wurde, brachte Elizabeth Hake ihren 65-jährigen Ehemann nach Malvern, in einen angesehenen Kurort. Ein guter Freund, William Dyer, half ihm dort, und Hake wurde schließlich wieder gesund.

Ein geöffnetes Haus für die Absichten Gottes

1863 starb Chapmans gute Freundin und Gehilfin Bessie Paget im Alter von 80 Jahren. Vor ihrem Tod hatte sie festgelegt, dass die Übertragungsurkunde ihres Hauses New Buildings Street Nr. 9 an William und Elizabeth Hake gehen sollte. Kurz nach ihrem Einzug (sie wohnten für den Rest ihres Lebens in diesem Haus) zog auch ihre unverheiratete Tochter Elizabeth zu ihnen und sorgte für sie.

Die Hakes – vielleicht war es aber auch die Versammlung – bauten im hinteren Bereich des Hauses weitere Räume an. Zu den neuen Räumlichkeiten gehörte ein großes Esszimmer. Die Abendveranstaltungen, die seit Langem donnerstags in diesem Haus stattfanden, wurden erweitert und in den Speiseraum verlegt. Aber selbst dann passten nicht alle Christen aus der Bear-Street-Kapelle, die gern dabei sein wollten, gleichzeitig hinein, und man entschied, das abendliche Treffen am Donnerstag je nach Wohnbezirk einzuteilen. Diese beliebten Bezirkstreffen bestanden aus dem üblichen späten Nachmittagstee mit anschließender Bibelstunde. Chapman und Hake leiteten diese Bibelstunde zusammen, und so wurde sie für die faszinierenden Dialoge bekannt, die sich üblicherweise zwischen den beiden Freunden entwickelten. Chapmans Gäste richteten es häufig so ein, dass sie bis zum Freitag blieben und somit die Bibelstunde besuchen konnten. Ein Nachbar erinnerte sich, dass Chapman einen langen roten Teppich nahm und ihn direkt vor Beginn der Bibelstunde über die enge und schmutzige Straße vom Haus Nr. 6 bis zum Haus Nr. 9 legte. Die Straße war abwechselnd staubig oder voller Schlamm, und der höfliche Chapman wollte seinen Gästen nur das Beste bieten.

Hake war zwar kein begabter Prediger, dafür aber ein ausgezeichneter Bibellehrer, und Chapman sorgte dafür, dass seine Gabe in den Bezirkstreffen zur Anwendung kam. Während Hake lehrte, wurden viele seiner Bemerkungen aufgezeichnet. Ein Beispiel seiner Bemerkungen: »Glaube nicht deinen Augen, wenn sie deinen Ohren widersprechen und Gott zu dir spricht.« Einmal hielt er während einer Bibelstunde mitten in Johannes 15 inne und fragte einen der Anwesenden: »Hättest du es gern, dass immer alles nach deinem Willen läuft?« Dann beantwortete er seine eigene Frage und sagte: »Also, ich schon. Und das ist der Weg, wie das geschehen kann: ›Wenn ihr in mir bleibt und meine Worte in euch bleiben, so werdet ihr bitten, um was ihr wollt, und es wird euch geschehen.‹« Mit seiner wunderschönen tiefen Stimme liebte Hake das Singen und nahm regelmäßig an den wöchentlichen musikalischen Übungen teil, die meist im Haus von Chapman durchgeführt wurden.

Die Hakes stellten ihr Haus nicht nur für die erwähnten Veranstaltungen zur Verfügung, sondern machten es zudem zu einem Ruheort für Diener des Herrn, genau wie Bessie Paget es getan hatte. Das Haus der Hakes und das von Chapman wurden zu »Erholungsheimen für junge Nachfolger des Herrn, in denen wir, ihre älteren Brüder, versuchten, sie auf ihrem Weg aufzumuntern«. Ein junger Geistlicher der englischen Staatskirche, der bereits zitierte H. B. Macartney, erinnerte sich an die ersten Augenblicke seines Besuchs. Gespannt wartete er in Gesellschaft weiterer Gäste auf das Erscheinen Chapmans und berichtete später:

> Endlich betrat Mr Chapman den Raum, ein kräftig gebauter Mann von etwa 70 Jahren mit grauem Haar und Bart – geradezu das Abbild von Mose. Ihm folgte Mr Hake, größer, aber auch gebeugter, älter und schmaler und sichtlich leidend. Er erinnerte mich an Aaron, an den Heiligen des Herrn. Beide Brüder hießen mich äußerst freundlich willkommen. Anschließend hörte ich ihnen zu, da ich wissen wollte, wie ein Mann spricht, dem eine solche Heiligkeit nachgesagt wird. Ich

> wollte erfahren, was ihn von anderen Männern unterscheidet. Ein Baby in den Armen einer jungen Mutter begann, aus vollem Halse zu schreien, und ich fühlte mich durch diese Unterbrechung ziemlich belästigt. Mr Chapman und Mr Hake sprachen beide mit größter Anteilnahme und Güte zu der Mutter, und schon bald schlief das Baby ein. Das war meine erste Lektion in der Kunst der Liebe, die ich dort erfuhr.

Macartney blieb mehrere Tage und schrieb, dass Chapman »wie ein Herzensfreund auf Hake wartete [...] Die Sprache Kanaans breitete sich wie ein silberner Schleier über ihre ganze Unterhaltung aus.«

Geliebter Bruder in Christus

William Hake und Robert Chapman verrichteten gemeinsam den Dienst am Wort Gottes. Wenn sie die Straßen von Barnstaple entlanggingen, boten sie den Menschen der Stadt, von denen sie »die Patriarchen« genannt wurden, einen vertrauten Anblick. Für gewöhnlich hielt Chapman während des Spaziergangs den Arm von Hake, da dieser körperlich nicht mehr sehr kräftig war. Sie erstellten einen systematischen Besuchsplan für die ganze Stadt. Im Dorf Newport am südlichen Stadtrand von Barnstaple fingen sie an und verfolgten ihren Weg nach Pilton im Norden, verbreiteten evangelistische Traktate und besuchten, wen immer sie konnten. Ihr Leben und ihre liebevolle Anteilnahme am Ergehen der Stadtbewohner waren ein ausdrucksstarkes Zeugnis für ihren Herrn, der William Hake weitere 25 Jahre eines fruchtbringenden und glücklichen Dienstes schenkte.

Chapman und Hake liebten biblische Wortspiele. Einer zitierte eine kurze Stelle aus der Schrift und forderte den anderen heraus, sie zu vervollständigen oder in ihren Zusammenhang zu stellen. Einmal legten sie eine recht große Entfernung zurück, um an einer Schule zu sprechen. Der Boden war mit Raureif bedeckt, und nach einer Weile stellte Hake fest, wie gut es sei, dass keiner von beiden ausgerutscht war. Chapman erwiderte nur: »Denke an Gideon!« Hake wusste, dass er damit herausgefordert werden sollte, und dachte einige Zeit über den Zusammenhang nach, in dem die Worte von Chapman standen. Es war ein wirkliches Rätsel, da das Leben Gideons vorbildlich gewesen war. Selbst als die Israeliten ihn zu ihrem König machen wollten, lehnte er mit den Worten ab: »Der HERR soll über euch herrschen« (Ri 8,23). Doch dann fiel Hake die Antwort ein: Daraufhin bat Gideon nämlich um die goldenen Ohrringe der Ismaeliter und fertigte daraus ein Ephod an, ein Objekt zum Wahrsagen. Infolgedessen heißt es dann dort: »Und ganz Israel hurte diesem dort nach; und es wurde Gideon und seinem Haus zum Fallstrick« (8,27). Nach vielen Jahren des Dienstes für Gott war Gideon ausgerutscht.

Es gab niemals Unfrieden oder Bitterkeit zwischen Chapman und Hake. »Oh, lieber Bruder, wir hatten niemals einen Streit«, sagte Hake kurz vor Ende seines Lebens. Als diejenigen, die die Schrift liebten, waren sie sich sicher, dass das Wort Gottes für sie ausreichend war. Chapman erzählte:

> Täglich vermehrten [wir] den Schatz der Gnade und Wahrheit des anderen. In Bezug auf den bereits erfüllten Teil der Schrift bestand eine vollkommene, gesegnete Einheit in unserem Urteil. Was den noch nicht erfüllten Teil betraf, erlangten wir ein ausgezeichnetes Maß an Einheit […] Wir warteten stets gemeinsam auf Gott, um seine Gedanken zu erfahren […] Wenn wir in unserem Urteil nicht einig waren, warteten wir, bis Gott uns Einmütigkeit gab, und keiner von uns unternahm je einen Schritt, der dem Urteil des anderen entgegenstand – deshalb gab es keinen Unfrieden und keine Bitterkeit!

Die letzte Aussage bezieht sich auf die Tatsache, dass Chapman und Hake in der Auslegung einiger prophetischer Fragestellungen nicht einer Meinung waren. Chapman hatte beispielsweise eine posttribulationistische Position hinsichtlich der Entrückung der Gemeinde eingenommen.[24] Die meisten seiner Freunde teilten diese Ansicht nicht. Obwohl solche unwesentlichen Dinge oft Streitigkeiten zwischen befreundeten Christen hervorrufen, ließen Chapman und Hake es nicht zu, dass sie ihre Gemeinschaft trübten. Ihre christusähnliche Liebe war stärker als alle Uneinigkeit.

Ein friedvoller Tod im Alter von 95 Jahren

Hakes Frau war oft krank und starb im Jahr 1873. Als seine Tochter Elizabeth 1887 starb, übernahm eine andere Tochter, Mary Hake, die Pflege des Vaters. R. Fred Idenden, der in einem nahe gelegenen Dorf für den Herrn arbeitete und später einer der Ältesten in der Bear-Street-Kapelle wurde, kam in diesen Jahren ebenfalls nach Barnstaple und half Chapman und Hake bei ihrer Arbeit und Korrespondenz.

1889 schrieb Chapman seinem Freund Monsieur Dufour-Guisan in Lausanne (Schweiz), der Chapmans *Choice Sayings* ins Französische übersetzt hatte. In diesem Brief äußerte sich Chapman auch über Hake: »Er befindet sich jetzt in seinem 95. Lebensjahr, ist aber noch imstande, seinen Dienst für Christus fortzusetzen, wie die Besuche von Haus zu Haus, die Korrespondenz und das Lesen der Schrift (wir haben eine wöchentliche Zusammenkunft bei ihm zu Hause).« In einem Brief, der ein paar Monate später verfasst wurde, spricht Chapman von dem nun schwächer gewordenen Hake als von dem »lieben Weggefährten, mit dem ich seit Dezember 1831 in Gemeinschaft gelebt habe«. Dieses Datum bezeichnet weder den Tag im Sommer 1831, als Chapman das erste Mal die Bekanntschaft von William Hake machte, noch ist es das Datum seiner Ankunft in

24 A. d. H.: Der posttribulationistischen Auffassung (der Nach-Entrückungslehre) zufolge wird die Entrückung der Gemeinde erst nach der Drangsalszeit (lateinisch »tribulatio«, die Zeit des Antichristen) stattfinden.

Barnstaple im April 1832. Vielleicht ist damit Chapmans erste Einladung an Hake gemeint, mit ihm in Ebenezer zu dienen.

William Hake starb 1890 im Alter von 95 Jahren – aktiv bis zum Schluss. An seinem Todestag hatte er noch einen Besucher zum Bahnhof begleitet. Später kam er zum 18-Uhr-Tee zu Chapman, der zu dieser Zeit mehrere Besucher hatte. Anschließend sang er mit ihnen und sprach etwa eine Stunde lang über das Thema *Wandeln, stehen und sitzen vor Gott*. Gegen Ende seiner Rede versagte zwar seine Stimme, aber er war noch fähig, mit Begleitung zu seinem Schlafzimmer zu gehen. Ein paar Stunden später starb er – wahrscheinlich an einem Schlaganfall.

Robert Chapman trauerte sehr über den Tod seines Freundes und konnte sich nicht überwinden, an der Beisetzung teilzunehmen. Doch in einem Brief, den er Ende 1890 schrieb, sagte er: »Obgleich mir auf schmerzliche Weise mein Freund genommen wurde, bin ich bestärkt und geführt, den Dienst fortzusetzen, in dem einst mein geliebter Jochgenosse mit mir gemeinsam die Lasten trug. ›Die Nacht ist weit vorgerückt, und der Tag ist nahe.‹« Dieser letzte Satz aus Römer 13,12 tauchte in den Briefen aus dem letzten Jahrzehnt von Chapmans Leben häufiger auf.

Chapman begann bald mit einem Gedenkband über seinen geliebten Freund mit dem Titel *Seventy Years of Pilgrimage*[25]. Der Band ist in erster Linie eine Sammlung einiger Briefe und Aufzeichnungen Hakes über die Bibel mit Vorworten von Chapman und Mary Hake. Wenn wir uns bewusst machen, dass Chapman schon lange keine eigenen Aufzeichnungen mehr veröffentlicht hatte, sehen wir, wie sehr er den Dienst Hakes wertgeschätzt hat.

Nach dem Tod ihres Vaters war der über 60-jährigen Mary Hake die Sorge um Chapman ein besonderes Anliegen, sodass sie sogar einige seiner Briefe schrieb. (Sie kannte ihn seit ihrem zehnten Lebensjahr!) Nachdem sich ihr Gesundheitszustand verschlechtert hatte, starb sie im Oktober 1894, nur vier Jahre nach ihrem Vater.

---

25 A. d. H.: Svw. *70 Jahre Pilgerschaft*.

Chapman schrieb über sie: »Gegenüber lieben Freunden habe ich gesagt, es sei immer mein Wunsch gewesen, dass sie zuerst heimgehen möge und ich sie nicht nach mir zurücklassen wollte. Gott hat mich sehr getröstet, da er mir diesen Wunsch gewährt hat. Seit ihrer Jugendzeit war sie für mich wie eine Tochter.«

Ein besonderer Umgang mit Worten

Robert Chapman liebte Worte. Er fand Gefallen daran, mit ihnen zu spielen, Sprichwörter zu entwickeln und sie auf unerwartete Weise anzuwenden. Sein Dienst wurde dadurch sehr bereichert. Er liebte Englisch ebenso wie die verschiedenen anderen Sprachen, die er beherrschte. Der alte Schuldirektor William Hake sagte, dass er niemals jemanden kennengelernt habe, der die englische Sprache so gut beherrschte wie sein langjähriger Freund. Chapman wusste, stets die richtigen Worte zu wählen, um seine Gedanken auszudrücken. Wenn wir heute Chapman lesen, merken wir, dass seine Aufzeichnungen in einer blumigen Sprache verfasst sind und zuweilen ungewöhnlich konstruiert sind. Wir mögen dies dem Stil des 19. Jahrhunderts zuschreiben, doch Chapmans Stil war, verglichen mit dem seiner Zeitgenossen, noch etwas außergewöhnlicher. Hake bezeichnete Chapmans Sprache als »klassisches Englisch«, da sie eine Kombination aus dem Angelsächsischen und den Worten der Bibel war.

Eine geschickte Anwendung von Sprichwörtern

Chapman benutzte Sprichwörter beim Lehren nicht nur aus reiner Freude an der Sache, sondern er wusste ebenso wie Jesus selbst, dass man sich an prägnante Sprichwörter besser erinnert als an einen monotonen Prosastil. Viele seiner Sprichwörter wurden über mehrere Jahre hinweg von verschiedenen Freunden aufgeschrieben, die sie veröffentlichen wollten, doch Chapman wehrte sich dagegen.

Ja, nachdem er etwa zehn Jahre lang im Dienst des Herrn gestanden hatte, sträubte er sich gegen jegliche Veröffentlichung seiner Schriften. Diese Einstellung stand im auffallenden Kontrast zur Haltung der meisten seiner Freunde im Werk des Herrn. Man beachte zum Beispiel die umfangreichen Veröffentlichungen von Zeitgenossen wie J. N. Darby und C. H. Spurgeon. Vielleicht fürchtete Chapman, dass seine Worte für manche Menschen zu einem Ersatz für das Wort Gottes werden könnten.

William Hake überredete Chapman schließlich zur Herausgabe seiner Sprichwörter in einem kleinen Band mit dem Titel *Choice Sayings*, der viele Auflagen erfuhr. Spurgeon äußerte sich wie folgt zu dem Band: »Das Gold dieses Landes ist gut.«[26] Chapmans Lieder, von denen 165 gedruckt wurden, waren etliche Jahre zuvor unter dem Titel *Hymns and Meditations*[27] veröffentlicht worden. Glücklicherweise sind einige seiner Predigten und Ansprachen in Broschüren wie *Goodly Words*[28] und *The Good Shepherd*[29] erhalten geblieben. Die meisten dieser Schriften wurden nach seinem Tod herausgegeben.

Wortgewandte Predigten

In der John-Street-Kapelle in London sagten ihm einige Altersgenossen, dass er keine Gabe zum Predigen habe. Dennoch wurde er ein wortgewandter Prediger. Eine seiner Lieblingsaufgaben war das Predigen im Freien, der er in Barnstaple regelmäßig und bei jedem Wetter bis fast zu seinem Lebensende nachkam. Normalerweise predigte er auf dem Stadtplatz oder auf der anderen Seite der Straße am Ufer des Taw. Stets predigte er auch zu den Besuchern des jährlichen Volksfestes in Barnstaple. Seine kraftvolle Stimme war ihm beim Predigen im Freien zweifelsohne sehr nützlich. In seiner Todesanzeige im *North Devon Journal* vom 19. Juni 1902 hieß es folgendermaßen:

26 A. d. H.: Vgl. 1. Mose 2,12.
27 A. d. H.: Svw. *Geistliche Lieder und Gedanken.*
28 A. d. H.: Svw. *Gute Worte.*
29 A. d. H.: Svw. *Der Gute Hirte.*

> Mr Chapman, ein Mann von edelmütiger Haltung, war ein äußerst beeindruckender Prediger. Seine glockenähnliche Stimme war mächtig und durchdringend. Wenn […] er im Freien sprach, konnten seine Worte von einer sehr großen Zuhörerschaft gut verstanden werden. Sein Stil war einfach und natürlich. Das Heben der Hand zur Betonung war eine charakteristische Geste von ihm. Keine schriftliche Aufzeichnung könnte aber je beschreiben, wie sehr seine Worte den Menschen zu Herzen gingen.

Jemand charakterisierte Chapmans Stimme als tief und voll. Ein anderer meinte, sie sei so klar und wohlklingend, wie man es der Stimme des Evangelisten Whitefield nachsagte. Noch andere nahmen seine Fähigkeit wahr, den Ton seiner Stimme während des Lesens oder Redens zu variieren. Jemand, der mitbekam, wie Chapman eine Dame für eine Tat der christlichen Liebe lobte, schrieb: »Die Art und der Tonfall, womit Chapman seine Worte aussprach, sind einfach unbeschreiblich. Das hatte damals eine außerordentliche Wirkung auf mich.«

Der Gebrauch der Bibel beim Lehren

Von einigen Ausnahmen abgesehen – ich denke z. B. an John Wesley – wird das Alltagsleben von Dienern Gottes gewöhnlich nicht schriftlich festgehalten. Das traf besonders auf Chapman zu. Seine Ratschläge und die Berichte über seine Besuche wurden nicht niedergeschrieben, und seine seelsorgerlichen Gespräche waren vertraulich. Aber als man für seine Gedenkschrift nach Geschichten suchte, schien es, als habe jeder eine Anekdote zu erzählen. Viele von diesen Anekdoten handeln von seinen Lehrmethoden.

Wenn er einen Hausbesuch bei einem Gläubigen machte, der sich in irgendeiner Glaubensprüfung befand, war es eine von Chapmans Lieblingsmethoden, einen Teil der Schrift zu zitieren und einen kleinen Fehler einzubauen. Der Gläubige bemerkte den Fehler, korrigierte ihn und merkte dann üblicherweise, worauf Chapman hinauswollte. »Der HERR ist mein Hirte, mir wird mangeln«, las Chapman einmal einer Dame vor, die um ihre Zukunft besorgt war. »Mir wird nichts mangeln«, verbesserte sie ihn und bemerkte anschließend ihre Lage. Nun war sie bereit, Chapmans Rat zuzuhören.

Ein anderes Mal verkündete Chapman gegenüber einem neuen Bekannten fröhlich: »Alles vermag ich …« Der entsetzte Zuhörer fing sich schnell wieder, als Chapman hinzufügte: »… in dem, der mich kräftigt« (Phil 4,13).

Wenn man sich nach Chapmans Befinden erkundigte oder er am Ende einer Mahlzeit gefragt wurde, ob er ausreichend zu essen hatte, war eine seiner Lieblingsantworten: »Gesättigt und voll.« Wenn der Fragende nicht wusste, was nun folgen würde, so erfuhr er es bald, da Chapman vergnügt hinzufügte: »Gesättigt mit Huld und voller Segen des HERRN!« (5Mo 33,23; RELB).

Als ihn einmal jemand fragte: »Wie geht es Ihnen?«, sagte Chapman, dass er schwere Lasten zu tragen habe. Der besorgte Fragesteller war sehr erleichtert, als er ihn dann sagen hörte: »Er überschüttet uns täglich mit seinen Wohltaten.«[30]

John Knox McEwen, der evangelistische Pionierarbeit in Nova Scotia[31] leistete, erzählte folgende Geschichte: Chapman und Hake hatten ihn eingeladen, einige Zeit bei ihnen zu verweilen, um sich ausruhen zu können. Am ersten Tag seines Besuchs sprach McEwen mit Chapman, während Hake noch nicht anwesend war. In einer Gesprächspause sagte Chapman: »Mr Hake ist ein sehr provokanter Bruder. Er provoziert mich jeden Morgen.« McEwen war sehr erschrocken, eine solche Bemerkung von einem Mann zu hören, dessen Liebenswürdigkeit weithin bekannt war. Doch seine

---

30 A. d. H.: Chapman zitierte hier Psalm 68,20 nach dem Wortlaut der King-James-Bibel (wobei im Original auch der Aspekt des Tragens bzw. Aufladens vorkommt). In deutschen Bibelausgaben wird dieser Vers zumeist dahin gehend wiedergegeben, dass Gott unsere Lasten trägt.

31 A. d. H.: Provinz im Osten von Kanada.

Überraschung währte nicht lange, als Chapman fortfuhr: »Mr Hake hat mich jeden Morgen zur Liebe und zu guten Werken provoziert« (vgl. Hebr 10,24).

Um Bekannte zum Einprägen von Bibelversen anzuleiten, zitierte Chapman häufig den ersten Teil eines Verses und wartete dann auf die Vervollständigung durch sein Gegenüber, damit dieser dann imstande war, über die Verse nachzudenken oder sie im Gespräch anzuwenden. Diese Vorgehensweise konnte für jemanden, der die Antwort nicht wusste, recht unangenehm werden, doch Chapman schien dabei stets die entsprechende Sensibilität gezeigt zu haben, sodass man sich nie angegriffen fühlte. Ein Gast des 98-jährigen Chapman hörte folgenden Wortwechsel mit einem anderen Besucher: »Das Ausharren aber soll …« Nach einigem Zögern gab der Besucher die Antwort, und Chapman wiederholte sie mit Nachdruck: »… ein vollkommenes Werk haben, damit ihr vollkommen und vollendet seid und in nichts Mangel habt.«[32] Anschließend fügte er noch ein paar Worte hinzu, damit sich der Gast Jakobus 1,4 besser einprägen konnte. Dieser sagte später: »Als ich dasaß und ihm zuhörte, dachte ich, dass ich viel lieber Mr Robert Chapman beim Auslegen des Wortes Gottes zuhören würde als den begabtesten Doktoren der Theologie, die sich im Hebräischen und Griechischen auskennen.«

Gelehrte und Prediger unter den Bekannten Chapmans bemerkten oft seine tiefschürfende Schriftkenntnis und sein außergewöhnliches Verständnis ihrer tieferen Bedeutung. Er bestritt jedoch die These, dass er Wahrheiten wiederentdeckt habe, die die Kirche längst vergessen hatte. »Ich weiß von keinen wiederentdeckten Wahrheiten«, lautete seine Erwiderung, »ich lehre nichts, was nicht andere bereits vor mir gelehrt haben.« Er beanspruchte nicht, wie andere es seinerzeit taten und manche es heute tun, neue Offenbarungen empfangen zu haben.

Mehr als einmal verkündete Chapman, nachdem er von einem langen Morgenspaziergang zurückkehrte: »Ich hatte heute eine

32 A. d. H.: Die angegebene Stelle (Jak 1,4) ist hier nach der RELB zitiert.

große Gemeindezusammenkunft.« Wenn man nachfragte, kam heraus, dass er nur mit einem einzigen Menschen gesprochen hatte. Wenn ein empfängliches Herz da ist, dann ist allerdings tatsächlich eine große Gemeindezusammenkunft möglich!

Die große Bedeutung von Büchern

Bücher hatten einen prägenden Einfluss auf den jungen Chapman. Wie wir bereits gesehen haben, faszinierte ihn besonders die italienische Literatur. Seine umfangreiche Kenntnis dieser Literatur wurde von mehr als nur einer Person staunend wahrgenommen. Seine Übersetzung des Gedichts von Michelangelo, das oben bereits zitiert wurde, veranschaulicht den Reiz, den die italienische Literatur weiterhin auf ihn ausübte. Folglich überrascht es ein wenig, wenn man in verschiedenen Gedenkschriften über Chapman liest, dass er seiner Zuhörerschaft den Rat gab, sich auf das Lesen der Bibel zu beschränken.

Er mahnte sowohl hinsichtlich religiöser als auch säkularer Literatur zur Vorsicht. Zur Zeit Chapmans war kaum gute christliche Literatur erhältlich, und einiges von dem, was als solche ausgegeben wurde, gründete sich nicht auf die Bibel. Ein Neubekehrter hat normalerweise Schwierigkeiten bei der Beurteilung, ob ein religiöser Artikel wirklich schriftgemäß ist, doch bei der Bibel gibt es solche Probleme nicht: Sie ist das verlässliche Wort Gottes. Chapman pflegte zu sagen: »Des Menschen Bücher oft mit Spreu gefüllt, / doch Gottes Wort nur goldnes Korn enthüllt.« Dieser Zweizeiler deutet an, dass Chapman eher eine belehrende als eine verbietende Haltung vertrat, wie auch einer seiner erhalten gebliebenen Briefe bestätigt.

Auch im fortgeschrittenen Alter bevorzugte es Chapman, in der Bibel zu lesen. Er hielt sich nicht lange mit der Tageszeitung auf. Eines Tages bat ihn ein Zeitungsjunge, ein Tagesblatt zu kaufen. Chapman fragte ihn: »Finden sich darin Neuigkeiten von gestern?«

»Oh, nein, Sir!«, erwiderte der Junge.

»Enthält sie Neuigkeiten von heute?«

»Ja, Sir!«

»Und hat sie auch Neuigkeiten von morgen?« Chapman streckte dem erstaunten Jungen seine Bibel entgegen und sagte: »In diesem Buch erfahre ich die Neuigkeiten von gestern, von heute und auch von morgen!«

Jemand fragte Chapman einmal, ob er die Neuauflage eines bestimmten Buches gelesen habe. Chapman legte seine Hand auf seine Bibel und antwortete liebevoll: »Ich bin mit dieser noch nicht fertig.«

Geschichtenerzählen vom Feinsten

Es überrascht nicht, dass Chapman ein guter Geschichtenerzähler wurde. Er liebte es, Anekdoten zu erzählen und Allegorien zu entwickeln, aus denen er stets geistliche Lektionen ableitete. Eine seiner Allegorien hat womöglich mit der Zeit seiner Glaubensprüfung zu tun, als kaum jemand seiner gastfreundlichen Einladung folgte, sein Gästehaus aufzusuchen. Er lehrte gerade aus Epheser 5 über die beständige Danksagung gegenüber Gott. Eine Zuhörerin warf die Bemerkung ein, sie sei dazu nicht immer imstande, worauf Chapman erwiderte: »Dafür muss es einen Grund geben. Du musst noch irgendeine verborgene Sache in einem Winkel deines Herzens tragen.« Chapman wusste: Falls ein Christ Gott einen bestimmten Teil seines Lebens vorenthält, dann »trägt er irgendeine verborgene Sache in einem Winkel seines Herzens«, sodass er unfähig wird, Gott für gelernte Lektionen zu danken, wenn sich ihm offensichtliche Widrigkeiten in den Weg stellen. Nach seiner Antwort merkte Chapman, dass er diese Lehre auf sich selbst anwenden sollte. Ein wenig später entwickelte er in seinem klassischen Englisch eine Allegorie, mit deren Hilfe er in bildlicher Sprache auf die drei Personen der Dreieinheit Bezug nahm.

> [Sie – eine Anspielung auf die Personen der Dreieinheit] sahen mich in meinen Lumpen und meinem Schmutz und hatten in ihrer großen Anteilnahme Mitleid mit mir. Sie kümmerten sich um mich, nahmen mich zu sich, wuschen mich, bekleideten mich und gaben mir ein Zuhause in ihrer Gemeinschaft. Es war ihre Weisheit, Macht und Fähigkeit, die alles wohl machte. Alles lief gut, und Musik entströmte der Harfe in meiner Hand. Doch in einer bösen Stunde kam es mir in den Sinn, ein eigenes kleines Geschäft in einem Winkel meines Herzens einzurichten. Ich ging ans Werk und brachte an meiner Tür ein Messingschild mit der Aufschrift »Alle Arten von irdenen Gefäßen und zerbrechlichen Gütern werden hier von den Herren Eigenwille, Selberklug & Co. repariert« an. Während all dieser Zeit hing meine Harfe nutzlos an der Wand, ich konnte nicht singen, und alles bei mir lief falsch. Ich handelte mir nichts als Ärger und Enttäuschung ein. So bedenke wohl: Die ganze Zeit drehte ich dem großen Werk [der Dreieinheit] den Rücken zu, aber sie [die Personen der Dreieinheit] sahen mich in ihrer großen Anteilnahme und hatten Mitleid mit mir. Dann setzten sie das große Rad ihres Werkes in Gang, sodass es mein kleines Geschäft überrollte und in Schutt und Asche legte. Ich sah es, besann mich und wandte mich [ihnen] zu, bekannte alles vorbehaltlos und wurde ohne Vorwurf wieder aufgenommen. Nun konnte ich auch meine Harfe, die nutzlos an der Wand gehangen hatte, wieder zur Hand nehmen. Oh, jetzt bringt sie eine Musik hervor, die noch tiefer ist und feierlicher als je zuvor.

Aus dieser Allegorie können wir schließen, dass Chapman eine Erfahrung in seinem christlichen Leben gehabt haben muss, bei der er etwas aus Eigensinn unternahm und Gott nicht in angemessener Weise einbezog. Sein Vorhaben schlug fehl, und so erhielt er eine wertvolle Lektion.

»Apostel der Liebe«

Chapman wusste, dass jemand, der ganz in die Arbeit für den Herrn berufen wurde, eine besondere Verantwortung hatte. Er äußerte sich darüber folgendermaßen:

> Der Diener des Herrn Jesus muss sich andauernd bewusst sein, dass er für jeden, dem er begegnet, der Bote des Herrn ist und immer vom Herrn lernt. Er muss darauf achtgeben, dass er anderen Menschen beständig dient und vom Gott aller Gnade auf allen Wegen frische Vorräte erhält. Das Nachsinnen über sein Wort und das Gebet sollten den größten Teil seiner Zeit in Anspruch nehmen. In seinem öffentlichen Dienst und in seinen persönlichen Gesprächen sollte er auf die Herzen und Gewissen der Menschen abzielen und auf jede Weise bestrebt sein, Christus zu erheben und das Geschöpf zu erniedrigen. Kurz gesagt, er sollte den Herrn immer vor Augen haben und in seinen Fußstapfen wandeln, um ihn für jedermann sichtbar zu repräsentieren.

Weil sich Chapman Christus geweiht und sich ganz dem Anliegen hingegeben hatte, ihn groß zu machen, war er von einer tiefen Liebe und Anteilnahme für die Menschen erfüllt. Eines seiner Lieder enthält die folgende Strophe, von der seine Bekannten sagten, dass sie seine Haltung treffend ausdrückte:

> Ich liebe die Brüder; sie sind, Herr, mein Glück –
> Ob schwach oder stark, ob arm oder reich.
> Sie alle sind wertvoll, was Du auch geschickt –
> Der Kühne wie der Sanfte gleich.

Überhebliche oder widerstrebende Brüder gibt es immer, aber durch seinen Geist der Liebe lernte Chapman, mit ihnen umzugehen. Mit dieser Herzenseinstellung war Chapman ein wahrer Hirte und Ratgeber der Herde in der Bear-Street-Kapelle. Häufig suchten Menschen seinen Rat in Familienangelegenheiten, obwohl er niemals selbst verheiratet war. Er half vielen Ehemännern und -frauen, durch das richtige Verständnis einer biblischen Ehebeziehung ihre Achtung und Liebe füreinander zurückzugewinnen. Wenn er sich mit nur einem Ehepartner unterhielt, richtete er seine Aufmerksamkeit auf diese Person und nicht auf die andere; er wollte, dass zunächst dieser Ehepartner seine Fehler erkannte. Er betonte die Bedeutung einer rechten Beziehung zu Gott als den angemessenen Ausgangspunkt für eine gute Beziehung zu einem anderen Menschen. Das konnte, so glaubte er, durch Gebet und Buße erreicht werden. Chapman lehnte auch entschieden eine Heirat zwischen einem Gläubigen und einem Ungläubigen ab.

Weil er wegen seiner gottgemäßen Weisheit und wegen seiner Liebe zu allen Menschen bekannt war, wurde Chapman oftmals von Gemeinden gerufen, die sich in Schwierigkeiten befanden. Er tat dies so häufig, dass die Leute ein Muster hinsichtlich seiner Vorgehensweise erkannten: Für gewöhnlich berief er zuerst die ganze Gemeinde zu einer Versammlung ein und sprach dann über die hohe Verantwortung der Gemeinde auf Erden; anschließend ging er auf die speziellen Einzelheiten des vorliegenden Problems ein.

Seine Geduld war beachtenswert, aber manchmal zeigte sich auch seine menschliche Seite. Nachdem ein schwieriger Christ nach Barnstaple gezogen war, fragte jemand Chapman, wie man dort mit diesem Bruder zurechtkomme. Er antwortete: »Bevor er zu uns kam, wussten wir nicht, dass es uns an Geduld mangelt.«

Robert Chapman beobachtete die Menschen sorgfältig. Diese Fähigkeit war ihm im Umgang mit problematischen Situationen behilflich. Eines Tages besuchte er eine Dame, die ihn nicht hereinbitten wollte, sondern sich auf der Türschwelle ihm gegenüber über etwas empörte, was sie als falsch angesehen hatte. Chapman wandte sich an einen Bruder, der in der Nähe wartete, und sagte zu ihm: »Lieber Bruder, höre doch, was diese liebe Schwester zu sagen hat. Sie schüttet mir ihr ganzes Herz aus.« Augenblicklich war sie still. Wenn jemand zu Chapman kam und ihm das schlechte Verhalten eines anderen erzählte, hatte er es sich zum Grundsatz gemacht, den Klagenden zu bitten, mit ihm zu der beschuldigten Person zu gehen, um diese damit direkt zu konfrontieren. Er glaubte, dass man beide Seiten hören musste, bevor man sich diesbezüglich ein Urteil bilden konnte.

Natürlich gab es Menschen, die Chapman nicht ausstehen konnten. Einige Leute fühlten sich durch seine klaren Predigten über Sünde und die Notwendigkeit der Buße stark angegriffen. Es gibt eine bewegende Geschichte von seiner Liebe zu einem dieser Kritiker und seinem Anliegen, ihn zu gewinnen. Als Chapman im Freien predigte, war ein Lebensmittelhändler in Barnstaple derart aufgebracht, dass er mit energischen Schritten auf Chapman zuging und ihn bespuckte. Einige Zeit später kam einer von Chapmans wohlhabenden Verwandten zu Besuch, der seine Lebensweise kennenlernen und verstehen wollte. Er kam mit einer Droschke zur angegebenen Adresse und wollte zuerst nicht glauben, dass Chapman in einer solch einfachen Behausung und in einem derart ärmlichen Viertel lebte. Chapman begleitete ihn in das saubere, aber schlichte Innere des Hauses und erklärte ihm, was das Leben in Abhängigkeit vom Herrn bedeutete und wie der Herr für alle seine Bedürfnisse gesorgt hatte. Frank Holmes schildert die Situation wie folgt:

> »Robert, was in aller Welt machst du hier?«, rief der Besucher erstaunt.
>
> »Ich diene dem Herrn an dem Ort, an den er mich geschickt hat.« Voller Fragen betrat der Besucher das Haus.
>
> »Aber wie kannst du leben? Hast du wenigstens Geld auf dem Konto?«
>
> »Ich vertraue einfach nur dem Herrn und sage ihm, was ich nötig habe. Er hat mich noch nie im Stich gelassen. Dadurch wächst mein Glaube, und sein Werk geht weiter.«

Nun war die Neugier des Besuchers geweckt. Er öffnete die Tür zur Speisekammer, aber da war nicht viel drin. Er bat darum, etwas einkaufen zu dürfen, was Chapman ihm gern gestattete, allerdings nur, wenn er in einem ganz bestimmten Geschäft einkaufen ginge.[33]

Dieses Geschäft war der Laden des erwähnten Lebensmittelhändlers. Holmes beschreibt, wie die Episode dort ihren Fortgang nahm:

> Als der Verwandte den Laden gefunden hatte, wurden die Augen des Besitzers immer größer, als er tausend Dinge verlangte. Als die Bestellung immer noch größer wurde, wurde der Kaufmann immer dankbarer und freundlicher, und als schließlich alles zusammengesucht und alles bezahlt war, wollte er sich dem Kunden gefällig erweisen und sagte: »Wenn Sie mir die Adresse geben könnten, dann würde ich Ihnen die Waren ins Haus liefern.«
>
> »Bitte liefern Sie alles bei Herrn Robert C. Chapman ab«, bat der Kunde.
>
> »Aber – das muss ein Irrtum sein!«
>
> »Nein, nein«, lautete die Antwort, »Herr Chapman hat mich extra gebeten, zu Ihnen zu gehen.«[34]

Der Lebensmittelhändler, der Chapman jahrelang böswillig angegriffen und verspottet hatte, brach in Tränen aus. Kurz darauf kam er zu Chapmans Haus, bat um Vergebung und übergab sein Leben dem Herrn.

Eine Begebenheit, die vor seinem Umzug nach Barnstaple geschah, war für Chapman ein vorbildliches Beispiel für Treue im Gebet:

---

33 Frank Holmes, *Robert Cleaver Chapman. Ein Mann Gottes*, Dillenburg: Christliche Verlagsgesellschaft, 1989, S. 59.

34 Frank Holmes, a. a. O., S. 59-60.

Als ich vor 70 Jahren die Bond Street in London kennenlernte, war sie der hauptsächliche Vergnügungsort für weltlich gesinnte Männer. Dort lebte aber auch ein Schuhmacher, ein sehr geistlicher und gottesfürchtiger Mann, der jeden Tag um 12 Uhr seine Arbeit niederlegte und sich für eine Stunde dem Gebet widmete. Er sagte seinen Angestellten und Lehrlingen, dass er zu dieser Zeit unter keinen Umständen gerufen oder gestört werden wollte.

Eines Tages kam ein Graf in sein Geschäft und wünschte, den Schuhmacher zu sprechen, doch der Angestellte sagte: »Er ist beschäftigt und um diese Stunde nie zu sprechen.«

»Er ist nicht zu sprechen!«, sagte der Graf ungeduldig. »Nicht zu sprechen«, wiederholte er und verließ das Geschäft ärgerlich.

Der Angestellte dachte, dass er ihn niemals wiedersehen würde. Doch zum Erstaunen aller kam er eines Tages zurück und fragte nach dem Schuhmacher. In der Zwischenzeit hatte er andere Geschäfte aufgesucht, war aber nirgends mit der Leistung zufrieden gewesen.

Deshalb kam der Graf zu dem treuen Schuhmacher zurück. Er ging noch oft zu ihm, ohne ihn während der festgesetzten Zeit zu stören.

Chapmans innige Vertrautheit mit der Bibel und sein beständiges Gebet in dem Bewusstsein, dass der Vater ihn hörte, wirkten sich auf alle Aspekte seines Lebens aus. Seine Freude im Gebet ergoss sich in seinen Liedern, so wie etwa im Anfang des folgenden:

Oh, wie lieb ich es, in Einsamkeit
Mit Dir, großer Gott, in Zwiesprach' zu sein,
Du bist mein Vater allezeit
Und hast durch Dein' Gnad meine Seel' gemacht rein.

Chapman sah das Gebet für andere Menschen als einen speziellen Dienst an und sagte: »Es ist gut für ein Kind Gottes, für sich selbst zu beten, aber noch weit erhabener ist es, für andere zu beten.« Seine Gebetsliste mit den Namen derer, für die er betete, war praktisch endlos. Einmal bat ihn eine ihm bekannte Dame, für ihre Kinder zu beten. Er erwiderte ernst: »Ich kann nicht damit beginnen, für Ihre lieben Kinder zu beten.« Irritiert wollte sie sich sogleich entschuldigen, da sie glaubte, ihm zur Last zu fallen. Doch Chapman unterbrach sie und erklärte fröhlich, dass er deshalb nicht für ihre Kinder zu beten beginnen könne, weil er damit bereits begonnen habe.

Wie bereits erwähnt, erfuhr Robert Chapman nach seiner Bekehrung von vielen Familienmitgliedern zunächst Ablehnung. Er begnügte sich aber nicht damit, dies nur als unvermeidbare Konsequenz seiner Lebensübergabe an den Herrn zu akzeptieren, sondern betete regelmäßig für sie und tat sein Bestes, um weiter eine offene Kommunikation zu ermöglichen. Er gab seine Familienmitglieder nicht auf und sah später die geistliche Frucht seiner Mühen, als sich einige Brüder und Schwestern bekehrten. Jakobus 5,16 hatte sich als wahr erwiesen: »Viel vermag eines Gerechten Gebet in seiner Wirkung« (RELB).

Chapmans tiefe Liebe zu Kindern

Obgleich er keine eigenen Kinder hatte, übersah er Kinder nicht und war an ihnen genauso interessiert wie an jedem anderen Menschen. »Bittet nicht allein um ihre Bekehrung«, war sein Rat an Eltern, »sondern auch dafür, dass sie wohlgefällige Kinder Gottes und Diener des Herrn werden.« In einer Predigt über Kindererziehung – eine seiner letzten Predigten – sagte er: »Es gibt so viele Christen, die allein damit zufrieden sind, nur gerettet zu sein. Sagt euren Kindern, dass sie sich damit nicht zufriedengeben sollen. Ich möchte, dass sie die Bibel studieren und in der Erkenntnis Gottes wachsen. Sagt ihnen, was mein Wunsch für sie ist: Mögen sie in einer ganz vertrauten Beziehung zum Herrn Jesus Christus leben.«

Mehrere Leute erinnerten sich an seine Frage, die er Eltern häufig stellte: »Gehorcht das Kind auf das erste Wort?« Wie die meisten Eltern wissen, lautet die Antwort für gewöhnlich »Nein«. Dies verursacht oftmals beständige Konflikte zwischen Eltern und Kindern, wenn das Kind älter wird und bestrebt ist, seine Unabhängigkeit durchzusetzen – ungeachtet dessen, ob es ein Junge oder ein Mädchen ist. Als Vater oder Mutter konnte man diese Frage wohl als typisch für einen Junggesellen ohne eigene Kinder abtun, aber wer sich an den Nachdruck erinnerte, den Chapman auf Gehorsam legte, akzeptierte sie als einen wertvollen Rat von einem geliebten Freund und Lehrer.

Chapman war in der Gegenwart von Kindern keineswegs unbeholfen. Er liebte sie, widmete ihnen bei Hausbesuchen spezielle Aufmerksamkeit und schien zu ihnen eine besondere Beziehung zu haben. H. B. Macartney sagte: »Die Gemeinschaft mit Gott führt ihn zu kindlicher Einfalt.« Etwa 1890, in seinen Achtzigern, besuchte Chapman Schottland und war zu Gast im Haus von J. R. Caldwell. Caldwell stellte fest:

> Er war geistig und körperlich kraftvoll und frisch. Er stand der Gewohnheit nach früh am Morgen auf und war dennoch fast jeden Abend in der Lage, einen Vortrag in der Gemeinde zu halten, und seine Verkündigung hinterließ einen bleibenden Eindruck bei allen Zuhörern […] Mr Chapman betonte hauptsächlich, dass man die ganze Bibel lesen und über sie nachsinnen müsse […] Aufgrund seiner Aufgewecktheit, seiner wohltuenden und liebevollen Art und seines anziehenden Wesens fassten selbst die Kleinsten Vertrauen zu ihm. Für ihn war es normal, sich mit unserer kleinen Tochter – damals zwei oder drei Jahre alt – nachmittags einem einfältigen Spiel auf dem Teppich zu widmen, als wäre er selbst wieder ein Kind. Eines Morgens, bevor sich Leben im

Haus regte, bastelte er für unseren 6-jährigen Sohn einen Papierdrachen, den sie gegen 9 Uhr zusammen steigen ließen. Die Erinnerung an seinen Besuch bleibt uns wahrhaftig als eine wertvolle Illustration dessen haften, wie sehr Gott einen Gläubigen hier auf Erden in das Bild seines Sohnes verwandeln kann.

Eine Frau erzählte, dass Chapman sie als junges Mädchen fragte: »Weißt du, liebes Mädchen, warum der Herr Jesus als Lamm zur Schlachtbank geführt wurde?« Darüber hatte sie noch nie nachgedacht. Chapman verriet ihr die Antwort nicht, sondern ließ sie mit der Frage allein. Später fragte sie ihre Mutter danach, die sie auf Jesaja 53 hinwies. Dort las sie: »Doch um unserer Übertretungen willen war er verwundet, um unserer Ungerechtigkeiten willen zerschlagen. Die Strafe zu unserem Frieden lag auf ihm, und durch seine Striemen ist uns Heilung geworden. Wir alle irrten umher wie Schafe, wir wandten uns jeder auf seinen Weg; und der HERR hat ihn treffen lassen unser aller Ungerechtigkeit« (V. 5-6). Nun verstand sie die Frage ebenso wie die Antwort und öffnete ihr Herz dem Heiland.

Chapmans Freund, H. W. Soltau, erzählte, wie seine Kinder Chapmans Besuche liebten, weil sie so gern mit ihm sprachen. Bei einer Gelegenheit waren Chapman und andere als Gäste zum Essen eingeladen, und auch mehrere Kinder waren anwesend. Chapman wurde als Erster zu Tisch gebeten und überraschte alle Anwesenden, da er darauf bestand, dass die Kinder an seinem Tisch essen sollten, statt an einem Extra-Tisch Platz zu nehmen. Die anderen Erwachsenen und die Gastgeberin nahmen es mit Humor, und die Kinder freuten sich, das Geschirr der Großen benutzen und an ihrem Tisch sitzen zu dürfen.

Feingefühl für die Bedürfnisse anderer

Es ist nicht immer einfach, für die Bedürfnisse anderer sensibel zu sein, doch Chapman war sowohl einfühlsam als auch rücksichtsvoll. Ein Beispiel seiner Rücksichtnahme war seine Gewohnheit, Zusammenkünfte pünktlich zu beginnen und zu beenden. Er wusste, dass viele der Anwesenden Bedienstete waren, die zu einer bestimmten Zeit zurückerwartet wurden.

Alljährliche Konferenzen, die unter den Versammlungen beliebt waren, fanden in ganz Großbritannien statt und dienten der Ermutigung und als Forum für Gespräche über Lehre und Praxis. Einige Jahre nach Errichtung der Bear-Street-Kapelle führte Chapman dort eine jährliche Konferenz ein. Er holte dafür Redner aus ganz Großbritannien nach Barnstaple, plante aber einen Ablauf, der nicht nur ihnen entgegenkam, sondern auch den Zugfahrplan vor Ort berücksichtigte, damit die Konferenzteilnehmer ihren Zug pünktlich erreichen konnten.

Seine Aufmerksamkeit wirkte sich sogar auf seine Handschrift aus. Als er älter wurde, konnte man sie zunehmend schlechter lesen. Einmal musste William Hake bemerken, dass er keine einzige Anmerkung von Chapman lesen konnte. Daraufhin fasste Chapman den Entschluss, seine damalige Handschrift den Empfängern seiner Briefe nicht mehr zuzumuten. Von dieser Zeit an schrieb er mit gesteigerter Aufmerksamkeit und verbesserte seine Handschrift merklich. Er war die Art von Führungsperson, wie Gott sie haben will: ein dienender Leiter, der die Bedürfnisse der anderen an die erste Stelle setzt.

Der Vorsorge Gottes gewiss

Chapman sah in seinem Glauben nichts anderes als das, was man eigentlich von jedem Christen erwarten sollte. Seine Predigten und Gespräche enthielten eine Vielzahl von Ermahnungen, durch

Glauben zu leben. Dankbarkeit war für ihn eine natürliche Folge eines solchen Glaubens. »Bist du dankbar für die Segnungen, die du empfangen hast?«, pflegte er zu fragen. »Hält deine Danksagung mit ihnen Schritt?« Ein wichtiges Ziel des öffentlichen und persönlichen Dienstes Chapmans bestand in der Ermutigung und Glaubensstärkung; er selbst lebte in dem sicheren Glauben, dass Gott ihn mit allem Notwendigen versorgen würde.

William Hake erzählte die folgende Geschichte: Chapman und er machten Besuche in Süd-Devon und hatten wie üblich gerade genug Geld für zwei Rückfahrkarten nach Barnstaple dabei. Da sie sich trennen mussten, gab Hake Chapman sein Rückfahrgeld. Als sie sich wieder trafen, fragte Hake Chapman, dessen Gewohnheiten er kannte, ob er noch sein Geld für die Rückfahrkarte besitzen würde. Chapman antwortete: »Unser Vater weiß, was wir brauchen.« Hake vermutete, was geschehen war, und fragte Chapman ein weiteres Mal, als sie sich dem Bahnhof näherten. Chapman gab zu, dass er das Geld einer älteren Dame gegeben habe, der es nicht gut ging und die das Geld benötigte.

»Nun ja, was gedenkst du zu tun?«, fragte ihn Hake.

»Unser Vater weiß, was wir brauchen«, wiederholte Chapman.

Sie kamen am Bahnhof an und warteten auf den Zug, Hake in nicht geringer Aufregung. Als der Zug am Bahnsteig zum Stehen kam, eilte ein Freund herbei, entschuldigte sich für seine Verspätung und gab jedem eine Summe Geld, die den Fahrpreis überstieg.

Mr George Fisher, der Chapman in seinen späteren Jahren half und ihn auf seinen Reisen begleitete, erzählte eine ähnliche Geschichte. Sie wollten gerade von einer Konferenz in Leominster heimfahren, als sie feststellten, dass sie beide kein Geld hatten. Chapman hatte zwar auf der Konferenz etwas Geld bekommen, aber er glaubte, es sofort jemand anderem, der es mehr benötigte, schenken zu müssen. Auf dem Weg zum Bahnhof erinnerte Fisher seinen Glaubensbruder daran, dass sie kein Geld hatten. Mr Chapman erwiderte: »Wem gehört das Geld und das Vieh auf tausend Bergen?«

Als sie am Bahnhof eintrafen, erkannte ein Mann von einem gerade ankommenden Zug aus Chapman, beeilte sich, zu ihm zu kommen, und überreichte ihm einen Fünf-Pfund-Schein. »Den habe ich schon seit einiger Zeit in meiner Tasche, und ich bin froh, dass ich Sie hier treffe«, sagte der Mann. Dann lief er zu seinem Zug zurück, der den Bahnhof wieder verließ. Einige Augenblicke später fragte Chapman seinen Begleiter: »Wem gehört das Geld?«

James Mansfield berichtete, dass er einmal zum Bahnhof von Barnstaple kam und Chapman im Abteil eines wartenden Zuges erblickte. Mansfield begann ein Gespräch, in dessen Verlauf er Chapman bat, ihm seine Geldbörse zu zeigen, da er eine Vermutung hatte. Chapman kam dieser Bitte mit einem Lächeln nach. Die Börse enthielt weder Geld noch einen Fahrschein. Chapman war in dem Vertrauen zum Bahnhof gegangen, dass der Herr ihn mit einer Fahrkarte ausstatten würde, wenn es sein Wille wäre, dass er die Reise unternahm. Im Bewusstsein, an diesem Tag das vom Herrn gebrauchte Werkzeug zu sein, versorgte Mansfield Chapman mit dem, was er brauchte.

Chapman besuchte gern verschiedene alljährliche Konferenzen. Er war ein häufiger Redner und genoss die Gemeinschaft mit anderen Dienern des Herrn. Einmal wirkte er auf der Konferenz in Leominster recht bedrückt. Etwas später jedoch war er wieder der fröhliche Chapman, den man kannte. Hinterher erfuhren seine Freunde, dass er eine beträchtliche Summe Geldes erhalten hatte, was ihn solange niederdrückte, bis er den großen Betrag unter verschiedenen Leuten verteilt hatte.

Einige Erinnerungen

Selbst Menschen, die mit der Wahrheit Gottes nur wenig anfangen konnten, sprachen von Chapman – gewöhnlich ohne jeden Spott – als von einem Mann Gottes oder von »diesem heiligen Mann«. Viele glaubten, dass Gott ihn in besonderer Weise beschütze. Als er einst in eine Kutsche stieg, sagte der Kutscher zu den Mitreisenden gut gelaunt: »Gentlemen, heute benötigen Sie keine Lebensversicherung, denn Mr Chapman fährt mit uns.«

Zu einer ähnlichen Begebenheit kam es auf der neu angelegten Eisenbahnlinie von Exeter nach Barnstaple Mitte der 1850er-Jahre. Als der Zug den steilen Hügel nach Barnstaple hinunterfuhr, bekam eine Dame furchtbare Angst. Ihr wurde vom Schaffner versichert, dass keine Gefahr bestünde, da sich Mr Chapman im Zug befinde.

Als ein Katholik aus der Umgebung von Barnstaple seinen Besuchern erzählte, dass alle Protestanten verlorengehen würden, weil sie sich außerhalb der wahren Kirche befänden, musste er innehalten, seine Aussage überdenken und schließlich hinzufügen: »Nun ja, es gibt jemanden in Barnstaple, der auf jeden Fall in den Himmel kommt, wenn auch sonst niemand dorthin gelangt [...] Ich kenne zwar seinen Namen nicht, weiß aber, dass er in der New Buildings Street wohnt. Er ist der älteste und heiligste Mann in Barnstaple.«

Eine ältere Frau, die aus Barnstaple stammte, berichtete Charles Fraser-Smith, dass Winston Churchill als kleiner Junge in den 1880er-Jahren Chapman besuchte, als sie und ihr Bruder in Chapmans Haus beschäftigt waren.

Als junge Frau hörte eine Tante von Fraser-Smith Gottes Ruf, nach Spanien zu gehen, um dort in einem Werk unter der damaligen Bezeichnung »Children's Special Service Mission«[35] mitzuarbeiten. Da sie von Chapmans langjährigem Einfluss unter Spanien-Missionaren und seinem weisen Rat wusste, setzte sie sich in einen Zug, fuhr nach Barnstaple und besuchte ihn, um noch größere Klarheit zu gewinnen. Der alt gewordene Chapman hörte sich an, wie sie von ihren hochgesteckten Zielen sprach, und bat sie, am nächsten Morgen vor ihrer Rückreise noch einmal zu ihm zu kom-

35 A. d. H.: 1867 gegründetes Missionswerk, das sich der Arbeit unter Kindern widmet. Ursprünglich auf Großbritannien beschränkt, weitete sich die Arbeit bald auch auf andere Länder, darunter Spanien, aus. Zu den Aufgabenbereichen des Werkes gehört u. a. die Strandmission.

men. So sagte er ihr in der Frühe des folgenden Tages, dass er wie sie dies als ihren Weg sehe, wobei sie zusammen für ihre Sicherheit in der neuen Arbeit und um Segen beteten. Während des Gebets fuhr die Droschke vor, die sie zum Bahnhof bringen sollte. Sie hörte sie zwar kommen, wollte aber Chapmans ausführliches Gebet nicht unterbrechen. Obwohl die Droschke wartete, erreichten sie den Bahnhof nicht mehr pünktlich; der Zug war bereits abgefahren. Ein paar Stunden später erfuhr sie, dass der Zug schwer verunglückt war. Sie nahm diesem Vorfall als Bestätigung des Herrn an, dass er für ihre Sicherheit sorgen würde, und machte sich so nach Spanien auf.

Ein Soldat, der in Barnstaple gelebt hatte, berichtete dem Missionar F. S. Arnot diese Geschichte: Wenn er als Soldat im Morgengrauen von seinen durchzechten Nächten heimkehrte, begegnete er häufig einem alten Mann, der mit der Bibel in der Hand die Straße entlangging. Der alte Mann hielt den Soldaten an und sprach mit ihm über seine Sünden. Jahre später trug die Erinnerung an diese Begegnungen mit Chapman zu der Bekehrung des Soldaten bei.

Chapman predigte oft über die Beherrschung der Zunge. Nach einer solchen Predigt beschwerte sich eine junge Frau bei Chapman, dass er sie in der Öffentlichkeit bloßgestellt habe; sie lebte nämlich von ihrem Ehemann getrennt und hatte Chapmans bisherige Vermittlungsversuche zurückgewiesen. Chapman versicherte ihr, dass er während der Predigt überhaupt nicht an sie gedacht hatte und es zweifellos der Heilige Geist war, der zu ihrem Herzen sprach. Sie nahm dies an und versöhnte sich kurze Zeit später mit ihrem Ehemann.

So vergingen die Jahre für Robert Chapman – Jahre des Gebens, Jahre des Friedens, Jahre der Liebe. Einige herausragende Persönlichkeiten unter den Christen gewinnen Ansehen als Redner, Evangelisten, Organisatoren oder Theologen. Doch nur wenige erlangen beständigen Ruhm als »Apostel der Liebe«. Das war es aber, was Chapman mit seinem Ziel erreichte, Christus zu *leben*.

Freunde und Bekannte

Fürsorgliche, liebevolle Menschen haben normalerweise viele Freunde; dies war auch bei Robert Chapman der Fall. Diese Erinnerung eines Besuchers spiegelt treffend seine Gesinnung wider: »Ich kann selbst jetzt noch hören, wie seine liebevolle Stimme ruft: ›Ich bin erfreut dich zu sehen; ja, hocherfreut, dich zu sehen. Sei willkommen, mein lieber Bruder!‹«

Sein Freundeskreis bestand nicht aus einer kleinen, exklusiven Gruppe, sondern Arme und Reiche, Unbekannte und Wohlbekannte gehörten gleicherweise dazu. Seine Bekannten kamen aus allen Gesellschaftsschichten. Chapman korrespondierte beispielsweise mit W. E. Gladstone, dem viermaligen Premierminister Englands. Ebenso kannte er Samuel Wilberforce, einen prominenten anglikanischen Geistlichen, dessen Vater William Politiker gewesen war und gegen den Sklavenhandel gekämpft hatte. Der Kampf von William Wilberforce gegen die Sklaverei im Britischen Empire führte 1833 dazu, dass sie in Großbritannien aufgehoben wurde. In diesem Buch wurden bereits mehrere von Chapmans Freunden und Bekannten aufgeführt, doch viele weitere verdienen noch eine kurze Erwähnung.

Charles Haddon Spurgeon

Charles Haddon Spurgeon war der dynamische, fesselnde Baptistenprediger, dessen hauptsächliche Wirkungsstätte das große »Metropolitan Tabernacle« in London war. Sein öffentlicher Dienst unterschied sich erheblich vom Dienst Chapmans, und dennoch hatten die beiden Männer vieles gemein. Die Hingabe an Gott und die Autorität der Bibel waren das Wichtigste für sie; beide waren bereit, neue Gebiete für den Herrn zu erschließen, und alle beide waren leidenschaftliche Evangelisten. Obwohl Spurgeon den »Particular Baptists« angehörte – einer Denomination, der sich Chapman nicht angeschlossen hätte –, ließ keiner der beiden Männer dies zu einem Hindernis für ihre Freundschaft und ihren Austausch miteinander werden. Spurgeon nannte Chapman den heiligsten Mann, den er je kennengelernt hatte, und schätzte Chapmans Buch *Choice Sayings* außerordentlich.

Gegen Ende seines relativ kurzen Lebens von knapp 58 Jahren wandten sich viele führende Baptisten von Spurgeon ab, weil er sich klar gegen das immer populärer werdende, sogenannte historisch-kritische Bibelverständnis aussprach und aus der Baptistenunion austrat. Chapman war durch leidvolle Trennungen innerhalb der Brüderbewegung gegangen und konnte mit den schmerzvollen Erfahrungen Spurgeons gut mitfühlen. Chapman, der andere immer zu trösten wusste, besuchte Spurgeon in London und war auch kurz vor dessen Tod bei ihm.

J. Hudson Taylor

Als der 20-jährige J. Hudson Taylor, dem das chinesische Volk auf dem Herzen lag, 1852 von der Weisheit und dem missionarischen Anliegen Chapmans erfuhr, suchte er eifrig dessen Rat. Nachdem Taylor seine bahnbrechende Arbeit in China aufgebaut hatte, erzeugte er bei vielen seiner Unterstützer in England Widerstand, da sein Leitungsstil zunächst nicht auf Teamarbeit hin angelegt war und er darauf bestand, dass englische Missionare sich die Ess- und Kleidungsgewohnheiten der Chinesen aneignen sollten. Bei einem Heimataufenthalt im Jahr 1863 begegnete er Chapman erneut in London im Haus von George Pearse, dem Sekretär der Chinese Evangelisation Society. Zu der Zeit dachte Taylor daran, eine überkonfessionelle Missionsgesellschaft mit der Bezeichnung »China-Inland-Mission« zu gründen. Chapman ermutigte ihn darin und wurde einer der ersten »Schiedsmänner« der CIM – ein Förderer und Berater, der Anfragen hinsichtlich der Mission beantwortete. Auch Chapmans Freund Georg Müller unterstützte die 1865 gegründete CIM durch seine »Scriptural Knowledge Institution for Home and Abroad«[36] mit beträchtlichen finanziellen Mitteln.

Taylor besuchte Chapman mehrmals in Barnstaple. In einem undatierten Brief aus Barnstaple, in Chapmans typischem Stil verfasst, heißt es: »Mein lieber Bruder Taylor! Denke an unseren Anspruch auf Dich. Wir sehnen uns nach Gemeinschaft mit Dir in Deiner Arbeit. Oh! Komm bitte und sprich zu uns, Deinen Brüdern hier. Lass es wissen, wenn Du kommen kannst [...] Gott erfreut es, unsere offenen Münder zu füllen.«

Noch ein liebevoller Gruß Chapmans aus dem Jahr 1872, in dem sie sich wiedersahen: »Ich habe Dich jeden Tag besucht, seitdem Du nach China gegangen bist!« Im Gebet hatte er Taylor täglich mit Namen erwähnt.

Henry W. Soltau

Henry W. Soltau, der während der Anfangszeit der Versammlung in Plymouth dort ein leitender Bruder war, stammte wie Chapman aus einer wohlhabenden Kaufmannsfamilie. Eine weitere Gemeinsamkeit zwischen Soltau und Chapman war die Ausbildung zum Anwalt. Die Familie Soltau hatte sich lange Zeit aus Überzeugung zur anglikanischen Kirche gehalten; Henry bekehrte sich jedoch im Jahr 1837 nach einer Predigt von Percy Hall. Anschließend gab er seinen Anwaltsberuf auf, behielt aber sein Vermögen, evangelisierte in den kleinen Dörfern und Siedlungen in der Umgegend von Plymouth und eröffnete später ein Geschäft zur Verbreitung christlicher Literatur. Er lernte Chapman während seiner Jahre in Plymouth kennen, und die beiden wurden gute Freunde.

36 A. d. H.: Svw. »Anstalt zur Ausbreitung der Schriftkenntnis für England und das Ausland«.

Soltau konnte J. N. Darby nicht zustimmen, als dieser sich 1845 entschloss, in Plymouth eine neue Versammlung zu beginnen, und stand weiterhin zu Newton, bis dieser Ende 1847 aus Plymouth wegzog. Da er merkte, dass seine Position in Plymouth wegen seiner Unterstützung für Newton immer weniger Verständnis fand, zog Soltau mit seiner Familie 1848 nach Exmouth. Als William Hake, damals Direktor eines Internats in Bideford, ihm eine Stellung als Lehrer anbot, nahm Soltau diese gern an. 1851 zog er mit seiner Familie nach Bideford, in die Nähe seiner Freunde Chapman und Hake. Dort war es ihm möglich, in einer abgeschiedeneren Umgebung als bisher zu leben und weiterhin über die von ihm bevorzugten alttestamentlichen Themen zu schreiben und zu lehren.

Soltaus Gattin war bis dahin noch nicht als Gläubige getauft worden, da die Taufe in der Versammlung von Plymouth nicht sonderlich betont wurde. Im Anschluss an den Umzug der Soltaus nach Bideford und durch den starken Einfluss von Hake und Chapman erkannten sie und ihre Töchter die Wichtigkeit der Glaubenstaufe. 1854 taufte Robert Chapman sie und ihre drei Töchter in einem Fluss in Bideford.

Während dieser Jahre erfuhren die Soltaus, vermutlich durch Chapman, von Hudson Taylors Arbeit. Sie folgten dem Beispiel Georg Müllers und unterstützten Taylor. Getreu seiner Überzeugung von der Einheit aller Christen ermöglichte es Soltau, dass sein Sohn Henry mit seinem Segen sich der China-Inland-Mission anschließen und ihr als medizinisch ausgebildeter Missionar dienen konnte. Seine Tochter Henrietta begann ebenfalls mit dem Segen ihres Vaters eine lebenslange Arbeit in der CIM-Zentrale in England.

Als sich sein Gesundheitszustand verschlechterte, zog Henry Soltau 1870 nach Barnstaple, um seinen guten Freunden näher zu sein; auch Hake wohnte mittlerweile dort. 1875 starb Soltau; etwa 27 Jahre später sprach sein Sohn als Hauptredner auf Chapmans Beerdigung. In dieser Ansprache sagte er, dass sich die

Christen nach dem Tod Chapmans mehr auf Christus stützen müssten; diese interessante Bemerkung verleiht Chapmans grundsätzlicher Ablehnung Gewicht, eigene Werke zu veröffentlichen oder sich auf andere Weise selbst in den Vordergrund zu stellen.

Mr und Mrs Swaine Bourne

Mr und Mrs Swaine Bourne aus Birmingham beherbergten Chapman häufig, wenn er Mittelengland besuchte. Mrs Bourne hatte als junges Mädchen in Barnstaple gelebt und war die Tochter eines führenden Mitglieds der englischen Staatskirche. Sie gehörte zur Gemeinde in der Bear-Street-Kapelle und hatte sich unter der Verkündigung von Chapman bekehrt. Als sie getauft werden wollte, teilte sie ihrem Vater diesen Wunsch mit, der daraufhin ziemlich ärgerlich wurde und seine Einwilligung ablehnte. Da sie jedoch auf ihrer Taufe bestand, sagte ihr Vater, dass er sie dann hinauswerfen würde. In der festen Überzeugung, dass es der Wunsch des Herrn sei, ließ sie sich dennoch von Chapman im Taw taufen. Als sie zu Hause ankam, nahm ihr Vater sie doch wieder auf, und so wusste sie, dass sie den Segen des Herrn hatte. Mr und Mrs Swaine Bourne blieben bis zum Tod Chapmans seine engen Freunde.

W. H. Bennet und E. H. Bennett

W. H. Bennets Werdegang als Diener des Herrn begann mit Robert Gribble, mit dem er vor dessen Tod kurze Zeit zusammenarbeitete. Bennet kannte Chapman in seinen späten Jahren gut und verfasste einen langeren biografischen Nachruf, der ein paar Monate nach Chapmans Tod veröffentlicht wurde. E. H. Bennett aus Cardiff in Wales kannte Chapman 40 Jahre lang und schrieb über ihn eine kürzere Gedenkschrift, die folgende interessante Aussage über Chapmans Arbeit in Spanien enthält: »Chapman und andere Brüder wurden in Spanien in Abwesenheit angeklagt und verurteilt, da sie dort das Wort Gottes in Umlauf gebracht hatten.«

Denham Smith

Auch der bekannte Evangelist Denham Smith wurde ein guter Freund Chapmans. Nachdem die Britischen Inseln 1859 von einer Erweckung heimgesucht worden waren, konzentrierte sich Smiths Arbeit auf die nähere Umgebung von Dublin. Smith sagte einmal zu Chapman, dass es gut wäre, wenn jemand seine Biografie aufschreiben würde. Chapman erwiderte: »Sie ist bereits geschrieben und wird morgen früh veröffentlicht.« An anderer Stelle drückte er seine Ansicht über Biografien so aus: »Wenn man nach dem perfekten Modell einer Biografie sucht, wird man es in 1. Mose 5,21-24 und Hebräer 11,5 finden.« Wer verkörperte dieses perfekte Modell? Henoch, der mit Gott wandelte.

Georg Müller und James Wright

Wie sehr sich Chapman mit Georg Müller verbunden wusste, wird aus folgender Schilderung seiner Reaktion auf Georg Müllers Tod deutlich, die der Chapman-Biografie von F. Holmes entnommen ist:

> Als Georg Müller starb, wurde die Nachricht von einer Christin entgegengenommen, die gerade in New Buildings zu Besuch war. Da sie Chapmans aufrichtige Liebe zu Müller kannte, wurde es ihr schwer, ihm diese Nachricht zu überbringen. Wie groß war ihr Erstaunen, als ihre Nachricht in der Frage vorweggenommen wurde: »Ist Bruder Müller heimgegangen?« Als sie ihm das bestätigte, neigte der alte Heilige sein Haupt und dachte über dieses Ereignis

nach. Nach etwa fünf Minuten Stille sagte er ruhig: »Keinem von uns steht es zu, unseren Meister zu tadeln, aber ich wurde fünf Jahre[37] vor Georg Müller errettet, und es hätte mir zugestanden zu gehen.« Einige Tage später schrieb er an einen Freund: »Die dauernd wachsende Freundschaft, die mich über sechsundsechzig Jahre mit unserem lieben heimgegangenen Bruder Georg Müller verbunden hat, wird bald vollkommen gemacht werden. Wie wunderbar! Wir werden das Bild des himmlischen Adam tragen, wie wir das Bild des ersten Adam trugen. Ich bedauerte mich selber, bis seine sterbliche Hülle unter der Erde war, doch dann freute ich mich mit ihm, dass er nun erleben kann, wie viel besser es ist, bei dem Herrn zu sein, als hier unten zu bleiben.«[38]

James Wright, der die Waisenhäuser des alternden Georg Müller in Ashley Down leitete, war ein langjähriger Freund Chapmans. Wright erzählte von seiner ersten Begegnung mit Chapman im Jahr 1841. Chapman hatte am Nachmittag anlässlich eines Sonntagsschultreffens in einem anderen Stadtteil von Bristol gesprochen und kam am Abend in die Bethesda-Kapelle. Wright erinnerte sich ganz besonders an Chapmans wunderbare Stimme und daran, wie er mit einer einfachen Vortragsweise und der Betonung seiner Stimme eine große Liebe für die Botschaft des Evangeliums weckte. Er erinnerte sich daran, wie jemand sagte: »Mr Chapman allein beim Lesen eines Psalms zuzuhören, ist so gut wie eine ganze Predigt.« Wright fuhr fort:

Zweifellos haben die Flexibilität und der geschickt eingesetzte Tonfall seiner Stimme etwas damit zu tun; doch

37 A.d.H.: Obwohl es genau genommen zwei Jahre waren, hat sich R. Chapman tatsächlich früher bekehrt als sein Freund G. Müller.

38 Frank Holmes, *Robert Cleaver Chapman. Ein Mann Gottes*, Dillenburg: Christliche Verlagsgesellschaft, 1989, S. 111.

> noch mehr sein außergewöhnliches Verständnis der tiefen Bedeutung der Heiligen Schrift. Ich glaube allerdings, dass die wahre Erklärung in der äußerst großen Ehrfurcht und Liebe gegenüber dem von Gott eingegebenen Wort zu finden ist [...] Eine Folge dessen, dass er so konzentriert auf Gottes Stimme hörte, war sein herausragendes Gebetsleben.

Als Wright mit der Bitte an G. F. Bergin herantrat, ihm bezüglich der Leitung der Waisenhäuser zur Seite zu stehen, reiste dieser sofort nach Barnstaple und legte die Sache Robert Chapman vor. Nachdem er sich hinsichtlich seiner Eignung für diese Aufgabe vergewissert hatte, nahm Bergin das Angebot an. 1902, nach dem Tod Chapmans, schrieb er:

> [Er] war einer von Georg Müllers ältesten und engsten Freunden. In entscheidenden Zeiten seiner Arbeit suchte und erhielt Müller mehr als einmal den wertvollen Rat Chapmans. Diesem entgegengebrachten Vertrauen begegnete Chapman immer mit dem lebhaftesten Interesse am Gedeihen der Einrichtung. Während der 68 Jahre[39] ihres Bestehens diente er ihr als ständiger Fürsprecher. Weil ich darum wusste, dass er eine derart mächtige, geistliche Hilfe ist, besuchte ich im Frühling 1901 Barnstaple [...] Es war keine geringe Bestätigung, aus seinem eigenen Mund [...] zu erfahren, dass er unsere Maßnahmen zur Anpassung an die veränderten Verhältnisse [hinsichtlich der Führung der Waisenhäuser] vorbehaltlos und von ganzem Herzen guthieß.

39 A. d. H.: Dieser Zeitraum ist ein Näherungswert. Im April 1836 eröffnete Müller das erste Waisenhaus.

Henry Groves

Henry Groves, ein Sohn von Anthony Norris Groves, teilte im starken Maße die »offenen« Ansichten seines Vaters und wurde in der zweiten Hälfte des 19. Jahrhunderts ein anerkannter Leiter unter den »offenen Brüdern«. Als erster Herausgeber von *Echoes of Service*, einem Missionsmagazin, das 1872 ins Leben gerufen wurde, veröffentlichte er Artikel von Chapman über die missionarische Arbeit in Spanien und anderenorts. Wie bereits erwähnt, sah es Chapman nicht gern, wenn sein Name abgedruckt wurde, da er meinte, dass dadurch eine unberechtigte Aufmerksamkeit auf ihn gelenkt würde. Trotzdem erkannte er die diesbezügliche Notwendigkeit und schrieb mehrere Artikel für dieses Magazin.

Auch ein paar weitere Schriften Chapmans wurden schließlich doch noch veröffentlicht. *Truth in Season*[40] ist z. B. eine Sammlung von Abhandlungen, deren Autoren W. J. Stokes, Henry Dyer und Robert Chapman waren. Henry Dyer war der Bruder von William Dyer, der Hake nach seiner schweren Krankheit im Jahr 1860 gesundpflegte. In ihren Ansichten über einige prophetische Aussagen stimmten Henry Groves und Chapman nicht überein; wie wir aber in einem späteren Kapitel sehen werden, ließen sie es nicht zu, dass dadurch ihre enge Gemeinschaft beeinträchtigt wurde.

40 A. d. H.: Svw. *Wahrheit zur rechten Zeit.*

Wesentliche und weniger wichtige Lehren

Chapman genoss keine offizielle theologische Ausbildung, was zu seiner Zeit nicht unüblich war. Auch auf viele Geistliche der englischen Staatskirche traf dies in erheblichem Maße zu. Chapman hatte zu den Füßen von Harington Evans gelernt und muss viele Schriften der großen Reformatoren studiert haben. Obwohl Chapman einen Großteil seines Schriftverständnisses durch den Austausch mit seinen Freunden entwickelt hatte, entstammte seine Theologie direkt der Bibel.

Eine Theologie, die sich auf die Bibel gründet

Chapmans lehrmäßige Standpunkte wurden auf Grundlage einer einzigen Prämisse gebildet: Die ganze Bibel muss studiert werden. »Unsere Herzen sind sich der Vollständigkeit des Wortes Gottes gewiss […] Man kann in ihr zwar die Farbe finden, um nahezu jeder falschen Lehre einen biblischen Anstrich zu verleihen […], doch kann kein Irrtum die Prüfung anhand der ganzen Schrift bestehen.« Diese Sätze aus Chapmans Gedenkschrift über William Hake sind typisch dafür, mit welchem Nachdruck er immer wieder darauf bestand, einen theologischen Standpunkt nicht aufgrund eines Bruchteils der Bibel zu entfalten, der aus seinem Kontext herausgerissen wurde. Chapman studierte das Wort gründlich und achtete darauf, dass seine Predigten ausgewogen waren. Seine Gedanken über die Bibel werden in einigen seiner Betrachtungen gut ausgedrückt:

> Das Buch Gottes ist ein Vorrat an Manna für die pilgernden Kinder Gottes […] Zeitmangel ist nicht die Hauptursache

> dafür, dass ein Christ das Lesen der Schrift vernachlässigt, sondern seine Herzenseinstellung, da irgendein Götze den Platz Christi eingenommen hat […] Ein Kind Gottes, das die Schrift vernachlässigt, kann es nicht zu seinem Lebensinhalt machen, dem Herrn der Herrlichkeit zu gefallen […] Für jeden, der die Bibel in der richtigen Weise gebraucht, wird sie zum wunderbarsten Buch auf der Welt […] Es ist eine Sache, die Bibel zu lesen und dabei etwas herauszupicken, was mir gefällt […]; eine andere ist es jedoch, sie zu durchforschen, um Gott in Christus kennenzulernen. [Wenn ich das Erstere tue], verdrehe ich das Evangelium Christi, ohne es zu kennen. Es wird dann zu dem Gesetz Moses, und die Heilsbotschaft, deren Mittelpunkt Christus ist, wird zu einer eisernen Kette statt zu Wegen der Freude und des Friedens.

Der letzte Satz zeigt wie viele andere, dass Chapman klar unterschied zwischen den Geboten Gottes, die er den Kindern Israels gab, und der Gnade, die er der Gemeinde gegeben hat.

Obwohl Chapman für seinen sanften und vergebungsbereiten Geist bekannt war, setzte er gelegentlich einen beißenden Humor ein, um bestimmte Punkte wie seine Kritik an der historisch-kritischen Methode der Bibelauslegung hervorzuheben. Um 1860 gewann die Bibelkritik viele Anhänger in Großbritannien, und C.H. Spurgeon musste viel Widerstand erfahren, als er sich in seinen Predigten energisch gegen sie aussprach. (Das historisch-kritische Bibelverständnis ist diejenige Sichtweise, die von den folgenden Annahmen ausgeht: Die Bibel sei nicht das inspirierte Wort Gottes, sondern eine Ansammlung von Geschichten, die darauf angelegt seien, bestimmte Wahrheiten zu veranschaulichen; viele biblische Personen hätten nie gelebt, und viele biblische Ereignisse seien niemals geschehen.) Nach einem Essen, bei dem das Thema Bibelkritik aufkam, schrieb Chapman diese Allegorie:

> Als ich im Hochsommer eines Tages spazieren ging und das Licht der Mittagssonne von einem wolkenlosen Himmel auf mich herabschien, wurde ich von einem Menschen angesprochen, der mir völlig fremd war. In einer freundlichen, aber auch herablassenden Art bot er an, mir den Weg zu zeigen. In seiner Hand befand sich eine Laterne mit einer flackernden Kerze, die ihm Licht spendete. Daraufhin wollte ich loslachen, doch ich hatte Mitleid mit ihm. Ich blieb so ernst, wie ich konnte, und lehnte sein Angebot ab, dann setzte ich meinen Weg fort. Später wurde mir berichtet, dass sein Name *Bibelkritik* lautete.

Chapman traute den Schriften von niemandem, solange er ihre Übereinstimmung mit der Bibel nicht überprüft hatte. Seine eindringlichen Aufforderungen, die Bibel zum Zentrum der persönlichen Lesegewohnheit zu machen, spiegelten wahrscheinlich diesen Aspekt seiner Persönlichkeit wider. Es gibt selbst in christlichen Kreisen die sehr menschliche Neigung, sich mit den Werken anderer zu befassen und über sie zu streiten – bis dahin, dass man das Lesen der Bibel fast völlig ausklammert. Dies ist ohne Zweifel der primäre Grund, weshalb Chapman so wenig veröffentlichte.

Im Allgemeinen betrachtete er die Schrift vom dispensationalistischen Standpunkt aus,[41] obgleich er ihn nicht so betonte wie einige andere. Statt sich beispielsweise mit den haushaltungsgemäßen Unterschieden zwischen gottesfürchtigen biblischen Personen aufzuhalten, die in verschiedenen Zeitepochen lebten, hob er ihre Einheit hervor, und zwar wie folgt: »Alle Menschen in Adam starben durch Adam, und alle Menschen in Christus haben Leben in ihm. Darin muss eine Gemeinsamkeit aller Auserwählten Got-

41 A. d. H.: Der Dispensationalismus umfasst die Einteilung (lat. »dispensatio« [svw. genaue Einteilung]) der Heilsgeschichte in verschiedene »Haushaltungen«, z. B. Zeit des Gesetzes vom Sinaibund bis Pfingsten, Zeit der Gnade von Pfingsten bis zur Entrückung usw.

tes in jedem Zeitalter bestehen, wobei jeder [Auserwählte] eine Neuschöpfung ist. Alle haben durch den Sohn Gottes Leben empfangen – ganz gleich, ob sie vor oder nach seiner Fleischwerdung gelebt haben.«

Bevor er zu kontroversen Auslegungsthemen Stellung nahm, studierte Chapman die Angelegenheit viele Jahre lang. B.W. Newton beklagte sich einmal darüber, dass Chapman keine klare Vorstellung vom prophezeiten Tausendjährigen Reich der Endzeit habe. Das mag zumindest teilweise durchaus für die Zeit zutreffen, in der Newton ihn kannte. Wenn er zu einem »feststehenden Urteil« bezüglich einer bestimmten Lehre der Schrift kam, sah er niemals einen Grund, dieses Urteil abzuändern, wie er selbst einmal sagte. Bisweilen führte ihn das zu einem Standpunkt, der sich von dem seiner Zeitgenossen unterschied.

Chapmans Ansichten über wichtige Themen

Die Taufe und die Einheit der Christen

Die Taufe, Golgatha und die Einheit aller Gläubigen waren wichtige Begriffe für Chapman, über die er häufig predigte. Er gab der Taufe einen hohen Stellenwert hinsichtlich der Erfahrung eines Neubekehrten und taufte bis zu seinem 80. Lebensjahr Menschen im Taw. Er lehrte, dass die Taufe durch Untertauchen die Identifikation des Gläubigen mit der Grablegung und Auferstehung Christi ausdrücke. Jedoch lehnte er zutiefst die Lehre ab, dass die Taufe irgendeinen Einfluss auf die ewige Errettung habe. Nach seiner Anfangszeit in Ebenezer ließ Chapman es später nicht mehr zu, dass die Taufe für die Aufnahme in die Ebenezer-Gemeinde oder später in die Bear-Street-Kapelle zur Bedingung gemacht wurde. Auch bei den Kriterien für die Teilnahme am Mahl des Herrn ließ er sich von dem gleichen Grundsatz leiten. Mit 95 Jahren schrieb er in einem Brief:

> Die Taufe Christi [...] stellt in einfachster Weise seinen eigenen Tod, seine Grablegung und seine Auferstehung und die [entsprechenden geistlichen Tatsachen] in Bezug auf all seine Glieder dar. Wenn durch das Wort und den Geist Gottes ein Kind Adams vom Tod zum Leben [geführt wird], ist dieses Kind Gottes ein Glied an dem Leib, dessen Haupt Christus ist; alle Verpflichtungen des Neuen Bundes binden die Glieder aneinander. Sollte der von Neuem Geborene von der wertvollen Bildhaftigkeit der Taufe durch Untertauchen nichts wissen oder sie geringschätzen, muss in der rechten Weise damit umgegangen werden. Aber wie? Gewiss nicht, indem man den Kontakt zu dieser Person abbricht, sondern durch eine christusgemäße, sanftmütige, gütige und weise Belehrung oder einen Tadel – je nachdem, wie es der Fall erfordert. In anderer Weise zu handeln, würde den Heiligen Geist, den Tröster, betrüben und sowohl den Ausschließenden als auch dem Ausgeschlossenen keinen geringen Schaden zufügen, besonders aber den Ersteren.

Für Chapman begann eine angemessene Wertschätzung des Lebens als Christ am Kreuz Christi, und das Nachdenken darüber war für ein dementsprechendes Leben vor Gott von großer Bedeutung. Das war der Grund, weshalb er das wöchentliche Mahl des Herrn so schätzte. Er verstand die Einheit der Gemeinde so, dass die wahre Gemeinde Christi alle Gläubigen jeglicher Glaubensrichtung umfasste. Voraussetzung war, dass sie keinen grundlegenden lehrmäßigen Irrtümern anhingen. Alle Gläubigen, auf die das zutraf, waren somit frei, auf der Suche nach Gemeinschaft und Anbetung denominationelle Grenzen zu durchbrechen. Nach Chapmans Überzeugung war das *Leben* in Christus das gemeinsame Band in Christus – und nicht das Maß der biblischen Erkenntnis, so wichtig dieses aus seiner Sicht auch war.

Zu Chapmans Zeit war Prophetie ein unter vielen Christen beliebtes Thema. Obwohl Chapman gelegentlich über prophetische Themen predigte, schien er ihr nicht so viel Aufmerksamkeit zugewandt zu haben. Darin unterschied er sich deutlich von vielen anderen Predigern, die der Prophetie äußerste Wichtigkeit zumaßen. Vielleicht war er der Ansicht, dass diesem Thema zu viel Raum bei schriftlichen Arbeiten und in Predigten gewidmet wurde, da es doch viele spekulative Auslegungen hervorrief und somit Zeit und Energie in Anspruch nahm, die man nicht für andere wichtige Bereiche des christlichen Lebens aufwenden konnte.

Für diese Annahme gibt es eine ganze Anzahl von Gründen. Als Chapman 1826 noch in der John-Street-Kapelle in London war, geriet Henry Drummond, der die Kapelle 1818 für Harington Evans erbauen ließ, unter den Einfluss von Edward Irving, dem dynamischen presbyterianischen Prediger. Irvings großer Saal am Regent Square war nur wenige Gehminuten von der John-Street-Kapelle entfernt. Sein Hauptinteresse galt damals der Prophetie. Da Irving eine Lehre vertrat, die das sündlose Menschsein Christi leugnete, wurde er schon bald von der presbyterianischen Kirche ausgeschlossen, sodass es zum Bruch zwischen ihm und seiner Denomination kam. Drummond war von den Gedanken Irvings derart begeistert, dass er auf seinem Gut in Albury südwestlich von London eine Reihe von Konferenzen zum Thema Prophetie einberief. Doch in den folgenden vier Jahren sank das geistliche Niveau dieser Konferenzen, sodass immer mehr unsinnige Spekulationen angestellt wurden. Auch wenn Evans, Chapman und andere Brüder aus der John-Street-Kapelle diese Konferenzen nicht besuchten, wussten sie doch, dass sie stattfanden, und Evans prangerte zu jener Zeit – und auch später noch – öffentlich die Lehren von Irving an.

Als die Albury-Konferenzen eingestellt wurden, entschloss sich Lady Powerscourt in Irland, Gastgeberin einer ähnlichen Reihe von

Konferenzen zum Thema Prophetie zu sein, die dann in den Jahren 1831 bis 1835 stattfanden. Irving war auf der ersten (und möglicherweise auf der zweiten) Konferenz anwesend, blieb dann aber fern, als Männer wie Darby und Bellett, die inzwischen ein zunehmendes Interesse an Prophetie gefunden hatten, allmählich den Ton angaben. Müller und Craik besuchten die Konferenz von 1832, aber Chapman war anscheinend auf keiner anwesend. Ob Chapman die Exzesse von Albury noch in frischer Erinnerung hatte, ist fraglich, aber seine Abwesenheit bei diesen Konferenzen, die so viele andere angezogen hatten, deutet seine diesbezügliche Haltung an: Er glaubte nicht, dass solche Themen von fundamentaler Wichtigkeit wären.

Obwohl Chapman während der ersten Jahre seines Dienstes anscheinend keine klare Haltung zum Tausendjährigen Reich einnahm, war das später anders. Wie die meisten anderen führenden Persönlichkeiten der noch jungen Brüderbewegung unterschied er sorgfältig zwischen dem Tausendjährigen Reich in Offenbarung 20,4-7 und dem letztendlich vollkommenen Zustand – der neuen Schöpfung. Aus seiner Sicht wird das Tausendjährige Reich – im Gegensatz zu der Meinung vieler anderer – jedoch nicht von einem allumfassenden Frieden geprägt sein. Das wird aus seinen Aussagen deutlich:

> Das bevorstehende Zeitalter ist nur ein herrliches Portal für das anschließende; wir sollten beide deutlicher voneinander unterscheiden, als wir es üblicherweise tun. Würden wir die Schrift genauer lesen, dann würden wir erkennen, dass das goldene Zepter der Herrschaft Christi auf Erden von seinem Wesen her viel ausgezeichneter sein wird als von seiner Ausdehnung her. Der Gedanke eines weltweiten, allumfassenden Friedens wird einer biblischen Überprüfung nicht standhalten. Dass die Nationen den Krieg nicht mehr erlernen werden, wird nur auf solche zutreffen, die von Israel lernen, Gott zu lieben. Dann wird der Glaube Israels

> so groß sein, wie es sein Unglaube in der Vergangenheit war: Die Angehörigen dieses Volkes werden keinen wie auch immer gearteten Krieg mehr führen, noch werden sie Mauern um ihre Städte und Dörfer bauen. Die Nationen, die von Israel lernen, werden wie Israel sein; aber meine Überzeugung ist, dass für jene außerhalb der Regierung des goldenen Zepters Christi die Herrschaft des eisernen Stabes gelten wird, wie es Psalm 2 ausdrückt: Dort heißt es, dass sie zerschmettert und wie Töpfergeschirr zerschmissen werden, noch bevor der große weiße Thron aufgerichtet wird. Der Zustand im Tausendjährigen Reich ist auch noch von Vergänglichkeit geprägt, während die neue Schöpfung von Unvergänglichkeit bestimmt sein wird.

Zusammen mit Georg Müller und einer geringen Zahl anderer Führungspersonen unter den »Brüdern« glaubte Chapman nicht, dass die Schrift eine verborgene Entrückung aller Gläubigen vor der großen Drangsalszeit auf der Erde lehre. Sie waren vielmehr der Überzeugung, dass die Gemeinde als Ganzes durch die Drangsalszeit gehen müsse. William Hake stimmte mit Chapmans Ansicht nicht überein und erzählte ihm einmal von einer Unterhaltung, die er mit jemandem führte, der davon überzeugt war, dass der Herr in jedem Augenblick kommen könnte, um die Gläubigen zu entrücken. Chapman erwiderte: »Na gut, Bruder Hake, ich bin bereit, aber es steht nicht in der Bibel.«

Trotz der Tatsache, dass die meisten seiner Freunde seine Ansichten über Prophetie nicht teilten, sah Chapman keinen Grund, sie zu ändern. Er war in dieser Angelegenheit zu einem »feststehenden Urteil« gekommen, glaubte aber nicht, dass es wichtig sei, andere von seiner Auslegung prophetischer Schriftstellen zu überzeugen. Ja, er erkannte sogar, dass seine Ansichten möglicherweise zu Uneinigkeit führen könnten, da die anderen Ältesten in der Bear-Street-Kapelle die Auslegung hinsichtlich der in jedem Augenblick möglichen Entrückung bevorzugten. 1896 berief der

93-jährige Chapman eine Zusammenkunft der Ältesten ein. »Ich habe euch zusammengerufen«, sagte er, »um zu erklären, dass ich keine Differenzen durch das Lehren einer gegenteiligen Ansicht in der Versammlung hervorrufen will.« Chapman kannte den Unterschied zwischen den wesentlichen Lehren des christlichen Glaubens und denen, die für den rettenden Glauben nicht entscheidend waren. Er gestattete seinem Ego nicht, unwesentliche und nur indirekt hergeleitete Lehren auf Kosten der Einheit zu verteidigen.

Die Versuchung Christi

Eine weitverbreitete Frage des 19. Jahrhunderts wird auch heute noch gestellt: Wie konnte Christus versucht werden, da er doch kein sündiges Wesen hatte? Eine weitere Frage ist damit eng verwandt: Hätte Christus sündigen können? Chapman antwortete darauf wie folgt:

> Einer nichtwiedergeborenen Person kann die Versuchung keine Schmerzen himmlischer oder geistlicher Natur zufügen – einem aus Gott Geborenen sehr wohl. Je ähnlicher das Kind Gottes seinem himmlischen Vater ist, desto deutlicher spürt es die Versuchung zu sündigen. Für den Sohn Gottes – der heilig, unschuldig, unbefleckt und unbefleckbar war, der von den Sündern abgesondert war, der keine Sünde kannte, der sündlos war – müssen die Pfeile der Versuchung unsagbar schmerzvoll gewesen sein. Er litt und wurde versucht, und worin er versucht wurde, vermag er denen beizustehen, die versucht werden. Sie, die aus Gott geboren sind, können den Schmerz der Versuchung durch das Böse empfinden, wozu natürliche Menschen außerstande sind. Es gab nichts im Herrn Jesus, was auf die Versuchung hätte ansprechen können.

Was Gemeindezucht und lehrmäßige Irrtümer anging, war Chapman zu entschlossenem Handeln bereit. Ein Leiter der Gemeinde in der Bear-Street-Kapelle, den Chapman zum Predigen ermutigt hatte, kam plötzlich zu der Überzeugung, dass die Strafe für die Gottlosen nicht ewig sei. Chapman und Hake redeten mit ihm darüber und stellten die Schriftstellen heraus, die von einer ewigen Bestrafung sprechen. Aber der Stolz dieses Mannes hinderte ihn daran, seine Position zu ändern, und so bestand er darauf, sie in der Versammlung zu vertreten. Letzten Endes schlossen ihn die Ältesten der Bear-Street-Kapelle aus ihrer Gemeinschaft aus. Später sah der Bruder seine falsche Ansicht ein, kehrte sich von ihr ab und wurde wiederaufgenommen.

Chapmans Gedanken über Irrlehrer lernen wir in einem Brief an Georg Müller kennen, den Chapman 1871 gemeinsam mit William Hake geschrieben hat:

> Mit einem liebevollen Herzen gegenüber irrenden Brüdern und in einer Haltung des Selbstgerichts vor dem Gnadenthron schreiben wir bezüglich der schwerwiegenden Angelegenheit falscher Lehren, über die wir jüngst mit Dir gesprochen haben. [...] Wir können nur mit Trauer und heiliger Entrüstung auf die mittlerweile weitverbreitete Lehre blicken, die die Dauer der Bestrafung der Gottlosen begrenzt. Gegenüber den Irrenden haben wir das innige Mitgefühl Christi; gegenüber dem Irrtum handeln wir mit eiserner Hand [...] Lasst uns alle Sanftmut aufwenden [...], um zu zeigen, [...] wie groß die Torheit ist, [...] die die Hände der Gerechtigkeit Gottes fesselt und die Dauer der Bestrafung der Gottlosen einschränkt. Unseren Ermahnungen müssen unsere Vermittlungsbemühungen folgen. Doch wenn jegliche Sanftmut [...] zu nichts führt, müssen wir in Güte und in Treue gegenüber dem Herrn, was Gemeinschaft mit

den Irrenden betrifft, uns »von ihnen abwenden« und »sie abweisen«, da sie die Stellung eines Irrlehrers einnehmen.

Chapman betete weiterhin für die betreffende Person, da es ihn nicht zufriedenstellte, wenn in der Versammlung ein Problem durch einen Ausschluss gelöst wurde. Ein Ausschluss, der niemals ein freudiges Ereignis ist, war die letzte Möglichkeit, wenn der Betreffende es ablehnte, Buße zu tun. Dann wäre es eine wirkliche Gefahr für das geistliche Wohlergehen der Versammlung, würde man ihn in der Gemeinschaft gewähren lassen. Einmal kam es vor, dass ein ausgeschlossener Bruder verbittert wurde und schwor, nie wieder ein Wort mit Chapman zu wechseln. Irgendwann später trafen sie sich auf der Straße. Chapman wusste von allem, was der Mann über ihn gesagt hatte, und umarmte ihn mit den Worten: »Lieber Bruder, Gott liebt dich, Christus liebt dich, und ich liebe dich auch.« Diese Tat überwand die Feindseligkeit des Mannes; er tat Buße und brach bald darauf wieder mit den anderen das Brot in der Bear-Street-Kapelle.

Gehorsam gegenüber Christus

Ernsthafte Christen haben manchmal unterschiedliche Meinungen bezüglich des Gehorsams gegenüber Christus. Ist er eine grundlegende Voraussetzung für die Errettung? Ist er das entscheidende Kriterium dafür, dass eine Person wirklich errettet ist? Chapman sagte dazu: »Jegliche Religion des natürlichen Menschen stellt die Bibel auf den Kopf; sie fängt mit Werken an und führt den Menschen anschließend zu der Hoffnung, Gnade zu empfangen. Die Bibel hingegen beginnt mit der Sündenvergebung und mahnt dann zum Gehorsam.« In einem auf 1884 datierten Brief schrieb er:

> Nicht einer unter Tausend wäre berechtigt, Anteil an der Herrschaft im himmlischen Reich zu haben, wenn dieser

> Rechtsanspruch vom Leben im Geist abhängen würde ... In Johannes 17 [...] unterscheidet Christus nicht im Blick darauf, inwieweit Kinder Gottes ihm gehorsam sind; er erwähnt nur den unbeschreiblich großen Unterschied zwischen den Ungläubigen und denen, die von oben her geboren sind. Dennoch ist Gottes Gerechtigkeit daran erkennbar, dass jedes Glied am Leib Christi seinen gebührenden Platz und seine Aufgabe im Reich Gottes haben wird – wobei sein Gehorsam ihn für diesen Platz vorbereitet und passend gemacht hat [...] Der Rechtsanspruch, die Herrlichkeit und Herrschaft mit dem Herrn in seinem Reich zu teilen [...] hängt von der Sohnschaft ab, von dem Einssein mit Christus, nicht vom Maß des Gehorsams.

Dienst

Wenn Chapman jungen Gläubigen Ratschläge gab, die eifrig dem Herrn dienen wollten, bat er sie eindringlich, sich auf jeden Dienst vorzubereiten, zu dem Gott sie führen könnte, dem Rat älterer Christen Beachtung zu schenken und unter Gebet über die Bibel nachzusinnen. Er riet davon ab, gegenwärtige Tätigkeiten vorschnell aufzugeben. Chapman schrieb über einen jungen Missionar:

> Dieser liebe junge Mann kam zu mir, als er ernsthaft anfing, darüber nachzudenken, ob er dem Herrn in Afrika dienen sollte. Ich riet ihm, auf Gott zu warten, bis er durch den Geist Christi zu einer solchen Gewissheit der Führung Gottes gelangt sei, [so]dass er sie später selbst nie infrage stellen könnte. Daraufhin erreichte ihn ein Hilferuf aus China und führte ihn in eine kurze Prüfungszeit, die bald darauf einer völligen Bestätigung seiner Absicht wich, Christus in Afrika zu verkündigen.

Robert Chapmans Theologie wurzelte in der ganzen Bibel. Er schenkte spekulativen Fragen und indirekt hergeleiteten Annahmen wenig Beachtung und war sich bei Themen sicher, worüber die Schrift klare Aussagen trifft. Einige Leute sind anscheinend nicht imstande, Dinge aus der Perspektive anderer zu sehen. Chapman gehörte nicht zu ihnen. Er nahm Rücksicht auf die Gefühle der Menschen, die nicht mit ihm übereinstimmten; und wenn er sich bei unwesentlichen Lehrmeinungen in der Minderheit befand, verursachte er keine Trennungen, weil er nicht darauf bestand, dass seine Ansichten die besten seien.

Die besten Tage seines Lebens

Während seines letzten Lebensjahrzehnts sagte Chapman häufig, es seien die besten Tage seines Lebens. Er hatte oft dafür gebetet, dass seine letzten Jahre die besten würden, und Gott hatte das Gebet seines Dieners erhört. Chapman erinnerte seine Freunde daran, dass »die gegenwärtigen Zeiten die besten für uns alle sind, da wir in sie hineingestellt sind und reichlich Gnade vorhanden ist, Gott zu gefallen«. Er beschloss, kein schlecht gelaunter, alter Mann zu werden, der auf vergebene Chancen zurückblickt oder daran denkt, was hätte sein können. Es gab immer noch die überströmende Gnade, um mit Gott zu leben und ihn zu erfreuen, und Chapman suchte, dem Herrn zu dienen, solange er körperlich dazu in der Lage war.

In seinen letzten Jahren wurden drei Häuser als Chapmans Gästehaus genutzt. Neben New Buildings Street Nr. 6 und Nr. 9 (die zu dieser Zeit wahrscheinlich der Grosvenor-Street-Kapelle gehörten) wurde Haus Nr. 8, das an das von Chapman bewohnte Haus angrenzte, hinzugekauft, um den Bedürfnissen seiner vielen Gäste entgegenzukommen. Die Besucher äußerten sich oft über die sehr komfortable und gute Einrichtung der Häuser. Mehrere bezahlte Helfer waren nötig, um die Besucher zu versorgen. Die Gelder für Häuser, Hilfspersonal, Einrichtung und Lebensmittel wurden aus Spenden sowie möglicherweise aus Beiträgen und Mieteinnahmen von Touristen finanziert. Die Diener des Herrn bat Chapman nie um Bezahlung.

Wann ist ein Mann alt? Chapman war sicherlich erst alt, als er in seine 90er-Jahre kam. Bis zu seinem 98. Geburtstag predigte er regelmäßig in der Bear-Street-Kapelle, die zu dieser Zeit vielleicht schon Grosvenor-Street-Kapelle genannt wurde, leitete wöchentlich drei abendliche Bibelstunden oder nahm zumindest an ihnen teil. Kaum ein Tag verging, an dem nicht jemand seinen Rat gesucht hätte. Die Bitte um Gebet kam aus allen Richtungen, und Chapman freute sich, seine Zeit sowohl für Freunde als auch für Unbekannte in der Fürbitte zu verbringen – in »meiner jetzigen Hauptaufgabe«. Als Henrietta Soltau vor ihrer Abfahrt zu einer Besuchsreise nach China stand, schrieb er: »Ich komme nicht umhin, mich mit Dir über Deinen Entschluss zu freuen, die Mitarbeiter in China zu besuchen. Sie alle, einschließlich des lieben Bruders Hudson Taylor, sind seit jeher in meinem Herzen vor dem Thron der Gnade.« Er verwendete sich täglich bis zu seinem Lebensende für diese Arbeit.

Als Chapman in die 90er-Jahre kam, musste er seine Reisetätigkeit beschränken, hielt aber einen regen Briefwechsel aufrecht. Er hatte einen recht engen Kontakt zu seiner jüngeren Schwester Arabella, die als Einzige von seinen Geschwistern noch lebte und im einige Stunden entfernten Clifton wohnte.[42] Sein poetisches Herz hatte er nicht verloren, denn in einem Brief an sie schrieb er mit 92 Jahren: »Ich muss Dir ein Lied singen, das mir vor Kurzem gegeben wurde.« Dann folgte ein aus vier Strophen bestehendes Gedicht, und der Brief wurde mit der Bemerkung beendet: »Dein Herz, geliebte Arabella, wird mit dem meinen singen.«

Er blieb frohgemut und erfreute sich weiterhin außergewöhnlich guter Gesundheit. Im Alter von 93 Jahren schrieb er: »Es geht mir gut – wirklich gut –, da ich dem Ziel meines Laufs näher komme; der Herr Jesus Christus bedeutet mir durch das Wirken des Heiligen Geistes immer mehr.« Mit 94 Jahren schrieb er: »Aufgrund meiner Ruhe in Gott und in Christus und des Geschenks, von allen körperlichen Gebrechen verschont zu sein, sind mir die himmlischen und ewigen Dinge immer gegenwärtig. Sie erfüllen mich mit Freude in Gott.«

In einem undatierten Brief, der wahrscheinlich in seinem 95. Lebensjahr geschrieben wurde, äußerte Chapman gegenüber

---

42 A. d. H.: Da sie außerdem gläubig war, bestand auch eine innere Übereinstimmung mit ihrem Bruder.

Arabella: »Mit einem geringen Aufwand habe ich großen Reichtum erlangt. Ein paar Tage war ich in meiner Kammer eingeschlossen, da ich leichtsinnigerweise auf meine Winterkleidung verzichtet hatte, doch während ich eingeschlossen war – eingeschlossen mit Gott –, sah ich mit schärferen Glaubensaugen als zuvor Christus, meinen großen Hohenpriester, zur Rechten Gottes.« Später in diesem Brief fügte er hinzu: »Ich befinde mich jetzt für zwei Wochen in South Molton [einem knapp 20 Kilometer von Barnstaple entfernten Städtchen], um unseren lieben und gottgemäß lebenden Dienern nach einer Menge harter Arbeit eine Pause zu ermöglichen.« Selbst noch in dieser Zeit half er den anderen Mitarbeitern in der Umgegend.

1898 erwiderte Chapman auf die Anfrage eines Mannes, sein jüngstes Kind nach ihm benennen zu dürfen: »Sorgen Sie dafür, dass es Ihrem Kind in Fleisch und Blut übergeht, zu beten und das Wort Gottes zu lesen, sodass diese Gewohnheit zu einer goldenen Kette wird, die keine List und keine Macht Satans je losreißen oder brechen kann. Da ich diesen Weg seit meiner Jugend an verfolgt habe, verbringe ich nun meine Tage im 96. Lebensjahr in Freuden.«

Trotz seines Alters stand Chapman weiterhin im Briefwechsel mit befreundeten Missionaren in Spanien. Im Januar 1899 schrieb er: »An meine teuren und geliebten Brüder in Barcelona, La Coruña, Vigo, Cartagena, Madrid, Linares und anderenorts in Spanien, die an meinem 96. Geburtstag so liebevoll an mich dachten […] Es geht mir in jeder Hinsicht gut […] Es bringt eine große Verantwortung mit sich, dass ich in meinem Alter gänzlich frei von körperlichen Leiden bin.« Chapman hatte auch den Kontakt zu den Nachkommen seiner Brüder und Cousins nicht verloren. 1899 schrieb er an seinen Verwandten, R. B. Chapman, bedankte sich für eine Gabe von Früchten und fügte hinzu: »Ich freue mich darauf, Dich in diesem Sommer wieder hier zu sehen […] Ich habe weiterhin keine körperlichen Gebrechen, die sich im hohen Alter für gewöhnlich einstellen.«

J. Norman Case berichtete, was Chapman ihm bei einem Besuch im Juni 1900 erzählt hatte: In den ersten Jahren als Christ habe er die Überzeugung erhalten, dass Gott ein langes Leben für ihn vorgesehen habe – sodass er ihm dienen konnte. Folglich kam Chapman zu dem Schluss, dass er im Alter nicht durch körperliche Gebrechen von einem geistlichen Dienst abgehalten werden würde. Das erklärt, weshalb Chapman sein ganzes Leben hindurch so sorgfältig darauf bedacht war, durch frühmorgendliche Spaziergänge und Bäder dem Anliegen einer gesunden Lebensweise Rechnung zu tragen.

Im Sommer 1901 kam ein Mann, der nur mit den Initialen *E. S.* unterzeichnete und nicht zum engeren Bekanntenkreis von Chapman gehörte, zu einem ausgedehnten Aufenthalt in Chapmans Gästehaus. Seine Eindrücke von dem 98-jährigen Mann zeigen, dass sich Chapmans Gewohnheiten im Alter nicht sehr von denen unterschieden, die er sich in jüngeren Jahren angeeignet hatte:

> Er steht gewöhnlich gegen 3 Uhr in der Nacht auf, nimmt ein kaltes Bad und verbringt die restliche Zeit bis 6.30 Uhr mit Bibellese und Fürbitte. Anschließend unternimmt er einen 20-minütigen Morgenspaziergang gemeinsam mit Mr Pearce (seinem treuen Helfer) und jedem seiner Freunde, der dazu bereit ist […] Nach dem [Mittag-]Essen ruht er sich normalerweise bis 14.30 Uhr aus und ist danach bereit, Besucher von außerhalb oder bei ihm gastierende Freunde zu empfangen, die seinen Rat in den verschiedensten Angelegenheiten suchen. Um 18 Uhr nimmt er den Tee zu sich und legt sich im Allgemeinen kurz nach 20 Uhr schlafen.
>
> In seinem fortgeschrittenen Alter ist er am Tag des Herrn trotz seines Fastens [am Samstag] nicht erschöpft, sondern wirkt frischer als je zuvor. Ich hörte, wie er einem seiner Freunde in überschwänglicher Fröhlichkeit zurief: »Der Herr ist wirklich auferstanden, mein Bruder. Der Herr ist

> wirklich auferstanden!« Bei solchen Gelegenheiten kommt er mit seiner erfüllten Seele zum Frühstück und schäumt über vor Lob und Dank angesichts der himmlischen Dinge, die er in die Ohren und Herzen seiner Tischgesellschaft strömen lässt. Er ist äußerst unterhaltsam, führt angenehme und aufbauende Gespräche mit seinen Freunden und lacht sehr herzlich, wenn ihm irgendeine amüsante Anekdote erzählt wird [...] Sein fröhliches Gesicht strahlt jeden in gleicher Weise an; er bevorzugt niemanden. »Junge Brüder um mich zu haben, ist in meinem hohen Alter eine der größten Annehmlichkeiten«, pflegt er häufig anzumerken.

E. S. beschrieb darüber hinaus die Bibelstunden, die auch 1901 noch fortgesetzt wurden:

> Das Thema der Bibelstunde am Dienstag kann im Allgemeinen von jedem vorgeschlagen werden, während der Freitagabend eine Rückschau auf das Thema der Bezirkstreffen [vom Donnerstag] ist. In diesen Stunden sieht man Mr Chapman in unübertrefflicher Art und Weise; er ist besonders engagiert bei der Sache, und sein Interesse ist sehr hoch und bleibt es auch die ganze Zeit über. Die Zusammenkunft wird mit einem Lied eröffnet und von einem daran anschließenden Gebet von Mr Chapman fortgeführt. Danach liest Mr Saunders die Schriftstellen vor, die betrachtet werden, und erläutert sie kurz in ihrem Gesamtzusammenhang. Dann erörtern Mr Chapman und er weitere Details des Themas, und schließlich geht die Bibelstunde in ein eher offenes Gespräch über.

Saunders, der damals Ältester in der Grosvenor-Street-Kapelle war, übernahm die Rolle, die William Hake viele Jahre lang ausgefüllt hatte. E. S. führt weiter aus:

> Nach dem Frühstück versammeln sich alle Anwesenden, einschließlich der Bediensteten, im Speiseraum zur Familienandacht, die mit einem Lied beginnt und mit einer Bibelstelle fortgesetzt wird. Mr Chapman liest sie vor, legt sie anschließend aus und beendet die Andacht mit Gebet [...] Ich erinnere mich noch gut daran, wie eines Tages das Tischgespräch auf unseren künftigen Zustand in der Herrlichkeit gelenkt wurde. »Ich werde nicht eine solch hohe Stellung einnehmen wie du«, bemerkte eine mit Chapman befreundete Dame. Ich werde nicht so schnell seinen schmerzerfüllten Gesichtsausdruck vergessen. Er ließ Messer und Gabel fallen, sein Gesicht färbte sich leicht, und er sagte mit großem Nachdruck: »Meine liebe Schwester, ich glaube, ich muss dich zurechtweisen. Du verstehst die Sache mit der Stellung wohl überhaupt nicht. Wir alle sind Glieder an seinem Leib und voneinander, und in der Herrlichkeit wird die Hand keinesfalls auf derartige Überlegungen kommen, weil sie etwa nicht die Arbeit des Fußes verrichtet. Wir alle werden an unserem richtigen Platz sein, und kein Glied wird an einer falschen Stelle sein. Wir werden uns völlig darüber freuen, wie der Herr die Glieder angeordnet hat.«

Der 98 Jahre alte Mann war geistig noch aktiv und hatte auch seinen Enthusiasmus für Sprachen nicht verloren. E. S. hielt fest, dass Chapman einem langfristigen Besucher aus der Schweiz mit Freuden beibrachte, wie man die englische Sprache richtig spricht und schreibt.

Zu Beginn des 20. Jahrhunderts war Chapman eine nahezu legendäre Gestalt geworden. Sein volles, schneeweißes Haar und sein Bart verliehen ihm das Aussehen des »Patriarchen von Barnstaple«, wie ihn viele nannten. Er war der einzige noch Lebende von der ursprünglichen Gruppe – Chapman, Groves, Hake, Paget, Müller, Craik, Darby, Cronin, Congleton und vielen anderen –, die der Ausgangspunkt für den wiederentdeckten und unverwechselbaren

Weg des Zusammenkommens und der Anbetung war. Zu dieser Zeit kamen Tausende von Gemeinden in aller Welt in dieser Art und Weise zusammen. Sie waren durch Konferenzen, Literatur und gemeinsame Redner ohne eine feste Dachorganisation miteinander verbunden. Der betagte Chapman stellte eine Verbindung zum geschichtlichen Weg dieser Bewegung in der Vergangenheit her, und viele Menschen kamen nach Barnstaple, nur um ihn zu sehen – viele aus reiner Neugier.

Robert Chapman hielt seine letzte Predigt in der Grosvenor-Street-Kapelle direkt vor seinem 98. Geburtstag; sie dauerte eineinviertel Stunden. An seinem 99. Geburtstag im Jahr 1902 erreichten ihn Glückwünsche aus aller Welt. Ein Reporter einer in Barnstaple herausgegebenen Zeitung beendete aus diesem Anlass einen langen Artikel mit folgenden Worten: »Es gereicht Barnstaple nicht wenig zur Ehre, dass sein Name mit dem einzigartigen Lebenswerk dieses Gelehrten, Heiligen, Schriftstellers und Predigers in Verbindung gebracht wird.« Chapman verbrachte diesen Tag, einen Samstag, recht einfach: Einen Großteil der Zeit verwendete er dafür, in seiner Werkstatt Holzteller für seine Freunde herzustellen.

Gegen Ende Mai 1902 reiste Chapman erneut in die Nähe von South Molton, um den dortigen Christen beizustehen und sie zu ermutigen. Er kehrte bei guter Gesundheit nach Hause zurück. Am 2. Juni stand er wie üblich auf, fühlte sich aber nicht wohl. Ein leichter Schlaganfall am Nachmittag machte ihn körperlich hilflos, auch wenn er noch bei wachem Verstand war. Die Nachricht verbreitete sich schnell. G. Hake aus Bideford (der Sohn von William Hake) kam ebenso wie E. H. Bennett aus Cardiff, um dem Ehepaar Pearce zu helfen. Auch kamen G. Fisher, der oft mit Chapman auf Reisen war, und R. F. Idenden, einer von Chapmans Helfern während seiner letzten zehn Lebensjahre, um Chapman zur Seite zu stehen. Chapman schwebte noch zehn weitere Tage zwischen Leben und Tod und tröstete jene, die gekommen waren, um ihm Zuspruch zu geben. Die Leute hielten Tag und Nacht Wache an seinem Bett und nahmen jedes Wort auf, das er von sich gab. »Sein Herz ist von der Schrift erfüllt«, sagte einer der Anwesenden. Am Tag vor seinem Tod diktierte er Mr Pearce Worte, die auf dem jährlichen Gemeinschaftstreffen in Barnstaple vorgelesen werden sollten: »Ich beuge mich unter die Souveränität Gottes, meines himmlischen Vaters; ich habe keinen Willen als nur seinen. Wir wissen, dass Gott Liebe ist, und wenn sich diese Liebe, die kein Maß kennt, mit der Weisheit verbindet, die keine Fehler macht, ziemt es sich für uns, seine Kinder, voller Dankbarkeit zu sein. Das ganze Herz Christi ist uns zugewandt; es ist ganz unser Eigen.«

Über Chapmans letzten Lebenstag schreibt Frank Holmes:

> Am 12. Juni schien es, als würde er rasch wieder genesen. Doch gerade an diesem Tag verschlechterte sich sein Zustand plötzlich ganz dramatisch, und vor neun Uhr abends war er zum Herrn heimgegangen [...] Seine letzten Worte waren: »Der Friede Gottes, der allen Verstand übersteigt ...«
>
> ... Der Friede Gottes war das Kennzeichen seiner gesamten christlichen Erfahrung gewesen – unerschütterlicher Friede, der ihn geduldig gemacht hatte. Vom ersten Tag seiner Bekehrung an, als er durch unseren Herrn Jesus Christus Frieden gefunden hatte, lebte er in der Freude dieses göttlichen Friedens.[43]

Am 12. Juni 1902 ging Robert Cleaver Chapman, Gottes Diener, in seine Ruhe ein. Es war sein Wunsch, nicht in Yorkshire, der Heimat seiner irdischen Familie, sondern in Barnstaple, am Ort seiner Wirkungsstätte, beerdigt zu werden. Lange vor seinem Tod wurden Vorkehrungen getroffen, dass er im gleichen Grab beigesetzt werden sollte wie Elizabeth Paget, seine Mitarbeiterin, die fast 40 Jahre zuvor gestorben war. Nach dem Gesetz hätte man behördlicher-

43 Frank Holmes, *Robert Cleaver Chapman. Ein Mann Gottes*, Dillenburg: Christliche Verlagsgesellschaft, 1989, S. 115-116.

seits das Recht gehabt, die Grabstätte 21 Jahre nach der ersten Beerdigung für eine zweite zu nutzen, da zwei Beisetzungen in einem Grab weit verbreitet waren. Doch unternahm keine Behörde derartige Schritte. So konnten sich diese beiden Arbeiter im Reich Gottes ein gemeinsames Grab sowie einen Grabstein teilen, auf dem schlicht und einfach »Gott ist Liebe« zu lesen ist.

Etwa 2000 Menschen kamen von den Britischen Inseln und aus festlandeuropäischen Ländern zu Chapmans Beisetzung. Fast alle Schattierungen christlicher Bekenntnisse waren vertreten. Der Tatsache, dass derart viele Menschen gekommen waren, musste man beim Ablauf der Beerdigung Rechnung tragen. Nur wenigen der vielen fähigen Redner, die anwesend waren, konnte die Zeit für eine Ansprache eingeräumt werden, und nur ein kleiner Teil der Menschen passte in den großen Versammlungsraum der Grosvenor-Street-Kapelle, in dem der offizielle Trauergottesdienst stattfand. Während des Gottesdienstes wurden mehrere von Chapmans Liedern gesungen. Die Menschen von Barnstaple und viele andere Besucher nahmen von ihm Abschied, als der Leichnam von seinem Haus in der New Buildings Street zur Grosvenor-Street-Kapelle gebracht und anschließend von der Kapelle zum knapp zwei Kilometer entfernt gelegenen Friedhof überführt wurde. Etwa 80 Personen wechselten sich beim Tragen des Sarges ständig ab. Barnstaple, das daranging, sich auf die freudige Krönungsfeier von König Edward VII. vorzubereiten, fand sich nun in Trauer an einem offenen Grab wieder. Frank Holmes berichtet:

> Zu seinem Begräbnis in Barnstaple kamen viele Menschen. Sie kamen aus dem ganzen Land. Baptisten, Methodisten, Kongregationalisten und Anglikaner kamen am Grab mit Brüdern zusammen, am Grabe des Mannes, der sie durch sein Wort und sein Beispiel gelehrt hatte, dass alle wiedergeborenen Menschen Brüder und Schwestern in Christus sind. Und obwohl er nie auch nur einen Zentimeter von seinen Überzeugungen bezüglich der Anbetung und Leitung

in der Gemeinde abgewichen war, wussten doch alle, dass er sie von Herzen lieb gehabt und es immer von Herzen bedauert hatte, dass es nicht mehr Einigkeit in diesen Fragen unter Gottes Kindern gab. Sie wussten, dass sie einen »wahren Bruder« verloren hatten.[44]

Doch Beerdigungen sind für die Lebenden, nicht für die Toten. Chapman wollte nicht, dass man sich mit seinem Tod oder auch nur mit seinem Leben befasste. Er wollte, dass sich die Menschen mit ihrem Erlöser beschäftigten. Er hatte bewusst fast alle Briefe vernichtet, die er über die Jahre aus allen Teilen der Welt erhalten hatte, sodass nicht viel über ihn gesagt werden konnte. Somit ist über Chapman weitaus weniger bekannt und geschrieben als über die meisten seiner Zeitgenossen. Eines von Chapmans vielen Gedichten drückt seine Gefühle aus:

Geliebte, warum schmückt ihr des Toten Grab?
Warum ist sein Name auf einem Grabstein hienieden?
Seht ihr ihn auf seinem Bett ruhn – abgeschieden?
Die Pilgerreise ist am Ziel, zu End' ist nun sein Pfad.
Sein Geist ging zu Jesus in Frieden!

Der Finger der Gnade jeden Namen schreibt
In beständigen Lettern aus Blut.
Geh, lies im Glauben in des Lammes Buch,
Sein Inhalt auf ewig derselbe bleibt,
Das Herz Gottes sein' sichere Hut!

Frank Holmes gibt in seinem Werk ein Gedicht wieder, das anlässlich der Beerdigung Chapmans geschrieben wurde. Es verliert zwar durch die Übersetzung viel äußere Schönheit, spiegelt aber dennoch etwas vom Wesen Chapmans wider:

44 Frank Holmes, a. a. O., S. 116.

Welch ein Willkommen werden dir die Freunde vieler Jahre,
Geliebter Vater und Bruder, dort an den Perlentoren bereiten.
Die goldenen Straßen klingen wider von ihrem Gesang –
»Geliebter Pilger, ein zehntausendfaches Willkommen
daheim!«

Fast ein Jahrhundert lang öffnetest du Arme und Herz
Ganz weit für jeden Seiner Heiligen,
Die den Namen Jesu Christi, deines Herrn, lieb hatten.
Die du einst umarmtest, umarmen dich nun,
Und noch viele andere mehr [...]

Gottes Frieden
Hielt dein Herz ruhig, man las in deinem Gesicht:
»Mitten im Sturm, bis zum letzten Atemzug,
Friede, der alles Verstehen übersteigt, der Friede Gottes.«
Dein Gesicht widerstrahlt den unerschütterlichen Frieden,
der in dir wohnt.[45]

J. Norman Case von der China-Inland-Mission schrieb im Juli 1902 einen Nachruf auf Chapman, kurz nachdem dieser abgerufen worden war. Darin heißt es:

> In ihm haben Missionare in China und anderen Ländern einen wahren Freund und einen beständigen Helfer am Thron der Gnade verloren [...] Es ist wirklich erstaunlich, wie oft das Leben Einzelner durch den Dienst und das Vorbild dieses einen Mannes auf Wege der Gnade und der Gottesfurcht geführt und weitergebracht worden sind. Wir haben Männer und Frauen in Kanada, in Australien, in China und ebenso in vielen Orten auf den Britischen Inseln getroffen, die trotz des Widerstands von Freunden

45 Frank Holmes, a. a. O., S. 117.

> und des Hohns von Namenschristen sowie der Welt entschlossen den neutestamentlichen Weg der Gemeindeordnung, des weltabgewandten Lebens und eines sich selbst verleugnenden Dienstes gegangen sind. Den Mut dazu erhielten sie zu einem beträchtlichen Teil durch das Leben unseres abgeschiedenen Freundes.

Case berichtet weiter:

> Im Juni 1901 […] sah ich unseren ehrwürdigen Bruder das letzte Mal […] Auf dem jährlichen Gemeinschaftstreffen hielt Mr Chapman nahezu eine Stunde lang vor der großen Menge der anwesenden Gläubigen eine äußerst gesegnete Ansprache […] Während des gleichen Aufenthalts hatte ich das Vorrecht, mit ihm einen Mann zu besuchen, der körperlich und geistig krank war und Chapman rufen ließ. Der Mann gehörte nicht zu denen, die Chapman üblicherweise zuhörten, hatte aber dessen gottgemäßes, demütiges und selbstverleugnendes Leben über die Jahre hinweg beobachtet. Jetzt, in der Stunde der Not, war Chapman der einzige Mann in der Stadt, den er zu sehen wünschte und mit dem er bereit war, über geistliche Dinge zu reden. Der betagte Patriarch, der sich zu diesem Zeitpunkt im 99. Lebensjahr befand, stützte sich auf meinen Arm, um zu dem Fremden zu gehen und ihm Worte der Gnade und Wahrheit mitzuteilen. […] Er bewegte uns auch dazu, einen Tag länger zu bleiben, damit er von dem Werk in China hören konnte. Das konnten wir ihm nicht verwehren, weil er ein Partner in der Arbeit war, der jahrelang regelmäßig im Gebet an uns dachte.

Eine Begebenheit, die sich irgendwann nach Chapmans Tod ereignete, beschreibt seinen Charakter treffend. Viele Leute wollten Andenken aus seinem Besitz haben. Seine Freunde beschlossen, dass es die gerechteste Methode wäre, seine Haushälterin entscheiden zu lassen, wie seine persönlichen Besitztümer verteilt werden sollten. Auf diese Weise gelangten sein Schreibtisch, sein Stuhl, seine Kleidung und weitere persönliche Dinge in andere Hände. Fred Idenden erzählte einem Gast von dem Andenken, das er erhalten hatte. Es war eines von Chapmans Nachthemden. Ein paar Monate, nachdem Idenden das Nachthemd bekommen hatte, wollte er es jemandem zeigen und Erinnerungen zurückrufen, konnte es aber nicht finden. Nachdem er einige Zeit nachgedacht hatte, fiel ihm ein, dass er es auf einen Haufen Kleidung gelegt hatte, der zu einer Missionsstation nach Rhodesien geschickt worden war. Mittlerweile hatte man das Nachthemd bereits einem der Eingeborenen gegeben. Idenden stellte sich einen glücklichen Mann vor, der das einzige Andenken an Chapman trug, das zunächst er selbst bekommen hatte. Er beklagte den Verlust seines Schatzes und sagte anschließend: »Aber Mr Chapman hätte es so gefallen!«

Robert Chapmans Erbe

Was hinterließ Robert Chapman, als er aus dieser Welt in den Himmel ging? Gewiss nicht viel materiellen Besitz: nur seine Kleidung, einige Möbel, seine Werkzeuge und einige Küchenutensilien. Was er in geistlicher Hinsicht hinterließ, war weitaus größer: das Beispiel eines Menschen, der Christus *lebte.*

Chapman sagte, dass der Mensch Gottes jemand ist, der es zu seiner Lebensaufgabe macht, Gott zu erfreuen. Diese Definition trifft sehr gut auf Chapman zu. Gott zu erfreuen und Christus zu leben, waren seine Ziele. Das Streben nach diesen Zielen befähigte ihn, ein wirklicher Führer zu werden – d. h. ein dienender Führer. Sein langes Leben im Dienst und in der Fürsorge für andere bezeugt seinen christusgemäßen Charakter. Er war in der Tat ein »Apostel der Liebe«.

So viele Menschen erhielten Impulse von ihm, dass Ruhm unvermeidbar war – doch wurde er berühmt, ohne es zu wollen. Er hätte ein bekannter Autor christlicher Schriften werden können, lehnte jedoch viele schmeichelhafte Angebote von Verlegern ab. Er stellte sich entschieden gegen alles, was seine Person bekannt gemacht hätte. Seine markanten Redeweisheiten wurden von Freunden ohne sein Wissen zusammengetragen, und der Veröffentlichung von *Choice Sayings* stimmte er nur unter der Voraussetzung zu, dass alle Einnahmen in die Missionsarbeit fließen würden. Er schloss die Arbeiten an seinen *Hymns and Meditations* ab und gab sie zum Druck, aber er tat es, um einem bedürftigen Drucker vor Ort finanzielle Hilfe zukommen zu lassen. Wir mögen vielleicht angesichts seiner Abneigung gegenüber der Veröffentlichung seiner Schriften enttäuscht sein und ebenso hinsichtlich seines Entschlusses, fast alle persönlichen Aufzeichnungen zu vernichten, aber diese Entscheidungen waren letztlich nur ein Spiegelbild seiner Persönlichkeit.

Ein Mann mit einem aktiven Glauben

Obwohl er einer der Pioniere einer christlichen Erweckungsbewegung war, bestritt Chapman, eine neue Schule des christlichen Gedankenguts gegründet oder verlorene Wahrheiten wiederentdeckt zu haben, so wie es ihm einige unterstellten. Seine Weisheit entstammte einem jahrelangen, hingegebenen Bibelstudium. Er begann im Alter von 16 Jahren mit einem ernsthaften Studium der Bibel und setzte es in der Folgezeit fort – fast 84 Jahre lang, und zwar oftmals viele Stunden am Tag. Das war die Quelle seiner geistlichen Stärke, ebenso wie seiner Kenntnis des Willens Gottes. Er widmete sich praktisch fortwährend dem Gebet. Bei allen Tätigkeiten betete er und besprach alle Dinge mit Gott. Einige sagten, wenn Chapman mit anderen, die durchaus zu den Schriftkennern gerechnet werden konnten, zum Bibelstudium an einem Tisch zusammensaß, habe er sie alle überragt. Henry Dyer verglich Chapmans Dienst am Wort einmal mit einem Adler, der hoch in den Himmel hinauffliegt. Er befand sich über den Wolken. »Nur gelegentlich ist die Sicht auf ihn frei«, sagte Dyer und fügte hinzu: »Wenn Robert Chapman predigte, schüttete er Goldnuggets aus […] Die Zuhörer mussten das Gold aus den Nuggets selbst herausschlagen, doch je mehr sie heraushämmerten, umso mehr war in den Nuggets zu sehen.«

Chapmans Dienst fing in der John-Street-Kapelle an, setzte sich dann in der Ebenezer-Kapelle fort, erstreckte sich anschließend auf ganz Barnstaple und weitete sich in der Folge auf die umliegenden Gebiete von Nord-Devon aus. Bald schon brachte ihm sein missionarisches Interesse Einfluss in vielen Ländern ein. Wegen seiner Liebe und Weisheit befand er sich an vorderster Front einer Bewegung, die eine einfache Form der Anbetung und direkte Belehrung aus der Bibel erstrebte. Gegen Ende seines Lebens war er Menschen in nahezu allen Teilen der Welt bekannt.

Chapman erwartete von anderen nicht, seine spezielle Lebensweise nachzuahmen, die sich durch Abhängigkeit von Gottes Fürsorge für seine materiellen Bedürfnisse auszeichnete. Aber seinem Willen gemäß sollten die Christen in ihrem empfangenen Glauben leben und überzeugt sein, dass die Abhängigkeit von Gottes Hilfe nichts Ungewöhnliches ist. Er nahm die Verheißung zu Herzen: »Der HERR wird dafür sorgen« (1Mo 22,14; Schlachter 2000), und der Herr versorgte ihn und seine Arbeit tatsächlich.

Ein Vermittler der Weisheit Gottes

Chapmans große Christusliebe wurde in seinem Handeln und seiner Haltung gegenüber Menschen deutlich. Es war ihm ein großes Anliegen, sowohl das materielle als auch das geistliche Wohlergehen im Blick zu behalten, und er war sogar fähig, weniger liebenswerte Menschen zu lieben und für sie zu sorgen. Er erkannte jedoch, dass die christusähnliche Liebe nicht unbedingt bedeutet, jedem *gefallen* zu müssen. Er sagte einmal: »Mein Hauptwunsch ist es, ihn [Christus] zu erfreuen. Wenn ich meinen Brüdern Freude bereite, bin ich glücklich. Wenn es mir nicht gelingt, bin ich nicht enttäuscht.«

Gott gebrauchte diesen ergebenen Mann, um seine Herde zu führen, Gläubige und Ungläubige zu belehren, Wunden zu heilen und seine Diener wiederherzustellen und zu stärken. Der Herr schenkte ihm eine gottgemäße Weisheit und einen weisen Umgang mit den Menschen. Eine Auswahl aus *Choice Sayings* liest sich wie folgt: »Wenn die Liebe einen Fehler sieht, wird die Liebe diesen Fehler in Treue tadeln. Ich sage ›sehen‹, denn die Liebe hat feine Sinne.« Er definierte Liebe auf diese Art: »Die Liebe, von der wir sprechen, ist sanftmütig und demütig; sie verhält sich weise und erbaut auf; sie erduldet die Törichten und die Eingebildeten, während sie ihre Torheiten meidet.«

Aus diesem Grund suchten viele Menschen und Gemeinden seinen Rat. Er war so unparteiisch, dass die Leute seinem Rat zutiefst vertrauten, sodass viele Familien und Gemeinden zusammengehalten wurden. Seine Weisheit und seine Fürbitte im Gebet waren ein Teil der geistlichen Stärke der Waisenhäuser von Müller in Bristol und der China-Inland-Mission von Hudson Taylor. Zur Zeit von Chapmans Tod gab es etwa 80 eng miteinander verbundene Gemeinden in ganz Nord-Devon – damals wahrscheinlich die größte Dichte von Versammlungen auf der ganzen Erde. Sie waren für ihre Liebe und ihre aufnahmebereite Haltung bekannt, was zum größten Teil auf Chapmans Vorbild und seine beständige Fürbitte zurückzuführen ist.

Ein »Apostel der Liebe«

Chapman hatte keinen Ruf als Theologe, und dennoch besaß er ein tiefes Schriftverständnis. Er ist kein berühmter Liederdichter geworden, obwohl er viele hervorragende Liedtexte verfasst hat. Trotz seiner großartigen Stimme war er auch kein berühmter Redner. Als Prediger erwarb er sich keine besondere Anerkennung, auch wenn Altersgenossen seine hervorragenden Qualitäten anerkannten und seine Predigten die Herzen von Tausenden erreichten.

Robert Chapman wurde für seine außergewöhnliche Liebe, sein freundliches Wesen und die von ihm vertretene Wahrheit berühmt. Er wurde in England derart gut bekannt, dass ein Brief aus dem Ausland, der nur mit »R. C. Chapman, Universität der Liebe, England« adressiert war, richtig zugestellt wurde. Er wurde als »Apostel der Liebe« bekannt.

Dieser Diener Gottes vertrat eine einwandfreie Lehre und war untadelig in seiner Haltung. Liebe prägte alles, was er tat, und diese Liebe entsprang seiner Hingabe an Christus. In Robert Chapman hat Gott uns das Beispiel eines Mannes gegeben, der das wahre christliche Leben aus- und uns vorlebte.

Die Familiengeschichte von Robert Chapman

Die Gegend, aus der die Chapmans stammten, ist von einsamer, abgelegener und natürlicher Schönheit. Viele Generationen abgehärteter Menschen hatten in den Dörfern gelebt, die sich verstreut zwischen den Felsen und Klippen der nordöstlichen Küste Englands befanden. Sie hatten in den Häfen ihre Schiffe gebaut, gingen ihrem Erwerb auf See nach und bezogen von dort ihre Nahrung. Hinter der Küste stieg das Land nach Westen steil an, bis es eine Hochebene erreicht hatte – die Moore; baumlos, still und nebelumwoben erstreckten sie sich viele Kilometer weit. Bäche, die hoch oben in den Mooren entsprangen, vereinigten sich und flossen später in den Esk, der durch steile Täler hinunterrauschte und schließlich zwischen zwei hohen Klippen in die Nordsee mündete. Dort bildete die Flussmündung einen Hafen, in dem Handwerker ihre Boote und Schiffe bauten. Wenn die Sonne hinter den Wolken über der Nordsee hervorbrach, schien sie auf ihre weiß getünchten Häuser, die am Ufer in der Nähe des Hafens gebaut worden waren. Deshalb nannten die Bewohner ihre Zufluchtsstätte Whitby – das weiße Dorf.

Der Hafen von Whitby hat sich seinen Platz in der Geschichte gesichert. Im Whitby des 18. Jahrhunderts begann Kapitän James Cook seine Seemannslehre. Dort ließ er auch seine vier großen Schiffe bauen. Die Scoresbys und ihre Begleiter auf den Forschungsreisen durch die Gewässer um Grönland lernten ihr Handwerk in Whitby. Und lange vor ihrer Zeit sang Cædmon, Englands erster Dichter, sein berühmtes Lied im Kloster von Whitby, das oben auf einer der Klippen liegt und von dem aus man den Hafen überblicken kann.

Im Gebiet von Whitby in Nord-Yorkshire breitete sich der Chapman-Clan aus. Hier brachte er es auch zum geschäftlichen

Erfolg. Alte Quellen zeigen, dass die Chapmans sich noch vor dem Jahr 1277 während der Herrschaft Heinrichs III. in der Gegend ansiedelten. Die Familie erhielt ihren Nachnamen deshalb, weil die ersten Familienmitglieder »Chapmans« waren (»Chapman« bedeutet wörtlich so viel wie »Hausierer«, »Händler«) – sie kauften und verkauften Handelswaren. Zu jener Zeit wurde ein Robert Chapman, ein Kaufmann aus York, durch den König von England ermächtigt, nach Dänemark zu reisen, »um dort Getreide zu kaufen, da es in England sehr knapp war«. Diesem Auftrag wurde ein Empfehlungsschreiben an den König von Dänemark beigefügt.

Im 18. Jahrhundert war die Familie Chapman in der Gegend von Whitby recht dominant. Die meisten Chapmans standen in irgendeiner Verbindung zum Seehandel und -verkehr. Sie waren Import-Export-Händler, Besitzer oder Erbauer von Schiffen, Offiziere in der Königlichen Marine, Segelmacher und Schiffsausrüster. Die Familie war erfindungsreich und wohlhabend. Da sie viele Nachkommen hinterließ, war sie um 1800 weit verzweigt. Die Chapmans gründeten die erste Bank in Whitby. Einige von ihnen wurden Fabrikanten und Ingenieure; andere wandten sich der Großwildjagd in Afrika zu. Richter, Parlamentsmitglieder und Pfarrer der englischen Staatskirche waren in ihren Reihen zu verzeichnen.

Die »Religiöse Gesellschaft der Freunde« – die Quäker – entstand während der Aufstiegszeit der Familie Chapman. 1647 begann George Fox, über das zu predigen, was er das »innere Licht Christi« nannte. Er betonte innerliche geistliche Erfahrungen anstatt eines bestimmten Glaubensbekenntnisses und predigte, dass die Leitung des Heiligen Geistes wichtiger für das Verhalten eines Menschen sei als die Bibel. Diese Art Lehre war für die meisten Briten neu und zog schnell viele von ihnen an. Zu dieser Zeit legte die englische Staatskirche keinen Nachdruck auf biblische Aussagen über das Wirken des Heiligen Geistes im einzelnen Menschen. Da das Quäkertum eindeutig eine Lücke im geistlichen Leben des Volkes füllte, breitete es sich schnell aus.

Der Einfluss von George Fox erreichte Whitby sehr bald. 1659 kauften mehrere Quäker am Stadtrand ein Stück Land und nutzten es als Begräbnisstätte. Um 1689 gab William Chapman, ein Zeitgenosse von George Fox, seine Bekehrung zum Quäkertum bekannt.

Die Quäker wurden im 18. Jahrhundert zur vorherrschenden religiösen Kraft in Whitby, und die meisten Angehörigen der Familie Chapman, die in Whitby lebten, konvertierten zu diesem Glauben. Das Quäkertum verbot jedoch jegliches Tragen von Waffen, was eine Schwierigkeit für Schiffseigentümer darstellte, die ihre Schiffe bewaffnen mussten, um gegen ausländische Schiffe und Freibeuter gerüstet zu sein. Ein Historiker der Whitby Literary and Philosophical Society[46] berichtete: »Man sagt – was nicht unwahrscheinlich ist –, dass die Trennung der Familie Chapman [von der »Gesellschaft der Freunde«] in der Entscheidung begründet war, entweder ihre Schiffe von der Regierung chartern zu lassen – in diesem Fall mussten die Schiffe bewaffnet sein – oder Mitglieder der Quäkervereinigung zu bleiben. Sie entschlossen sich anscheinend zugunsten der ersten Alternative.«

Folglich wurde vielen Angehörigen der Familie Chapman und anderen Quäkern die offizielle Mitgliedschaft entzogen, was sie aber nicht davon abhielt, sich auch weiterhin als Quäker zu betrachten. Einige von ihnen gründeten eine neue und weniger strenge Versammlung in einem Dorf ein paar Kilometer nordwestlich von Whitby. Abel Chapman, der Sohn von William und Großvater von R. C. Chapman, blieb in Whitby. Da sich die Quäker von ihm distanzierten und ihm das Recht entzogen hatten, auf ihrem Friedhof beerdigt zu werden, baute Abel für sich und seine Familie eine stattliche Gruft auf einer kleinen Parzelle, die an die Begräbnisstätte der Quäker grenzte. Eine Generation später integrierten die ortsansässigen Quäker die Parzelle in ihr Grund-

46 A. d. H.: 1823 gegründete Interessengemeinschaft, die sich u. a. der Heimat- und Regionalgeschichte im Raum Whitby widmet.

stück, was darauf schließen lässt, dass eine Art Versöhnung stattgefunden hatte.

Die Beziehung der Chapmans aus Whitby zu den Quäkern und der Kirche Englands ist während dieser Zeit nicht eindeutig. John, einer von Abels Söhnen, heiratete nach dem Ritus der englischen Staatskirche, aber seine Kinder wurden in das Geburtsregister der Quäker in Whitby aufgenommen. Eines dieser Kinder war Thomas Chapman, dessen Kinder (einschließlich R. C. Chapman) später auch in den Dokumenten der Quäker eingetragen wurden. Die Worte »keine Mitgliedschaft« oder »nicht der Gemeinschaft zugehörig« wurden bei den Namen von Thomas und seinen Kindern hinzugefügt. Da seine Kinder in den Dokumenten der Quäker eingetragen waren, obwohl einige von ihnen nach dem Ritus der englischen Staatskirche getauft wurden, gab es offensichtlich Angehörige des größeren Familienkreises der Chapmans, die weiterhin Quäker waren und die wollten, dass die Namen ihrer Kinder in die Dokumente der Quäker aufgenommen wurden. Die religiöse Ausrichtung der Familie Thomas Chapman, in die Robert Cleaver Chapman hineingeboren wurde, scheint somit zweigeteilt gewesen zu sein.

Die Chapmans führten während des späten 18. Jahrhunderts ein gut gehendes Handelsgeschäft in Elsinore (im Deutschen unter der Bezeichnung »Helsingör« bekannt), Dänemark. Thomas Chapman übernahm nach seiner Heirat im Jahr 1791 die Verantwortung für das Geschäft. Die Lebensbedingungen in Helsingör waren angenehm, und die Familie hatte in diesem Land viele alte Beziehungen. Also ließ sich Thomas mit seiner jungen Frau Ann Cleaver an der Küste Dänemarks nieder, direkt an der Meerenge Richtung Schweden.

Im Anschluss an ihren Umzug nach Helsingör bekamen Thomas und Ann Kinder. Das erste war Ann, die 1793 geboren wurde. Dann folgten John, Edward und William, deren Geburt jeweils etwa ein Jahr auseinanderlag. Der nächstgeborene war Thomas; er starb noch im Kindesalter. Am 4. Januar 1803 wurde Robert Chapman als das sechste von zehn Kindern geboren. Nach ihm kamen Henry, Jane, ein weiterer Thomas und schließlich Arabella, die 1814 geboren wurde.

Die Vorfahren von Robert Cleaver Chapman

Robert Chapman	15?? – 1607
John Chapman	1570 – 1614
Robert Chapman	1603 – 1685
William Chapman	1646 – 1720
Abel Chapman	1694 – 1777
John Chapman	1732 – 1822
Thomas Chapman	1766 – 1844
Robert C. Chapman	*1803 – 1902*

Evans, Müller, Groves, Craik, Paget

Robert Chapman war dafür bekannt, ein unabhängiger Denker zu sein – ein Ruf, der sich mit der Zeit immer mehr herausbildete. Er nahm nicht eher einen Standpunkt ein, bis er davon überzeugt war, dass er mit der Bibel übereinstimmte. Manchmal war seine Auffassung über weniger wesentliche Punkte anders als die seiner guten Freunde, was aber nicht bedeutet, dass sie ihn nicht beeinflussten.

Chapmans frühe Haltungen zum Leben als Christ und zur Gemeindepraxis wurden besonders stark von Harington Evans geprägt. Aber nach seiner Ankunft in Barnstaple im Jahr 1832 hatte Chapman häufigen Kontakt zu mehreren christlichen Leitern, die viele seiner Ansichten teilten und mit dazu beitrugen, dass diese Gestalt annahmen. Auf den vorangegangenen Seiten wurden einige Einzelheiten über Robert Gribble, Thomas Pugsley und William Hake berichtet. In diesem Kapitel finden sich weitere Details, die das Leben und den Dienst von Harington Evans, Georg Müller, A. Norris Groves, Henry Craik und Elizabeth Paget sowie deren Verbindungen zu Chapman betreffen.

Harington Evans unterstützte und ermutigte Robert Chapman während seiner Jahre in Barnstaple weiter, und ihre Freundschaft vertiefte sich noch. Die beiden pflegten einen häufigen Austausch, indem sie einander viele Male besuchten und dann auch jeweils in der Gemeinde des anderen predigten. Chapman suchte und schätzte den Rat von Evans. Bei Evans gab es kein Anzeichen von Missgunst, als Chapman immer bekannter wurde. Die Briefe von Evans zeigen vielmehr, wie seine Zuneigung und seine Bewunderung gegenüber Chapman zunahmen, und spiegeln sein tiefes Interesse an der Arbeit in Barnstaple wider.

Im September 1833 – anderthalb Jahre, nachdem Chapman London verlassen hatte – besuchte Evans Barnstaple im Urlaub.

Er schrieb der Gemeinde in der John Street: »Unser lieber Bruder Chapman wünscht, dass ich Euch seine Liebe übersende, seine innige Liebe. Er lässt ausrichten, dass Ihr ihm täglich am Herzen liegt.« Im Spätsommer 1835 schrieb Evans, als er während eines weiteren Urlaubs erneut Nord-Devon bereiste:

> Nächste Woche beabsichtige ich, unseren lieben Bruder Chapman in Barnstaple [zu besuchen], dem ich bis jetzt zweimal dort begegnet bin. Sein Herz ist wegen Eures freundlichen Zeugnisses, womit Ihr Euch anderen zuwendet, voller Liebe zu Euch. Er empfindet tiefe Dankbarkeit für Eure Bitte, zwei Sonntage meinen Platz [in der John Street] einzunehmen, und gibt seine Einwilligung dafür. Viele Gebete haben wir für diese [Ebenezer-]Gemeinde dargebracht, so lieb ist sie unseren Herzen.

Als Evans und seine Frau am Ende des Urlaubs nach London zurückkehrten, hielten sie in Taplow an, wo Mrs Evans aufgewachsen war. Es wartete bereits ein Brief aus Barnstaple auf sie. Evans schrieb an die Geschwister in der John Street:

> Dieser Tag bringt einen Brief […] der mich über die gefährliche Krankheit unseres geliebten Bruders Chapman informiert. Was für eine Lektion über die Ungewissheit aller Dinge auf Erden, die uns hier zuteilwird! Um ein Haar hätte ich nicht gemerkt, dass ich vorsichtig sein muss, damit ich mich nicht seiner Stärke rühme, weil er körperlich derart stark zu sein schien. Und jetzt […], wie des Grases Blume, die ein Lüftchen hinwegbläst, so könnte er verblühen […] Unter denen, die ich auf Erden kennenlernen durfte, habe ich in der Tat nur wenige wie ihn gesehen: so lieb wie ein Kind, so willig wie ein Diener, vor allem arm im Geist, mutig wie ein Löwe und sanft wie eine Amme.

Das ist der einzige existierende Bericht über die wenigen Male, die Chapman krank war. Er erholte sich wieder, und die Gebete dieser Heiligen wurden zweifellos erhört.

Zwei Jahre später schrieb Evans wieder aus Barnstaple und drückte sein tiefes Bedauern darüber aus, dass Chapman nicht so bald würde in die John Street kommen können, um dort zu predigen. Der Ton des Briefes zeigt, wie sehr die Menschen in der John Street wünschten, Chapman wieder zu hören. Möglicherweise kann man ihm auch entnehmen, dass es dort ein Problem gab, dessen Chapman sich hätte annehmen können:

> Unser lieber Bruder Chapman ist wohlauf; er sendet Euch seine große Liebe. Ich habe ihm Euren ernsthaften Wunsch vorgetragen, dass er in meiner Abwesenheit zu Euch kommen möge, aber er sieht sich gegenwärtig nicht geführt, Barnstaple zu verlassen. Ich gebe zu, dass es eine große Enttäuschung für mich ist. Ich empfinde sie stärker, als ich es zu sagen vermag, doch der Wille des Herrn und nicht unser Wille ist auch in dieser Sache maßgebend. Unser lieber Bruder gibt uns aber die Hoffnung, Eurer Bitte zu einer anderen, nicht allzu fernen Zeit nachzukommen […] Unsere Seelen sind beim Besuch der Gemeinde in Barnstaple sehr gestärkt worden. Wir erkennen, dass es in ihr viel Ermutigendes gibt.

1829 kam Georg Müller aus Deutschland nach London, um sich für die Missionsarbeit zurüsten zu lassen. Es ist bemerkenswert, dass ihm jemand nur einen Monat nach seiner Ankunft von A. Norris Groves erzählte, der sich darauf vorbereitete, als unabhängiger Missionar nach Bagdad zu gehen. Diese Schilderung hatte eine deutliche Wirkung auf Müller. Er war vor allem von der Tatsache beeindruckt, dass Groves plante, allein zu gehen, ohne hinsichtlich seiner gegenwärtigen äußerlichen Bedürfnisse von einer Missionsgesellschaft abhängig zu sein. Groves wollte sich vertrauensvoll nur auf Gottes Führung und Vorsorge stützen.

Die maßgeblichen Bestimmungen der Missionsgesellschaft, von der Müller ausgebildet wurde, ließen ihn schon bald unruhig werden, und das Vorbild von Groves beschäftigte ihn stark. Er war sich unsicher, ob er noch länger bei der Missionsgesellschaft bleiben sollte. Als er krank wurde, sagten ihm sowohl seine Freunde als auch die Ärzte, dass er London eine Zeit lang verlassen sollte. Müller hielt es für einen guten Rat und beschloss, in eine ruhige Region am Meer zu fahren, und zwar in die Nähe des Flusses Exe im südlichen Devonshire. Er verließ London im Juni und fand eine Möglichkeit, in dem Städtchen Teignmouth unterzukommen, das etwa 30 Kilometer von der Stadt Exeter mit ihrem jahrhundertealten Stadtkern entfernt lag.

In Teignmouth lernte er mehrere nonkonformistische Christen kennen, die einen starken Einfluss auf sein Verständnis biblischer Lehren nahmen. Einer von ihnen war Henry Craik, der regelmäßig in einer Baptisten-Kapelle im nahe gelegenen Dorf Shaldon predigte. Als er die Freiheit sah, mit der diese Männer das Wort Gottes predigten, wollte Müller augenblicklich mit ihnen zusammenarbeiten. Er wollte predigen – aber niemand machte diesem Mann mit dem starken deutschen Akzent ein entsprechendes Angebot.

Im Herbst 1829 reiste Müller nach London zurück, um seine Ausbildung bei der Missionsgesellschaft fortzusetzen. Seine Gedanken waren ständig damit beschäftigt, für den Herrn in Freiheit und unabhängig von jeder Missionsgesellschaft zu arbeiten. Er hörte, dass Groves auf seinem Weg nach Bagdad sicher in St. Petersburg angekommen war. Dies trug noch mehr dazu bei, dass er innerlich aufgewühlt war. Es verging noch ein wenig Zeit, in der Müller sich selbst davon überzeugte, dass es nicht schriftgemäß sei, sich einer menschlichen Körperschaft zu bedienen, um eine Berufung als Missionar zu erhalten. Im Dezember löste er seine Verbindung zur Missionsgesellschaft. Er verließ London in Richtung Teignmouth und kam dort am 31. Dezember an.

Vor seiner Abfahrt gab ihm jemand die Adresse einer bemerkenswerten nonkonformistischen Dame – die von Elizabeth Paget, die in

Exeter lebte. Der unbekannte Bruder mit Verbindungen nach Exeter war vermutlich der gleiche, der Müller über Groves auf dem Laufenden hielt. Drei Wochen, nachdem er sich in Teignmouth niedergelassen hatte, reiste Müller nach Exeter, um Miss Paget besuchen. Sie ergriff die Gelegenheit und bat ihn, in der kleinen Kapelle zu predigen, die sie im nahe gelegenen Poltimore gemietet und ausgestattet hatte. Müller nahm das Angebot ohne Zögern an, da er sich bereits in dieser Zeit zum Predigtdienst berufen sah. Es war das erste Mal, dass man Müller bat, in englischer Sprache zu predigen.

Elizabeth Paget war unverheiratet und lebte mit ihrer jüngeren Schwester Charlotte zusammen. Elizabeth war dem Herrn zutiefst hingegeben und arbeitete problemlos mit den gläubigen Männern zusammen, die sie kannte und von denen sie liebevoll Bessie genannt wurde. Obwohl sie von ihren Ansichten her zu den Dissentern gehörte, war sie mit den freikirchlichen Gemeinden der Gegend nicht zufrieden. Da sie sah, dass vielen Dorfbewohnern in der Umgebung von Exeter das Evangelium nicht gelehrt wurde, sondern nur eine kalte und leblose Form des Christseins seitens der englischen Staatskirche und eine rigide Frömmigkeit vonseiten einiger freikirchlicher Gemeinden, übernahm sie selbst die Initiative, indem sie eine kleine Kapelle einrichtete und gottesfürchtige Männer ausfindig machte, die dort predigten.

Um 1825 war Groves in dieser Gegend als zutiefst heiliger Mann bekannt geworden, was für Paget ein Grund war, ihn kennenzulernen. Als Groves sich im Trinity College in Dublin einschrieb, um sich auf den Missionsdienst vorzubereiten, hörte er von mehreren kleinen christlichen Gruppen, die sich regelmäßig zum Gebet und zum Bibelstudium trafen. Diese Leute waren nicht nur mit dem Zustand der anglikanischen Kirche in Irland unzufrieden, sondern auch mit dem der Freikirchen, die feste Mitgliedschaftsregeln hatten. Was Groves in einer von diesen kleinen Gruppen über die Freiheit der Anbetung in Unabhängigkeit von formell eingesetzten Geistlichen erfuhr, bestätigte das, was ihm Paget erzählt hatte. Bald darauf brach er alle Beziehungen zur englischen Staatskirche ab. In den nächsten paar Jahren wurde Groves unter seinen Altersgenossen zu einer einflussreichen Stimme für die Einheit aller Gläubigen auf der Grundlage des *Lebens* in Christus und nicht aufgrund des biblischen Verständnisses des Einzelnen.

Groves erinnerte sich daran, dass es ihn entsetzte, als er das erste Mal von Paget gebeten wurde, in Poltimore zu predigen. Da er der englischen Staatskirche noch treu ergeben war, lehnte er es mit Nachdruck ab. Als er in seinem geistlichen Denken reifer wurde, änderte er seine Meinung und wurde zu einem regelmäßigen Prediger in der kleinen Kapelle, bis er nach Bagdad ging.

Paget arrangierte es, dass Müller während seines Aufenthalts in Exeter bei der Familie von William Hake wohnte. Die Hakes lebten zu jener Zeit in dem großen, alten Haus von Groves und nutzten es als Internat. Groves' Schwester Mary half Hake, den Haushalt des Internats zu führen, und heiratete Müller im Herbst desselben Jahres (1830). Sie war Müller eine gute Ehefrau, die seinen Idealismus und Eifer uneingeschränkt unterstützte.

Ohne Zweifel war es Mary, die Müller die Broschüre *Christian Devotedness*[47] zeigte, die Groves 1825 veröffentlicht hatte. Diese Broschüre trat für einen schlichten und äußerst bescheidenen Lebensstil und für das Vertrauen darauf ein, dass Gott für alle Bedürfnisse Vorsorge trifft. Das war der Lebensstil, den Groves übernommen hatte und fortan beibehielt. Groves hatte die Broschüre an viele Missionare gesandt – auch an Dr. Robert Morrison, den protestantischen Pioniermissionar in China, der sagte, dass er durch sie zutiefst beeinflusst wurde. Sicherlich wirkte sich die Broschüre auf Müllers Haltung hinsichtlich des Vertrauens auf Gott ebenso aus.

Bald nach seiner Ankunft boten sich Müller Möglichkeiten, in den Kapellen von verschiedenen Dörfern der Gegend zu predigen, einschließlich der von Thomas Pugsley in Hiscott in Nord-Devon. Kurz danach übernahm Müller das Pastorat in einer kleinen kongregationalistischen Gemeinde in Teignmouth.

47 A.d.H.: Deutsche Ausgabe: *Das Glück eines abhängigen Lebens*, Bielefeld: CLV, 3. überarbeitete Auflage 2019.

Die Kongregationalisten lehrten die Säuglingstaufe, und der junge Müller hatte keine Geduld, auf Veränderungen in der Gemeinde zu warten. Eine seiner ersten Änderungen in Teignmouth war die Einführung der Glaubenstaufe, was ihn sein halbes Gehalt kostete, da einige der Glieder die Gemeinde aufgrund dieses Kurswechsels verließen. Ebenso führte er das wöchentliche Mahl des Herrn ein und übernahm den Grundsatz, dass während dieses Gedächtnismahls jeder ein Wort aus der Schrift lesen durfte. Schließlich verzichtete er auf sein Gehalt und zog es stattdessen vor, gänzlich durch freiwillige Spenden unterstützt zu werden. All diese Veränderungen fanden innerhalb von zwei Jahren statt, der gesamten Dienstzeit von Müller in dieser Gemeinde.

Müller hatte während eines früheren Besuchs in dieser Gegend Henry Craik kennengelernt. Der 21-jährige Craik war 1826 aus Schottland gekommen, um den beiden Söhnen von Groves Privatunterricht zu geben und mit ihrem Vater die Klassiker zu lesen, während dieser sich am Trinity College für den Missionsdienst vorbereitete. Craik war sehr gelehrsam und ging zu diesem Zeitpunkt sogar daran, ein Hebräisch-Wörterbuch für den Druck vorzubereiten. Er hätte wahrscheinlich ebenso wie einer seiner Brüder an der Universität weiterstudieren können, aber Gott war dabei, ihn im Blick auf eine größere Laufbahn zu formen.

Wie zu erwarten war, wurde Craik sehr von Groves beeinflusst. Er wurde derjenige, der Groves' Ansichten in erster Linie verbreitete, als dieser seine Missionsreise antrat. Als Groves Mitte des Jahres 1827 sein Ziel aufgab, als ordinierter Missionar das Trinity College zu verlassen, und alle Bindungen zur englischen Staatskirche löste, benötigte er die Dienste von Craik nicht länger. Craik fand in der Nähe bald eine neue Stellung als Privatlehrer; diesmal bei dem wohlhabenden John Synge, einem Freund von Groves. Synge subventionierte die Veröffentlichung von Craiks Hebräisch-Wörterbuch, seiner ersten wissenschaftlichen Arbeit.

In diesem Zeitraum nahm Craik erstmals Einladungen an, in umliegenden Gemeinden zu predigen, und erwarb sich dabei den

Ruf eines guten Predigers. Im April 1831, als sein Dienst bei der Familie Synge beendet war, nahm er das Angebot an, Pastor einer kleinen Gruppe von Baptisten im nahe gelegenen Shaldon zu werden. In dieser Zeit heiratete er auch, doch seine Frau starb nur ein paar Monate später.

Da Craik gut predigen konnte, wurde er Ende 1831 gebeten, das Pastorat einer kleinen kongregationalistischen Gruppe in der Gideon-Kapelle anzunehmen und die leere Bethesda-Kapelle dafür zu nutzen. Beide Kapellen befanden sich in Bristol. Er akzeptierte das Angebot unter der Bedingung, dass Georg Müller wie er dort Pastor werden würde, und die Gemeinde willigte ein. Im April 1832 zogen sie nach Bristol, etwa zur gleichen Zeit ging Chapman nach Barnstaple.

Craik und Müller wurden eingeladen, in die Gideon-Kapelle zu kommen, und hatten dabei mehrere Bedingungen gestellt. Ihnen war auch der Grundsatz wichtig, dass sie kein festes Gehalt beziehen wollten. Stattdessen gab es im hinteren Teil des Gemeinderaumes einen Spendenkasten, in den die Gläubigen Geld für die leitenden Brüder einlegen konnten. Sie hatten neben dem Wunsch, dem Herrn hinsichtlich ihrer Bedürfnisse zu vertrauen, einen praktischen Grund für diese Regelung: Ein Gehalt hätte ihrer Meinung nach eine unerwünschte Abhängigkeit von der Gemeinde und eine indirekte Kontrolle bedeutet, von der sie frei sein wollten. Somit lehnten sie den kongregationalistischen Grundsatz ab, dem zufolge sich der Pastor nach den Vorgaben der Gemeinde richten muss. Im Wesentlichen tendierten sie mit ihrer Vorgehensweise zur damaligen Praxis der Baptisten.

In der erst kürzlich neu gebildeten Gemeinde in der Bethesda-Kapelle entschlossen sich Müller und Craik, dass sie niemandem die volle Zugehörigkeit zuerkennen würden, der nicht als Gläubiger getauft worden war; trotzdem wurde solchen gestattet, am Brotbrechen teilzunehmen. Sie führten diese Regel ein, um keinen Anstoß bei Mitgliedern zu erregen, die meinten, es sei ein schwerwiegender Ungehorsam, wenn man sich als Gläubiger nicht taufen lasse. Es dauerte jedoch nicht lange, bis sich Müller und Craik mit ihrer Entscheidung unwohl fühlten.

Im August 1836 zog Müller Chapman zurate. Chapman ging an das Problem mit großem Scharfsinn heran – vielleicht kam ihm hier seine Ausbildung zum Juristen zugute – und antwortete Müller, dass »ungetaufte Gläubige entweder zu denen gehören, die unordentlich leben, was bedeutet, dass wir uns von ihnen zurückziehen müssen, oder sie leben nicht unordentlich. Wenn ein Gläubiger in Unordnung lebt, müssen wir uns nicht nur am Tisch des Herrn von ihm abgrenzen, sondern uns ihm gegenüber … auch in allen anderen Bereichen deutlich anders verhalten.« Auf diese Argumentation gründete sich die Einstellung von Müller und Craik zu diesem Problem und hinsichtlich der grundsätzlichen Aufnahme in die Gemeinschaft der Gläubigen am Ort. Sie entschieden, »dass wir alle aufnehmen müssen, die Christus aufgenommen hat, ungeachtet dessen, welches Maß an Gnade oder Erkenntnis sie erlangt haben«. Das war der Grundsatz, nach dem Chapman in Barnstaple bereits arbeitete und den Groves ebenfalls formuliert hatte.

Müller suchte Chapmans juristischen Rat ebenso häufig wie seinen geistlichen Rat. 1834 hatte er die »Scriptural Knowledge Institution for Home and Abroad«[48] gegründet, mit deren Hilfe Spenden von Christen »zur Unterstützung und Gründung von neuen Tagesschulen, Sonntagsschulen und Schulen für Erwachsene, in denen biblische Grundsätze gelehrt werden« weitergeleitet wurden. Schon bald ging Müller die Not heimatloser Kinder zu Herzen, und er fragte sich, ob er sie mittels der gegründeten Anstalt unterstützen sollte. Als er davon überzeugt war, dass es der Wille des Herrn war, ein Waisenhaus zu gründen, tauschte sich Müller mit Chapman aus und beschloss, dass die finanziellen Mittel nicht für das Waisenhaus verwendet werden sollten. Wenn es der Wille des Herrn war, eine solche Arbeit fortbestehen zu lassen, würde er

48 A. d. H.: Svw. »Anstalt zur Ausbreitung der Schriftkenntnis für England und das Ausland«.

zu den Herzen von Christen reden, um die Gelder zur Verfügung zu stellen. So begann ein Glaubenswerk, das schließlich zu einem großen und sehr bekannten Komplex von Waisenhäusern heranwuchs; Chapman wurde einer der ersten Treuhänder.

Gegen Ende 1835 verbrachte Chapman während einer der vielen Krankheitszeiten von Craik mehr als zwei Monate in Bristol. Craik hatte seine Stimme verloren und dachte ernsthaft darüber nach, seine Stellung in den beiden Kapellen aufzugeben, in denen er und Müller erst wenige Jahre zuvor die Leitung übernommen hatten. Chapman blieb und half ihnen bei der Arbeit, bis Craik wieder gesund wurde und die Krise überstanden war.

1842 war Chapman ein weiteres Mal in Bristol. An einem Samstagabend kam er zu Georg Müller und wollte am nächsten Tag den Dienst am Wort übernehmen. Als Müller zur Begrüßung die Tür öffnete, überreichte ihm Chapman eine kleine Geldsumme, die für die Waisen bestimmt war. Chapman wusste nichts davon, dass die Spendeneingänge in letzter Zeit recht gering gewesen waren und Müller nicht einmal in der Lage war, am nächsten Tag Brot für die Waisen zu kaufen. In einem benachbarten Raum saß ein Mitarbeiter, der darauf wartete, Brot zu kaufen, wenn eine Spende eingehen würde. Das Geldgeschenk aus Barnstaple reichte, um die benötigte Menge an Lebensmitteln zu kaufen. Müller führte diese Begebenheit als eines von vielen Beispielen dafür an, wie Gott ihn mit dem Notwendigen versorgte. Chapman war ohne Zweifel hocherfreut, als er feststellte, wie Gott ihn gebraucht hatte.

Etwas später in diesem Jahr unternahm Chapman einen Kurzbesuch in Dänemark und anderen Teilen des Kontinents. Bei seiner Rückkehr machte er in Bristol Halt und erzählte Müller von seinen Eindrücken hinsichtlich des geistlichen Lebens in Europa. In Chapmans Augen war es in keinem guten Zustand. Die Christen in Deutschland waren nicht in dem Maße wie ihre Glaubensgeschwister in Großbritannien bereit, die Landeskirchen zu verlassen. Die wenigen freikirchlichen Gruppen waren sehr streng und separatistisch. Müller bemerkte später einmal, dass eine dieser Gruppierungen »die

Gläubigen durch ihre exklusiven und separatistischen Ansichten nur darin bestärkte, in der Landeskirche zu bleiben«.

Chapman erklärte den deutschen Gläubigen, die er auf seiner Reise traf, die Gemeindepraxis, die er und seine Freunde in den letzten Jahren eingeführt hatten. Die typische Erwiderung lautete jedoch: »Sie haben recht, es ist biblisch. Doch was wäre die Folge, wenn wir das praktizieren würden? Was würde aus uns und unseren Frauen und Kindern werden?« Damals waren in einigen Teilen Deutschlands die Angehörigen von Gruppen, die das Evangelium aktiv verbreiteten, bei ihren Zusammenkünften der Willkür der Polizei ausgesetzt. Sie mussten Geldstrafen zahlen oder wurden ins Gefängnis geworfen. Ihre Ängste waren sehr begründet, und nur wenige wagten es, neue Formen des Gottesdienstes zu praktizieren.

Chapman ermutigte Müller zu einem Besuch in Deutschland, um den dortigen Christen seine Erfahrungen aus Teignmouth und Bristol mitzuteilen und sein Buch *A Narrative of Some of the Lord's Dealings with George Müller* in Deutschland zu veröffentlichen. (Es war erst kurz vorher in England erschienen und hatte sich als sehr segensreich erwiesen.[49]) Müller verwirklichte beide Ziele etwa ein Jahr später. Sein Besuch führte zur Gründung vieler kleiner christlicher Versammlungen in Deutschland, die – wie Müller es ausdrückte – »ohne festgeschriebene Regeln« zu Anbetung, Gebet und Bibelstudium zusammenkamen und sich untereinander zur Seite standen.

Chapman unterstützte über die Jahre hinweg die Arbeit von Müller und Craik. 1845 suchte Müller das weise Urteil von Chapman hinsichtlich einer immensen Erweiterung der Arbeit unter den Waisenkindern. Die Gelder zur Aufrechterhaltung der Arbeit in Bristol waren zwar zu keiner Zeit im Überfluss vorhanden, reichten aber immer aus. Es war keineswegs sichergestellt, dass eine stark vergrößerte Arbeit unterstützt werden würde, selbst wenn Müller Gottes Drängen in diese Richtung spürte. Chapman er-

49 A. d. H.: Siehe Quellenangabe 20 auf S. 221. Die Ausführungen dieses Werkes entsprechen teilweise dem Text der folgenden deutschen Veröffentlichung: *... als sähe er den Unsichtbaren. Autobiografie von Georg Müller*, Bielefeld: CLV, 1. Auflage 2016.

mutigte ihn, mit seinen neuen Plänen fortzufahren. Müller schrieb: »Sein Besuch war mir eine große Hilfe in diesem speziellen Punkt, besonders da er mich dazu anregte, alle Einzelheiten dieser Angelegenheit vor Gott auszubreiten. Er legte es mir auch aufs Herz, nach Gottes Führung im Blick darauf zu suchen, wie das neue Gebäude errichtet werden sollte.«

In den 30er-Jahren starb Bessie Pagets Schwester Charlotte. Die Hakes dachten daran, von Exeter nach Bideford zu ziehen, was ungefähr 16 Kilometer südwestlich von Barnstaple lag; dort wollten sie die Verantwortung für ein neues Jungeninternat übernehmen. Paget, die damals Mitte 50 war, beschloss, nach Barnstaple zu ziehen, um Chapman zu helfen. Obgleich sie wohlhabend war, kaufte sie in dem ärmlichen Stadtbezirk Derby das Haus New Buildings Street Nr. 9, das dem Zuhause von Chapman schräg gegenüberlag.

Gegen Ende 1852 kehrte Groves aus Indien zurück. Er war zu krank, um predigen zu können, aber noch in der Lage, seine alten Freunde zu besuchen. Wir finden folgenden Eintrag in seinem Tagebuch: »Ich traf die teuerste Bessie an, wie sie mich bereits erwartete; ihr geht es besser, als ich ahnen konnte. Es fand eine Zusammenkunft in der Bear Street statt, und ich begleitete sie, obwohl ich nach meiner Reise von Ilfracombe bis hierher noch müde und durchgeschüttelt war. Ich schlief beim lieben R. C., dort waren alle äußerst liebevoll und freundlich. Am Morgen hatten wir ein schönes Beisammensein. Nach dem Frühstück gingen wir nach ›Tusculum‹ hinüber [das von den Hakes geführte Internat in Bideford] und fanden unsere lieben Burschen wohlauf.« Bessie Paget war damals 69 Jahre alt. A. Norris Groves starb ein paar Monate später.

Als Bessie Paget 1863 starb, zogen die Hakes in ihr Haus. William Hake und Chapman setzten gemeinsam weitere 27 Jahre lang einen aktiven Dienst fort. Henry Craik starb 1866 im 61. Lebensjahr; Georg Müller lebte noch bis 1898.

Viele Jahre des Gebets und liebevoller Zusammenarbeit zwischen diesen gleichgesinnten Menschen führten zu einigen der bemerkenswertesten Glaubenswerke, die die Christenheit je gekannt hat.

Quellenangaben

Die folgenden Quellenangaben (einige davon mit Anmerkungen) sind meine wichtigsten schriftlichen Informationsquellen über Robert Chapman:

1. *Robert Cleaver Chapman of Barnstaple* von W.H. Bennet (Glasgow: Pickering & Inglis, 1902). Dieses Werk und Quellenangabe 2 gehören zu den frühesten und zuverlässigsten.
2. *Memorials of the Life and Ministry of Robert C. Chapman* von E.H. Bennett (Kilmarnock, Schottland: John Ritchie, 1902).
3. *North Devon Journal*, 19. Juni 1902 und 26. Juni 1902 (Barnstaple, GB). Die Ausgaben beinhalten einen umfangreichen Nachruf und mehrere kurze Gedenkartikel (leider mit vielen Irrtümern).
4. *The Good Shepherd and His Ransomed Flock*, mit einer Gedenkschrift über Chapman (Verleger unbekannt, um 1902).
5. Ein Brief von J. Norman Case; erschienen im Leserbriefteil des Magazins *The Witness*, 1902. Eine Gedenkschrift, die auf Chapman Bezug nimmt.
6. *Recollections of a Visit to Barnstaple* von E.S. Der Autor konnte nicht näher identifiziert werden. (Glasgow: Pickering & Inglis, 1903?). Eine wertvolle, frühe Gedenkschrift.
7. *Brother Indeed* von Frank Holmes (London: Victory Press, 1956; Neuauflage: Kilmarnock, Schottland: John Ritchie, 1988 [deutsche Ausgabe: *Robert Cleaver Chapman. Ein Mann Gottes*, Dillenburg: Christliche Verlagsgesellschaft: 1989]). Dieser lesenswerte Band enthält viel Material, das anderswo nicht zu finden ist.
8. *England, Home and Beauty* von H.B. Macartney. Zitiert in: *Brother Indeed* (Quellenangabe 7).

9. *A History of the Plymouth Brethren* von William B. Neatby (London: Hodder & Stoughton, 1901). Ein reicher Fundus an Informationen über die Trennung unter den Brüdern von 1845 bis 1849. Diese Darstellung und die Werke, die in den beiden folgenden Quellenangaben angeführt werden, sind die besten Beschreibungen der Brüderbewegung.
10. *The Origins of the Brethren* von Harold H. Rowdon (London: Pickering & Inglis, 1967). Ein maßgebliches Buch, das von einem professionellen Historiker sorgfältig recherchiert und geschrieben wurde.
11. *A History of the Brethren Movement* von F. Roy Coad (Exeter, GB: Paternoster, 1968). Eine sorgfältig recherchierte Darstellung, die in erster Linie über die Brüderbewegung des 19. Jahrhunderts berichtet.
12. *Chief Men Among the Brethren*, zusammengestellt von Henry Pickering (Erstdruck in den USA [Neptune, NJ: Loizeaux, 1986]). Kurzbiografien von ausgewählten Brüdern, in denen allerdings bedeutende Lücken zu finden sind.
13. *The Pilgrim Church* von Edmund Hamer Broadbent (London: Pickering & Inglis, 1931). Eine faszinierende Darstellung der vielen »Brüder«-Bewegungen seit ca. 300 n. Chr. (deutscher Titel: *2000 Jahre Gemeinde Jesu*, Dillenburg: Christliche Verlagsgesellschaft, 2012 [früherer Titel: *Gemeinde Jesu in Knechtsgestalt*]).
14. *Choice Sayings* von R. C. Chapman (Barnstaple, GB: John Inch Krill; überarbeitete Ausgabe: London: Morgan; Neuauflage: Glasgow: Gospel Tract Publications, 1988).
15. *Hymns and Meditations* von R. C. Chapman (Barnstaple, GB: John Inch Krill, 1871). Die Lieder wurden unter verschiedenen Titeln veröffentlicht, wie beispielsweise *Hymns for the Use of the Church of Christ*.
16. *Letters of the Late Robert Cleaver Chapman*, herausgegeben von J. Henry Hake (London: *Echoes of Service*, 1903). Dazu gehören drei Briefe an Eliza Gilbert; die ältesten noch erhaltenen Briefe

von Chapman. Chapmans Spanien-Reise von 1834 ist nur aufgrund einer Fußnote aus dieser Sammlung bekannt.

17. »Select Sayings from Several Addresses« von R.C. Chapman. Ein Artikel aus dem Magazin *The Witness*.
18. *How Shall We Order the Child?* – Eine Zusammenstellung verschiedener Abhandlungen von William Hake, herausgegeben von R.C. Chapman.
19. *Seventy Years of Pilgrimage, Being a Memorial of William Hake*, herausgegeben von R.C. Chapman (Glasgow: The Witness Office and Christian Literature Depot, 1891?).
20. *A Narrative of Some of the Lord's Dealings with George Müller* von Georg Müller. Es erfolgte ein Privatdruck von mehreren Bänden in einem Zeitraum von 40 Jahren, beginnend in den 40er-Jahren des 19. Jahrhunderts. (Erster Teil, 8. Auflage, London: J. Nisbet, 1881).
21. *Passages from the Diary and Letters of Henry Craik of Bristol* von W. Elfe Tayler (London: J.F. Shaw, 1866).
22. *The Chapman Story*, 1327 – 1954 von H.B. Browne (Whitby, GB: Horne, 1954). Ein Bericht der langen Ahnen- und Familiengeschichte der Chapmans. Ein Großteil der Informationen in dem Kapitel *Die Familiengeschichte von Robert Chapman* (siehe S. 202-206) ist aus dieser und den beiden folgenden Quellen entnommen.
23. »Chapman Pedigree«, zusammengestellt von Joseph Foster, 1874. Das Original befindet sich in der Literary and Philosophical Society, Whitby, Nord-Yorkshire, GB. Es enthält einen nahezu kompletten Stammbaum der Vorfahren Chapmans.
24. *The Streets of Whitby and Their Associations* von H.P. Kendall (Whitby, GB: Whitby Literary and Philosophical Society, 1976). Enthält nützliche Informationen über die Geschichte Whitbys.
25. *Memoir and Remains of the Rev. James Harington Evans*, geschrieben und herausgegeben von seinem Sohn, Pfarrer James Joyce Evans (London: James Nisbet, 1852). Die meisten In-

formationen über James Harington Evans stammen aus diesem Buch.

26. *Recollections of an Evangelist* von Robert Gribble (London: William Yapp, 1857). Eine recht kurze Autobiografie. Es wird angedeutet, dass die Hausgemeinden und Dorfkapellen in der Nähe von Barnstaple kongregationalistisch waren; man beachte jedoch die beiden folgenden Quellen.
27. Siehe »Origins of the Brethren Movement, with Particular Reference to North Devon«, eine unveröffentlichte Dissertation von Hilary Pierce, 1974. Enthält wenig bekannte Informationen über die kleinen Gemeinden nahe Barnstaple, auf die Gribble, Pugsley und Chapman Einfluss hatten. Es wird angedeutet, dass einige von ihnen Baptistengemeinden waren – sogar »Particular Baptists«.
28. *A History of the Methodist Revival of the Last Century in its Relation to North Devon* von J. G. Hayman (London: Wesleyan Methodist Book Room, 1898). Dieser Quelle zufolge soll die Kapelle in der Nähe von Tawstock, die unter der Leitung von Pugsley stand, einer wesleyanischen (d. h. methodistischen) Gemeinde gehört haben.
29. *Barnstaple Yesterday* von J. & J. Baxter (Bristol, GB: H. J. Chard, 1980).
30. *The Fry Collection*, zusammengestellt von H. H. Rowdon (Quellenangabe 10). Eine Quelle von »Brüder«-Dokumenten, die bis in die 60er-Jahre des 20. Jahrhunderts nicht erhältlich war. Einzusehen ist sie in den »Christian Brethren Archives«[50] in der Bibliothek der John Rylands University in Manchester, Oxford Road, Manchester M139PP, GB.

50 A. d. H.: Das Material in diesem »Archiv der Brüdergemeinden« ist teilweise digitalisiert: https://www.library.manchester.ac.uk/rylands/special-collections/exploring/guide-to-special-collections/christian-brethren-collections/ (abgerufen am 29. 11. 2021). Auf der angegebenen Website wird für dieses Archiv im Unterschied zu der Quellenangabe die Einzahlform gebraucht (Christian Brethren Archive).

31. Ein auf den 9. Dezember 1847 datierter Brief von Amy Jane Toulmin, einer Cousine von B. W. Newton, der an eine andere Cousine adressiert ist und Bemerkungen über Chapmans Gästehaus und H. W. Soltau enthält. Überraschenderweise werden in dem Brief Kosten für die Übernachtung in Chapmans Gästehaus erwähnt. Eine Kopie des Briefes befindet sich in der Bibliothek der John Rylands University in Manchester, Oxford Road, Manchester M139PP, GB.
32. *George Müller and R. C. Chapman: Did They Change Their Mind as to the Coming of the Lord being After the Tribulation?* von G. H. Lang, Privatdruck um 1956. Eine Kopie befindet sich in der Bibliothek der John Rylands University in Manchester, Oxford Road, Manchester M139PP, GB.
33. Ein Brief von K. P. Townsend an G. H. Lang, datiert auf den 3. September 1954. Eine Kopie befindet sich in der Bibliothek der John Rylands University in Manchester, Oxford Road, Manchester M139PP, GB.
34. *Suggestive Questions* von R. C. Chapman, herausgegeben von William Marriot (Norwich, GB: 1926?). Eine Kopie befindet sich in der Bibliothek der John Rylands University in Manchester, Oxford Road, Manchester M139PP, GB.
35. »Answers by H. Dyer to Questions by R. C. Chapman«, ein unveröffentlichter Brief, der um 1900 geschrieben wurde. Eine Kopie befindet sich in der Bibliothek der John Rylands University in Manchester, Oxford Road, Manchester M139PP, GB.
36. *A Woman Who Laughed: Henrietta Soltau, Who Laughed at Impossibilities and Cried »It Shall be Done«* von M. Cable und F. French (London: China Inland Mission). Die Bemerkung von Chapman (»ich schlief mit Homer unter meinem Kopfkissen«) ist in diesem Buch zu finden.
37. *Hudson Taylor and China's Open Century* von A. J. Broomhall (London: Hodder & Stoughton, 1985). Das maßgeblichste Werk, um sich eingehend mit Leben und Werk von Hudson Taylor befassen zu können.

38. Aufzeichnungen einer älteren Dame um 1960, die als junges Mädchen als Gehilfin in den Häusern von Chapman gearbeitet hat. Die Aufzeichnungen stammen aus dem Besitz von Charles Fraser-Smith, Barnstaple, GB.
39. Volkszählung in England von 1851 mit Erhebungen zur Kirchenmitgliedschaft. Kopien befinden sich in der Bibliothek von Barnstaple. Dieser Zensus beweist die Fertigstellung der Bear-Street-Kapelle im Jahr 1842. Auf einem aus dem Jahr 1843 stammenden Stadtplan von Barnstaple ist ebenfalls zu erkennen, dass sich in der Grosvenor Street eine Kapelle befand.

Abkürzungen

a. a. O.	am angeführten Ort
A. d. H.	Anmerkung des Herausgebers
RELB	*Elberfelder Übersetzung*, revidierte Fassung, Wuppertal: R. Brockhaus Verlag.
Schlachter 2000	Die Bibel, übersetzt von F. E. Schlachter (Version 2000), Genf.
svw.	so viel wie